訓練極簡表達、設定自我底線、克服過度敏感……成功學領袖的致勝心法

奧里森．馬登（Orison Marden）——著
王少凱，趙唱白——譯

贏法

扭轉人生的 32 條金律

HEADING FOR VICTORY

OR GETTING THE MOST OUT OF LIFE

事業不順利、找不到努力的方向？總是遇到挫折就想放棄、擺脫不了憂慮的困擾？

從人際來往的禮儀、交談，到實現自我價值、培養信念，

人生怎麼贏，奧里森．馬登來告訴你！

目錄

CONTENTS

前言

本書獻給那些不想把一生過得一塌糊塗的人，因為上天本希望每個人的人生都是一幅傑作。

本書獻給那些決心有所作為的人，那些不滿足於取得廉價成功的人，那些從未停止奮鬥、直至盡展才華、一鳴驚人的人。

本書獻給所有相信低微的起點絕不會阻礙成就偉大事業的人，相信任何風險、宿命或霉運都絕不會挫敗懷有一顆決然之心的人，相信生活中有比對金錢的追逐更美好的人，相信永遠存在著更幸福生活的人。

本書也獻給那些早已功成名就的人 —— 像約翰 · 沃納梅克（John Wanamaker），查爾斯 · 羅伯特 · 施瓦布（Charles Robert Schwab），賈奇 · 琳賽，埃德溫 · 馬卡姆（Edwin Markham），赫德森 · 馬克沁，路德 · 貝本（Luther Burbank）以及數以百計各個領域的風雲人物，他們正是從奧里森 · 馬登的書裡獲得靈感和幫助。同時，本書也獻給借助此書捕捉到機遇的靈光、發現自己的潛能、從而改變人生軌跡的那些人。

本書獻給每位男男女女，只要他們決心為世界奉獻綿薄之力，使世界更美好、更純潔、更文明。

奧里森 · 斯韋特 · 馬登

PREFACE

贏的定律 01

健康改變一個人的魅力和氣質

在歷史上，生活的最大獎賞都是落在那些擁有身強體壯的人頭上。

大自然的法則要求人們必須時刻處於自己的最佳狀態。那些違反其法則的人必須要為此付出代價，哪怕他是高高在上的帝皇。

很多人的失敗就是因為自己的身體而與成功差之毫釐。

隨你怎樣累積財富吧，健康始終是最重要的。

—— 茱莉亞・W・霍文

若是一個孱弱、無力的身體對理想的火焰無動於衷，即便是天才或是多大的努力都不能去彌補。

對於世人，我只有一個建議，成為自己的主人。

—— 拿破崙・波拿巴

愛默生說過一句很有意思的話，他說：「給我健康與時日，我將讓所有帝皇的那虛偽的尊貴顯得荒唐可笑。」愛默生這句話言下之意，我們可以這樣去理解：所有成功與幸福的基礎都是建立在一個健康的身體上。

擁有健康除了意味著自信與沉穩，渾身散發出充滿希望的氣息，還意味著有活力，有力量以及有能力。這是因為，健康能讓我們擁有更多的機會，健康讓我們獲得主動、效率、成功與幸福。我們生活的一切都是如此的依賴於一副好的身體。因此，我們首先要做的就是要讓自己的身體時刻處於最佳的一種狀態，這是讓人取得成功的第一要素。

但是，我們應該清楚，單純的讓自己擺脫身體上的疼痛或是一些壓抑的症狀是遠遠不夠的。真正意義上的健康是指身體處於一種最佳的狀態——充滿活力，神采奕奕。這是一種散發出力量、活力、剛氣，一種魅力在無形中散發的最佳狀態。正是這種健康讓我們的眼睛炯炯有神，之前沉重的腳步變得輕盈，讓我們的心智不斷得到磨練，彷彿在我們的血液中加進了鐵質，在脊梁上裝上了鋼架，在陰鬱的性情上投上陽光。正是這種健康讓青春充滿生機與活力，讓生活洋溢著樂趣。

所有這些，都說明了一點，我們的血液裡正洋溢著健康。而年輕的力量就在於這種健康的力量。在這個世上，還有什麼能比站在人生的門檻時，覺得自己充滿活力、年輕力壯、前程似錦、有能力去應對一切緊急情形，更讓人覺得欣慰的呢？

可是，另一種情形就大不一樣了。比如：當我們自覺無趣或是感到痛苦之時，我們原先夢想的顏色變化得多快啊！我們原先那些美麗的心靈圖像一下子變得呆滯，變得無聊，如重重的幕布遮住了原先的理想。我們的美好理想在這個過程中逐漸消融。這是因為，當我們身體機能活力下降之時，所有的心理機能都會處於一種下降狀態，然後自己就會變得抱怨一切。整個生活都會因此蒙上一層厚厚的陰影。

不過，對於那些身體健壯的人來說，上述情形則是完全相反，那種時刻能感受到每個神經與身體纖維的活動的興奮感是那麼的讓人神往，更為神奇的是，這種感覺無論是在中年、老年或是在年輕的時候，都是如此。

這種健康生活的豐富內涵超過所有人的想像。因為，這種豐富能讓我們使用 80 到 100 年。當我們在 50 到 60 歲之時，生命也就處於一種最重要的興趣發展階段，人生的視野在無限的拓展，行為也越來越無拘無束。到了那時，無論自身之前多麼的自律或是溫和，你的身體仍有更多讓自己前行的活力，不會失去讓心靈獲得更大的滿足感的能力。

如果我們不能處於這種最佳的狀態，我們就無法積極地去應對生活所帶來的一切。例如：在銀行工作的都知道，銀行的儲備金是極其重要的。在金融危機或是困難時期，正是之前的儲備金讓其度過難關。也正是這種「儲備」，讓商人免於失敗倒閉的命運。同樣的道理，正是這種健康的活力讓我們的身體不會處於崩潰的邊緣，能時刻從容的面對生活的各種挑戰。

記得有一次，我在遊覽卡萊德的船廠的時候，看到一臺巨大的機器在很厚的鋼板上穿洞。機器的鋼梭子很輕巧自如地穿過鋼板，彷彿一個廚子用手指曼妙地揉捏著麵糰。在整個過程中，機器的其他部分沒有出現任何的震動或是抖動。這種安靜力量背後的祕密就是在於有一股巨大的力量儲存在某一地方。而且，也正是這股力量，驅使梭子做出一些看似是奇蹟的動作。同樣的道理，對於人而言亦是如此，正是這種巨大的身體力量的儲備讓人擁有了一種泰山崩於眼前而面不改色心不驚的氣魄，讓我們能夠從容自如的去做很多事情，從容的面對危機。

所以說，世上再也沒有其他東西更能像健康那樣去改變一個人的氣質與魅力了。因而，一種出眾的氣質在成功的事業中將扮演著重要的角色。

個人的魅力是成功的一個重要因素。其實，這在很大程度上也是取決於我們的身體，而我們身體的「儲備」則是在很大程度上決定我們身體的狀況。一個人的魅力是無法透過金錢來買賣的，因為這是一種自我力量的散發。我們的身體越健康，我們就會變得越具有魅力。湯瑪斯 · W · 西金森曾說過：「那些大凡身強體壯之人皆能站在天國自在的呼吸空氣，雙腳自由的站在上帝的地盤上，感謝上帝帶給他們的這種簡單存在的樂趣。」正是這種充滿力量的健康讓我們充滿活力，精神奕奕，富於魅力，洋溢著歡樂的幸福。

誰能夠去估量一個人因為理想的矮化，生活的桎梏，成就的渺茫，自己原本的天賦用於做平庸的事情，所帶來的無盡的傷害呢？更不用說這個過程所帶來的不安與痛楚，而這些不安與痛苦只能帶來體質的下降，活力的喪失。想想那些站在人生的起跑點上想著自己要開創事業，但是自己卻沒有處於最佳的身體狀態，真實讓人遺憾啊！這好比是在短路的情況下去使用電力帶來的作用，最終只能是著火燃燒。諸如此類的比喻不可勝數。

「世上沒有什麼能比得上一副健康身體所帶來的成就感了。這就好比是挖到了一塊天然的金塊，或是賺到了百萬大獎。」湯瑪斯．卡萊爾（Thomas Carlyle）曾經這樣呼籲著。而他的生活與事業正是被不良的健康所桎梏與矮化了。

想像一下，一個人若是擁有卡萊爾那樣天才的腦袋，卻是消化不良的受害者。這多讓人痛心啊！正是由於卻缺乏對身體的照顧方法，讓這位大師不得不要浪費許多心智去忍受因疾病所帶來的種種痛苦。當別人因為卡萊爾傑出的作品而去恭喜他的夫人時，卡萊爾傑的夫人說：「但是，你們要想一下，若是他能正常消化的話，他會變得怎樣啊？」

可見，健康是最寶貴的財富。沒有什麼能比得上一個充滿活力與健壯身體更美好與更讓自己才華得到釋放的方法了。

既然健康如此重要，我們該如何去做呢？我們可以在科學的方法的幫助下，多吃一些天然的食物，過上正常的生活方式，少些歪念邪想，我們身體流動的血液自然是純淨的。我們也就能遠離那些隨時會襲擊我們的一系列健康的敵人。

我們血液的數量及素養完全取決於我們的食物。拿破崙有一句至理名言：「軍隊的能力在於去吃下的食物。」這對軍隊而言是正確的，對於普通人而言也是適用的。

我們大腦的所想所思都取決於我們吃下去的食物中所獲得的能量。我們都知道沒有了食物我們會變得怎樣，即使是一兩天沒有食物的日子，都是讓人難以忍受的。除非我們習慣了齋戒，減少身體的能量消耗以及心理活動。

儘管身體的能量是心智慧力的基礎。但這並不一定意味著它總是更優秀於大腦，但卻是更有營養滋養於大腦，讓我們取得最大的成就。這是因為，我們的血液若不能流通大腦，大腦將是無能為力的。此外，食物的純度不僅取決於正確的食物種類，更取決於一種正確的生活方式、純淨的空氣以及充足的陽光，健康的消遣，自由的玩樂，以及一種和諧的人生。

大腦、勇氣、自信以及決心，這些都不是被汙濁的血液所能支持的。當我們的大腦的活力被耗盡之時，我們就會變得無能為力，理想也成了虛無縹緲的事情了。身體的其他機能都會與大腦所處的水準一致。

若是我們讓身體處於一種最佳的狀態，大腦自然也會處於一種相對的最佳狀態，能夠去做自己能力範圍最重要的事情。換言之，你自己在生理上更加強壯，你就會變得更有智慧，也將會取得更大的成就。

羅斯福就是讓自身身體與大腦和諧合作的最佳例子。羅斯福很清楚的知道，世間所有成就的基礎在於一副良好的身體以及持久的活力。他從一開始就深深明白這一點。在年少時，身體機能不佳的他決定透過勤奮與有系統的鍛鍊去成就自己健壯的身體。這就是他時刻充滿力量，感覺總有用不完的能量，取得眾多成就的重要原因之一。

關於藥罐子最終只能一事無成的例子也是數不勝數。我認識一些人，他們天生就頗有才華，只是因為先天性遺傳的疾病，讓他們只能努力地想辦法去保養自己的身體，在生活中有規律有節制的活著，這樣相比於他們的同事或是朋友，他們就會更為長壽，就會取得更大的成就。而他們的朋友在一開始雖然都擁有先天的好身子，但是卻因為他們認為自己可以做到任何事情，結果將自己的身體搞垮了。好在後來，他們發現揮霍身體是最重大，也是最愚蠢的浪費。正所謂「亡羊補牢，未失晚矣！」

在這裡，我還想補充一點，儘管我們很多大學的同學都是健康與強健體魄的人，但是看到一些人因為擠出更多的時間去學習，放棄體能鍛鍊而感到很悲哀。當他們在為高分、高排位而嘔心瀝血的努力，這些枯槁、沒有活力的學生是在以榨乾自己身體去滿足大腦的能量需求為代價。更讓人擔憂的是，他們壓根不想去鍛鍊，在大學生活裡也沒有獲得多少玩樂與娛樂。他們常常沒有吃飽，他們吃的也並非是健康的食物，這樣的後果就是造成身體的崩潰與損傷。

任何損害身體能量或是精力的事情遲早都會讓心智的敏銳度減弱，讓人變得拖沓。在這個世界上，很多工作之所以草草收場，都是因為很多人根本沒有處於做某件事的最佳狀態。若是某人自我感覺不良好，所吃食物不佳或是自身的行為習慣不良，缺乏正常的鍛鍊與娛樂，睡眠不足，那些他的心智慧力就會急劇下降。

我們到處可以見到那些滿懷資質的男男女女，大腦思維敏捷，但卻是在做著次級的工作。他們百分百的力量只能產生一半的力量，個中原因就是因為缺乏活力以及不良的健康。

偉人的工作需要偉人去做。無論你的天資多麼聰穎，若是沒有讓自己的肚子吃飽，讓自己的肺部呼吸新鮮的空氣或是讓其他的身體機能得到相對的調整，若是你不想方設法地去提升大腦的功能，你就很難得到自己想要的結果。今天，許多人都是在自身擁有天賦的大腦情形下獲得二等的結果。因為他們沒有良好的身體以及一副好的體質去支撐。

生活中最大的獎賞屬於那些身強體壯的人，屬於那些有著強大心肺功能以及身體機能的人。什麼也沒辦法取代這些成功的因數。後天的教養是無法做到這一點的，智力無法做到，教育也不行。任何一種缺陷都會讓你舉步維艱，讓你處於不利的局面。這種情形會出現在你所做的每件事上。你無法去掩飾這些。若是你總是處於一種低於自己身體應有的健康狀態，你的成就就遠小於自己應該獲得的。

身體的羸弱是難以成就一個優秀的領袖，一個好的管理者。事實上，他們必須要處於一種與自己身體狀態相關的平庸狀態。

簡言之，這是生活的一個顛簸不破的真理，即弱者只能處於低層。自然是不能容忍弱者的呻吟的。適者生存，這是鐵一般的真理，那些身體羸弱之人總是被他一腳無情的踹開。身體的虛弱時刻會阻礙生活的持續，折扣我們所能取得的成就。

妄想用一副虛弱之軀去迎接生活的大挑戰，這就好比在自己狀態不佳之時要去贏下一場體育比賽，這是不切實際的。半飢餓的狀態，身體機能處於疲乏之時，沒有適當的鍛鍊，這些都是制約我們前行的因素。若是有人膽敢在這樣的狀態下參賽，身為旁觀者的你也會說：「不會吧，一點勝率都沒有，怎麼比啊？」這樣的你怎麼能奢望自己能在生活的大賽中取得勝利呢？若你的身體活力處於一種很低的狀態，或是你的神經細胞被酒精所毒害或是被其他各種消沉所損害，抑或是有害的生活習慣，我們怎麼去跟別人競賽呢？

如果我們想在生活的大賽中獲得最大的獎賞，我們每天就必須讓自己處於一種完美的狀態，讓自己的身體機能處於一種最佳的狀態，讓你的身體儲備的能量隨時可以在緊急之時助你度過難關。但是，如果你的血液被汙染，身體被不良食物或是各種消沉所毒害，這一切都將變為不可能。

擁有一副健康的身體意味著我們的心理機能得到了強化。而任何成功的資產的力量都是在每次增強我們自身身體機能的時候，一點點提升的。更何況，意志力本身就是與消化有關的。我們的理想的情懷就活在我們的血液之中。若你處於一種良好的狀態，你的理想就會變得鋒利無比，清晰無比。若你的血液因為錯誤的生活方式而被汙染，大腦的活動就會變得呆滯，失去應有的活力與動力。

我們的才智在很大程度上是身體的一種刺激所致。責罵、失敗與失望，這些只有在我們的身體處於健康的狀態時才會激起我們的奮進，當我們的身體機能處於一種狀態下滑的狀態之時，就會讓我們感到無盡的恐懼。因為，勇氣本身也是需要身體作為基礎來支撐。

我們戰勝失敗與失望，克服障礙而取得成功的能力，在很大程度上也取決於我們身體的能量儲備以及剩餘的精力。單純的一句：我很好，是無濟於事的。我們必須要有良好的健康，在自己的身體「銀行」裡必須要有足夠的能量儲備你安然無恙地度過困難的時期。

即使我們的生活很有規律，過著無憂的生活，也會有沮喪、失望的經歷。當我們在遇到考驗或是失望，在屢戰屢敗的鬥志在很大程度上取決於我們的勇氣，取決於我們殘存的才智。換言之，這取決於我們血液裡的鐵質含量，以及我們脊梁的鈣質。

我曾經聽一位外科醫生說，當他面對著躺在手術臺上的病人，即將為他做一個精細的手術時，由於病人之前不好的生活習慣方式使他沒有力量去抵禦手術帶給他的衝擊，最終一命嗚呼。具體的情況是，這個人大約50歲左右，他已將自己的身體耗乾了，沒有足夠的能量去讓他度過危機。因此，該病人在兩天後便死去了。

由此可見，生命的保險是多麼的重要，它可以讓自己免於無數的健康敵人的傷害，抵禦那些失望與經濟危機，只要我們能夠讓自己的身體有足夠的能量儲備，就能度過難關。

在正常能量之上與之下兩者是有極大的分別的。換句話說，健康與失去垮掉的身體之間是有天壤之別的。當我們身體狀態良好之時，克服一些困難是輕而易舉的事。但是，當我們體弱之時，就會變得猶豫不決，遲遲不敢下手。在身體好的時候，很多瑣事都是小菜一碟。而在身體不佳之時，就變成如高山一樣難以攀越。自己就會想在困難面前退縮，這只是因為自己的身體機能處於一種低下的狀態所致。

當我們遇到不能即刻解決眼前的困難的時候，很大程度是因為我們沮喪，沒有一個樂觀陽光的心態。我們應該主動的以一副娛樂滋潤的身體在失敗中尋找成功的道路。要知道，主動性正如勇氣，兩者是如此緊密的連繫在一起。所有這些，歸根到底還是取決於身體的狀態。那些富於主動性的男男女女都是身體健康，充滿活力的人。他們對自己充滿了信心，對生活始終抱著樂觀的心態。這就是他們凡事主動的根本原因。

我們在生活中所取得的成就，在很大程度上取決於我們對自己的看法，取決於我們對自身能力的估量。當我們的身體指標在下降，當身體需要休息之時，自信在動搖之際，疑惑就會上升，各種對自己的擔憂就會此起彼伏的湧上心頭，憂愁、恐懼縈繞著我們的心頭。這些都是讓我們能力癱瘓的魔鬼，讓我們之前的努力化為烏有。恐懼是人類的一大敵人，但它其實是人體處於一種低等狀態下的精神狀態所出現的精神幻覺。

樂觀本身就有一半源於身體的因素。悲觀與無精打采則是沆瀣一氣。當人的身體處於一種最佳的狀態之時，他必定是一個樂觀主義者，當其身體出現了問題，教他如何樂觀的起來呢？我們生活中感受到的生活樂趣，以及在事業中所感受到的熱情，其實在很大層面上都是源於身體的機能的支撐。當我們感到身強體壯，沒有半點疲憊之時，我們就會變得更加熱情滿懷，激情萬丈。

我們在心底都會希望自己能有更大的能力，讓別人驚嘆自己的能力。我們經常會覺得自身的能力因為缺少某些重要的支持而變得受限制。這些情況都是屢見不鮮的。也許，現在的你正在極力去彌補自己某些脆弱的環節，正如你的主動性、勇氣以及那種堅忍不拔的精神，但是自己卻沒有取得自身覺得應企及的高度。可能讓你從沒想到的一點就是，自己從沒有將自己一般的表現和自己的身體連繫在一起。

簡而言之，「我能」，這句話意味著身體的健康與或活力。「我不能」則是身體出現症狀的一種表現。因此，你的成功或者失敗的首要決定因素就是這點。你不僅能夠加強自身的弱處，也可以透過提升自己的健康狀態去增強自身的各種心理能力。這就是你能力泉源的所在。這就是你成功與前途的決定點。我想不到還有別的方法比提升自己的健康水準還是身體機能更能讓大腦獲得更大的能量，促進人的整體能力的提升了。

為了能達到上面所說的效果，我們應該怎麼做呢？首先，我們要讓自己確信一點，自己必須要吃下那些有益與適量的食物，讓流通的血液變得純淨。要知道，我們生活的成就、自身的幸福以及成功，其實都是有賴於我們的血液的純度。血液為我們的思考提升能量的支撐，流經身體數億個的神經細胞，這些都是需要血液來維持其活力的。

若是有某位神奇的醫生能給我們開出一劑長生不老藥，一種我們生活發生革命性轉變的藥方，醫治我們的疾病，將所有的失望與失敗化為成功，大幅度提升自己的大腦活力，增強自己的工作效率與實效，保證我們能獲得幸福。我們難道不會對這樣的藥方極為重視，然後極為小心地去執行嗎？難道你還敢到那些廉價、不可靠的藥局那裡去買那些所謂的藥物嗎？你還會用那些對身體有害的藥物去損害這種包治百病藥物的療效嗎？當然，你是肯定不會的。沒有人會傻到這樣做的。無論付出什麼的代價，你都會去挑選這個世界上最為有效的藥物。你在為這種藥物所作的準備之時，是不願意去冒任何風險的。

但是，在現實生活中卻真的有這樣的藥物，你的血液中裡就包含了無限的可能性，你的前途、幸福以及未來。遺憾的是，我們對於這卻顯得漠不關心。我們生活中的所有事情都取決於血管裡流淌的血液的素養。也許，你就是那種在廉價飯店裡不問其他就用餐的人，買一些廉價的食物，讓自己的身體的未來遭受損失。你可能吃一些帶感染的肉或是有毒害的蔬菜與水果，還有劣質的麵包、過期的雞蛋以及各種飲料。這些都會讓我們的身體機能出現下降的趨勢。

很少有人可以做到透過從正確的食物中獲得能量來支撐自己的大腦，提升自己的能力，讓自己的血液更為順暢，鍛鍊一好的身體，滋養一個思維活躍的大腦。他們總是沒有正常的就餐，要麼是暴飲暴食，要麼是吃的奇少。他們基本上是不去運動的，也缺乏任何娛樂活動。他們將所有的玩樂、室內娛樂以及戶外的體能活動都視為一種浪費時間的行為，然後他們又會奇怪自己為什麼會感到不舒服，為什麼自己不能前進的更快。

現在，若是你想立志去做大事，就必須讓自己吃下足夠有營養的食物，讓身體與大腦獲得足夠的能量支持。比如這樣的食物：純淨的牛奶以及新鮮的雞蛋，優質的麥片，麵包以及奶油，豐富多樣的水果以及蔬菜都是必不可少的。如果你不是一個素食主義者，適當的肉類是很有益的。

不過，有一點需要注意的是，我們不能吃的過多或是過少，關鍵是要吃的有規律。我們的娛樂、消遣以及運動都必須要與自己想要企及的理想同步。我們的睡眠必須要讓消化與活動得到休息。另外，還不要忘記日常的沐浴。這就是你所應能做到最好的了。

如果你想在生活中獲得最大的收益，將自身的能力發揮到極致，就必須要做出相應科學與艱難的抉擇，讓自己成為一位最具速度的「騎手」，打破世界的紀錄。若你想讓自己的才華得到充分的發揮，你就不能忽視任何讓你成為一個一等人的因素。甚至在吃飯的時候的方式也是很有講究的。是狼吞虎嚥還是慢慢咀嚼，還是以一種樂觀的心態或是沮喪的心情去做，這些都是對我們血液的純度有很大影響的。

我們所做的任何事，我們的所有精力，都必須要科學的用腦，科學的鍛鍊身體，讓自己有能力去做出創造性與富於效率的結果。例如：你可能吃下最為安全的食物，你的身體習慣都貼合於自己的目標，但是你的思維習慣可能讓你的效率降低，使成功顯得那麼的困難。我們的思想，期望，自身的信念必須要與理想相一致，否則，我們的人生的可能性就會變得狹隘。

要想讓自己的身體獲得最佳的鍛鍊，自己就必須要讓身心達到一種和諧的狀態。我們完全有可能將自身的精力投注於自身的肌肉系統之中，讓其變得更為強壯與充滿活力，而這些只需透過思想就可做到。同理，透過思想的巨大力量，我們也可將諸如軟弱，不足等觀念投入我們的身體系統。

如果你想要健康，你就必須要相信自己的身體的可能性，你自己必須要對此充滿期待。你自己一定要相信自己生來就應該是健康與充滿力量的。你的心靈必須要明白這樣的一個真理，即自身的健康是取決於自己的，自己是造物主的影像，自己必須要分享其的完美之處。我們必須要這樣認為，我們的天父是想要我們成為一個完整的男人或是女人的，無論是身體上或是心理上，都是如此。祂絕不想讓我們變得軟弱，卑微的人。

因此，適當的食物讓心智得到足夠的滋養，讓自己獲得適宜的心理鍛鍊以及培訓，這與適當的食物一樣都是對於我們的身體是極為重要的。

然而，很多人都是想到卻做不到，或者說他們自甘墮落。他們總是滿口不停的說著，心裡想著自己那不堪一擊的健康狀況，他們理所當然的認為自己的身體就是這個水準，認為自己是一出生就是一個藥罐子，而產生這種想法則是由他們的祖先那一輩遺傳下來的。

另外一種情況，無論他們的身體機能如何的健壯，無論他們如何的對待自己的身體，他們若是不去改變自己的不良想法，就永遠也無法獲得自己想要的那種健康。

若是一個貧困少年總是想著自己處於一種貧窮的狀況，不敢去想像一下美好的生活，那麼他的出頭之日始何時啊？他幾乎是永遠也不太可能有取得成功的一天，因為一顆飽含著貧窮思想的心靈永遠只會招致不好的結果出現。因此，任何想取得物質上成功的人，都應該剔除一切讓貧窮滋生的思想。他必須要時刻想著富足，說話要有一定的氣度，相信自己的能力，做最好的期待。他必須要努力讓自己的外表、舉止、投足更有品味，讓自己的衣著與自身的夢想切合。

同樣的道理，健康本身也是如此。我們營造出一種充滿希望，讓健康的期待彌漫的氣氛，散發出樂觀，讓自己自信。健康是一個永恆不變的真理，虛弱只是現實的一種缺失而已。若你想讓自己健康，就必須要往好的方面去想。若你想在生活中獲得健康，你就必須時刻記住自己想要的那種健康狀態，正如雕刻家在工作的時候，心中已有雕像的模型了。

養成對健康有一個高遠的目標，想像自己是身強體壯之人，這就相當於讓自己鑄造了一堵橫亙敵人面前的健康高牆。而那些沒有這樣意識的人們，很容易認為自己就是所有疾病的受害者。而那些從沒有認為自己本身就應是健康的人，總是在心中想像著自己一副悲慘懨懨的樣子，這樣的後果就是缺乏對疾病的抵抗力，覺得自己隨時可能會向疾病低頭。

那麼，我們何不讓自己建立起一種強大的健康思想的壁壘，一種對自己健康的堅信呢？要知道，這就是最好的人生保險啊！

我們在教育孩子的時候，也應讓他們養成一種對抗疾病的心理。孩子們的腦海應該被灌輸一種心靈意識，讓他們知道身體最天然的保護者。若我們能透過這樣正常運作的方式，孩子們就能讓孱弱的身體與各種疾病的形成強大的抗體。

但是，現實的情況卻是相當的糟糕。很多孩子在成長的過程中被灌輸以相反的觀念，他們被時刻提醒各種健康的天敵，要時刻注意不要讓自己的雙腳弄溼，害怕他們遇到水，或是讓他們去接觸任何事情。他們被時刻提醒不能去碰各種食物，覺得這些食物會對他們造成傷害。總之，他們總是被告知要抵禦各種或有或無的疾病 —— 我們對他們的教育好像是在助長那種脆弱的心靈。當我們在努力用各種必要的方法去保護他們時，我們何不在他們年輕的心靈裡樹立起堅定的信念，讓他們覺得自己生來就該是健康與滿懷活力的。

疾病的所有心理療效都在於一種能量的喚起。換句話說，在於我們體內潛藏的強大力量被喚醒。然而，造物主並沒有讓我們成為某種醫藥發明的受益者，這種等待實在是太慢了，就好比從南美那邊的一種珍稀樹種得到的某種藥物，這實在是讓人只能聽天由命。

以奎寧（quinine）為例，這是一種從金雞納樹的樹上提取的，這種樹木生長在南美的安地斯山脈上。在地球的另一端的瘧疾患者壓根不知道還有這種藥物的存在，等待他們的只有死亡。難道讓數百萬的患者就是因為沒有聽到這種藥物而死去，這是公平的嗎？這是合理的嗎？造物者從來沒有將人的生命交付給一種惰性的藥物，交付給一瓶藥或是某片藥片。其實，最大的治癒原則就在於我們自身，我們沒必要在地球上苦苦的追尋這種藥物。這種藥物並不在那種樹上，也不再某種丹藥之中，而在我們自己的心中。正是這種創造性與恢復性能量讓我們獲得重生。

因此，只要我們好好保養自己的身體，與大自然的偉大精神處於一種完美的和諧之時，所有健康的泉源以及善的一面都將湧流，疾病將無法控制我們，在我們的身體裡無從發芽生根。當我們忽視或是濫用自己的身體法則之時，我們就會與規律背道而馳，到時所有的不和諧都將出現。那麼，我們何不讓內心充盈著滿足，都一種無限的支撐力量呢？我們可以感受到這種力量在我們身體每個細胞裡的湧動所帶來的那種激越。這種感覺帶給我們一種安全感，帶給我們一種健康的感覺，那種幸福與快樂是其他任何東西都無法給予的。

這種與大自然完美和諧的力量在我們的身體內湧動，流經每個細胞，在我們需要的時候總是會給我們帶來好運。當我們遇到任何的意外，可能是一個傷口，可能是造成骨折，或是其他的身體傷害時，這種力量就會立即撫慰我們的傷口，讓我們恢復到原先的健康狀態。

在面對生活的種種遭遇時，我們採取這種勝利的態度是極為有益的。

在工作上，在對待我們的生活環境上，在面對困難的時候，這種態度也是大有裨益的。我們在面對所有問題的時候，無論大小，用一種積極地態度去面對，確信自己能到做到最好，這種想法會增強我們的自信與成就。因此，我們對健康所抱有的一樣的勝利的態度，這種態度在面對其他事情上也是應該踐行的。自信、肯定以及期望所有美好的東西，這些都是極為重要的。

人的生活並非只是單靠麵包來過活。人是一種非常複雜的生物，他需要很多食物來滋養三重本性 —— 身體、心靈、精神上的滿足。要想獲得最大的能量或是具有創造力的話，我們就要有適宜的食物以及正確的生活習慣，讓自己的思想變得清明，工作也變得敬業。當這些條件都滿足的時候，當身心都獲得了適當的滿足與鍛鍊，那麼我們就能成為一個真正的人，一個優秀人類的基準，一個富有成就的人。

總之，我們對自身、對健康以及我們的信念，都是以一種積極昂揚的態度趨面對，那麼我們就能更好的應對生活，去實現我們的人生目標，為世界做出自己應有的貢獻。這種自主的精神能讓我們能在做任何事情上做的最好，實現自己的人生價值。

贏的定律 02

給自己一個清晰的定位

只需要抱有這樣的想法，我們還有很多才華有待於挖掘，還有無限的可能有待於實現。這對我們極為重要，這會為我們的進步帶來無法阻擋的動力

—— 馬登

「人人為我，我為人人。船為一體，個人的利益放在一邊，團隊才是最重要的。」這是康乃爾大學划船隊的著名口號。在這個隊裡，隊員們必須要一直重複這個口號，直到其精髓已經滲入自己的腦海裡，成為大腦的一部分。訓練員科特尼，在展示團隊力量上給我們做出了一個最為典型的例子。他堅持每個隊員必須要將個人的私欲放在一邊，為整體而努力。

從一開始，每個大學的划船隊員都必須要明白自己的個人努力，在划船上每個位置的隊員都必須要整齊劃一，每個人都必須獲得相對的尊嚴與榮耀。我們必須要「人人為我」，這個「我」就是這個船隊。這樣的目的就是要防止任何人逞一時的個人英雄主義，想著單憑自己的努力去幫助別人。他們要時刻謹記：當我們的船隊獲勝了，我們就都是勝利者。

人類的大腦可以與划船隊做一個類似的比較。大腦的最大效率在於其各個身體機能的合力，共同作用，和諧運作。我們要想取得最為理想的結果，就必須要讓每個身體功能都能得到平等的保護以及細心的關照。我們不能只是重視某些功能而忽視別的機能的發展。

在過去 25 年裡，科特尼的培訓方法已經讓康乃爾大學贏得了次數最

多的划船比賽，無論是在新生的四槳還是八槳的比賽中，都是如此。若是把這種訓練的方法運用於大腦鍛鍊上，將會給我們的人生帶來成功。

在手錶裡，有 42 種不同的功能作用於齒輪上。若是我們能將這些功能系統與合理的調整，手錶將會給出完全準確的時間，但要是某個零件出現走得過快或是過慢的情況，這就會讓整個手錶的準確性大打折扣。這無疑讓手錶的穩定性出現問題，無法給出精準的時間。

當人的心理功能失調的時候，我們的其他功能也是無法釋放出和諧的訊號，那麼，我們就可說這個人是自身功能缺陷的受害者。

一個平衡發展的大腦，即大腦的各種功能都能得到最大的發展，處於一種和諧的狀態，讓其最大的潛能得以發揮，這就是一個高效的大腦。若是大腦的某些功能的發展超過其他的比例，即便這在某些人看來是處於一種天才的狀態，但是從整體看來，整個大腦的機能是沒有處於一種最有效率的狀態。因為，這裡面沒有一種穩定與平衡的心理狀態。需要說明的是，這並不是說，某些具有特殊天賦的人就不能將自身的才華發揮到極致，而是我們在發揮自己某些長處的時候，不能忽視別的能力的發展。

正是因為許多家長以及老師忽視了心理法則的重要性，導致了很多孩子心靈的靈敏性受到了傷害，更為嚴重的情況是這種心靈的靈敏性被完全摧毀。這主要因為，我們的做法要麼是過度的鼓勵，要麼是過度的刺激學生去發展某些特長，而其他的方面都被忽略了，導致之前那些弱點反而變得更弱了。這樣造成的結果是，整個大腦失去了應有的平衡。如果孩子在成長過程中的心理沒有得到全面的發展，這將會給他們造成極大的傷害。在他們日後的生活裡，都會蒙上一層陰影。

在生活中，我們鼓勵孩子們在某些自己的特長上發展做到優秀，卻任由自己的弱點不管的這種現象是很普遍的。如果我們任由這種發展方式蔓延，這對我們或是我們的孩子的全面發展，以及效率的提升都是有害的。

這種傷害不僅單純適用於心理層面上，也許在很大程度上還涉及道德的層面。

舉個例子來說，許多孩子在數學方面都很弱，他們在學習中的那種建構的能力不強。因此他們需要時刻的鼓勵，以及透過不斷地練習來鍛鍊自己，直到自己這方面的能力加強為止。若是這些脆弱的環節被忽視了，整個心理鏈條都會受到損害。正所謂一條鏈條的堅硬程度取決於其最弱的一環。不僅如此，如果孩子在任何道德上若有缺陷，比如缺乏勇氣等，這將比在數學上表現出的糟糕更為有害。

為了能對上述現象有所改觀，或徹底解決，我們未來的教育應涉及到道德，以及精神層面，當然也包括身體以及心理機能的教育。可是現在的情況是，我們的教育系統只是在調動學生某些身心機能，卻讓許多其他的方面得不到發展。這樣的教育體系造成的後果就是，一般的大學生在某些方面都有自己的過人之處，但是其他方面卻跟他們在進入大學之前一模一樣，沒得到任何開發。無論以後這些學生從事什麼工作，由於在大學的生涯中他們沒有得到最好的培訓與鍛鍊，這將給他們今後的工作帶來影響。例如：當一個學生在進入大學之前，或是在他們即將告別之前的大學生活，為之後的生活做打算，他可能在主動性、意志力等方面都得到了非常好的鍛鍊。但是，在接下來的大學生活裡，這些方面卻沒有得到足夠的鍛鍊，這無疑會影響學生日後的工作能力。這好比古語所說的「淺嘗輒止」。

因此，我們從幼稚園到大學的目標應該是讓學生形成一個平衡的大腦，一種全面又健康的心智。我們應該對小孩從一開始就嚴加看管，仔細研究他們的身心發展特點，要記得鼓勵他們去發展或是鍛鍊自己的弱點，若是可能的話，不要去鼓勵一些諸如自我膨脹的心理，而是應該加以限制，以防這些發展超出了應有的範圍。

相對於對孩子優點的培養，對他們的弱點的加強反而會對他們日後的成長更重要。現在，很多人之所以失敗，就是因為他們大腦的某些功能存在缺陷，正是這些缺陷讓他們無法取得成功。若是父母以及老師幫助他們糾正這些缺點的話，或者這些孩子在日後的生活中明白了如何將那些讓自己停滯不前的缺陷彌補過來，讓心智得到更為全面的發展的話，那麼，他們的人生軌跡將會多麼的不同啊！

我們要以科學的方法去工作，發現自己的弱處，然後集中精力，加強，強化那些缺陷的部分，應將這些集合成一個強大的纜線，讓自己不僅可以實現自己的理想，更讓自己變得更為強壯與自若。這樣，我們就有更多的能量去面對人生以後的困難與挫折，以及種種難以預測的意外。

我們許多人在衡量自己的時候遇到的一個問題就是，我們好像覺得自己的能力是天生的，是前世已經注定的了，是無法改變的。我們將自己的能力看成是某種完全命定以及固定的事情。事實上，我們的能力或是才華是由不同的功能以及機能所組成的，正是這些互相分離的金屬線才形成了電纜，我們將這稱之為才能，或者是能力。若是這條電纜時脆弱的，無法承受生活的重壓，我們就應該去加強這方面，正如一個工程師努力的去修補那些支撐吊橋的纜線，以防大橋的坍塌。工程師們發現了大橋的弱處，透過對這些弱處進行修補，讓其堅固起來，這樣就能承受一定的重量了。在這個加強的過程中，工程師還給了其一定的力量承受儲備，在需要的時候，可以承受更多的重壓。

可見，我們明白如何讓自己成為一個優秀之人是多麼的有必要。通常來說，人生取得成功的一些重要因素，在一開始良好的判斷力是生活中所有成功的基礎。無論我們在某些領域中多麼的具有天賦、富有才華，若我們沒有良好的判斷力，沒有正常的思維方式，你的才華的施展就會受到制約。我們到處可以看到一些在某些方面具有才華的人，他們努力地想取得成功，但是不久就以失敗收場。這是因為他們沒有一個冷靜的頭腦，他們的判斷力沒有足夠的正確。他們任由自己的人生計畫錯漏百出，這讓他們不斷地遭遇人生的災難。但與此同時，那些頭腦冷靜、判斷力強的人則會在人生之路上穩步前行。他們絕不會讓自己滿盤皆輸，或是做一些讓自己前功盡棄的愚蠢事情。也許，這種情況在許多片面的人而言是很常見的。

你是否因缺乏冷靜的頭腦，讓你不知所措呢？例如：若是一百分滿分的話，你的理想的分值是九十分。你可能充滿了熱情以及衝勁，內心一股熱情不斷地驅使著自己向前行。你可能在其他的方面的分數也很高，諸如勤奮、堅持不懈以及認真的態度、集中精力等方面。你自己也沒有想要偷懶的想法。你在按照自己想要去做事情的方向發展。可為什麼你就是沒有取得大的成功呢？為此，你不妨全面的審視一下自己，將優點、缺點仔細分析一下，看看自己能否發現問題的所在。

看到一些原本應該去的大成就的人最終只能實現自己才華的小部分之時，內心感到無限的遺憾。這都是他們過於小心謹慎所致。我認識不少性格過度謹慎的人，他們都是極富才華的人，但是人到中年還是拿著微薄的薪資。他們從不敢讓自己拓展起來。因為他們害怕風險，他們總是覺得成功機率不大，不敢邁出勇敢的第一步。造成這樣局面的原因是：他們大腦的某些功能過度或是沒有得到足夠的發展。

當然，這不僅在於鼓勵與強化自己的弱點，更在於應該適當壓制一些自己原先認為的強項對自己心智的塑造。例如：有些人對自己過於自信，覺得自己敢在「天使都不敢涉足的地方，義無反顧的前進」，另一方面，我們內心總是充滿恐懼，不敢去做大事。若是我們能勇敢的擔當的話，就會帶來財富與名聲。

其實，過度謹慎、羞怯，這些在年輕的時候都是很容易就可以改正過來的。若是不改正的話，這些特性就是造成許多人一生平庸的重要因數。

大人們總是一味的勸誡年輕人要小心謹慎，要穩紮穩打，不要隨便玩火。這種說教所造成的結果就是，很多有才華的年輕人原本可以做出驚天動地的偉業。但是卻在平庸之中度過自己的人生，終生碌碌無為。若是這些年輕人受到西部拓荒精神的感染，不要有什麼羈絆，勇往直前，他們就能成為大有成就的人，對後世人產生重大的影響。

不過，這絕不是說我們做什麼事都像牛一樣一股經往前衝，什麼都不考慮。因此，最好的辦法是，我們不妨換個角度看，若是我們的自信過度膨脹，超出了自己的能力所能支持的範圍，你就會麻煩不斷。因為，你將時刻捲進自己無法取得成功的事情上。另一方面，若你對自己的自信過低的話，你可能就不敢去做一些自己原本是有能力去做的事情。當機會降臨到你身上的時候，你可能就眼睜睜的錯過了。

我們身心的機能都是互相交錯的，實際上可謂是牽一髮而動全身。我們無法孤立地看待某些方面，在發展某方面的時候，要照顧到其他方面的相應發展。我們適當的謹慎是由細心與慎重構建的。那些做事魯莽、莽撞的人無法稱得上是謹慎。當然，謹慎與細心不能與技巧分離。一個沒有足夠人際技巧的人是很難稱得上是個謹慎之人。

那些過度謹慎與小心的受害者們的心理，是因為他們的身心技能沒有得到平衡的發展。具體的來說，就是某些機能得到過度的發展，而一些則是發展不足。倘若過度小心，就會讓人自信與信心以及希望打折。這些人就不敢走出常規去做自己喜歡的事情。他們的一生，通常是對那些看不見的恐懼以及痛楚感到擔憂。他們總感覺不幸即將降臨。他們無法真正享受現在，因為他們覺得未來的前景是那麼的暗淡。

在棒球比賽的時候，即使其他隊友的表現都在水準之上，若是有一位隊友的表現很糟，該隊極有可能輸掉比賽。這種失敗不僅是那位表現不好的隊員本身的失敗，更是整支球隊的失敗。我們的人生也是如此。若是我們的心理團隊在一個整體上沒有達到超標準的表現，即使沒有落到失敗的地步，我們依然會困難重重。

哪裡有片面的發展，或是失去心靈的平衡，哪裡就有麻煩在湧現。心理的和諧讓我們產生身體的和諧，反之亦然。若我們的大腦得到充分的發展，我們是不易變得孱弱、悶悶不樂或是一事無成。打個比方，若是我們將最重要的自信從我們的心靈中抽離出來，我們的整個神經都會處於崩潰的狀態。我們的很多功能若是沒有自信與勇氣帶頭，其他的功能都是無法前行的。

若是世上有什麼將我們的自信與勇氣扼殺掉了，那失敗將是必然的。若是我們的目標是渺小的，我們的其他功能也無法釋放出其最高的效率。更何況，希望與勇氣是心靈領域的領袖。若它們不堪一擊，我們的其他能力也自然受到極大的打擊，即便我們有堅強的意志作為後盾，也是無濟於事。

因此，即便那些被稱為有教養或是有文化的人，他們也非常害怕自己的性情中出現某種不足。因為，我們沒有獲得適當的鍛鍊。要想讓身心得到全面的鍛鍊，這需要我們下一番苦功夫。

若是小孩在沒有獲得足夠的食物讓自己身體肌肉組織發育，或只是吃少量的食物，那麼，他的身體就會出現相對的不足之處。如果他沒有攝取足夠的鈣質，或是促進骨骼生長的營養，即便他在其他營養的攝取方面十分充足，他的骨骼還是會出現問題，有可能造成佝僂病。他可能由於骨骼的鈣質不夠，無法昂首挺胸的走路。事實上，由於他缺乏適合骨骼發育的營養，所有的骨頭的發育都會受到影響。如果他們有攝取足夠的營養讓自己大腦、神經以及肌肉正常活動的話，那麼，他的這些方面就會受損。

同理，如果某個孩子缺乏一定的智力以及心靈的食物，無法餵飽自己的心靈需要。那麼，當他成年之後，就會出現相對的不足。如果他的理智沒有得到足夠的發展以及鍛鍊的話，那麼他將遇到各式各樣的挫折。若是其內心的破壞欲望特別強烈，這個人就會變得好鬥以及尚武。若是缺乏正義感，他就會無視別人的權利。若是此人計算的能力過強，那麼他可能成為一個統計學家，但是他也很可能失去想像力了。他就成為一個對事冷漠，凡事死板以及缺乏情感的人了。再舉幾個例子。若是沒有足夠的人際技巧，人就會時刻覺得寸步難行。如果自私的情感在內心十分強烈的時候，我們其他的優點都會被犧牲掉。若是人的動物的本能控制不了，此人乃是粗人。那些原本應用在大腦的能量都在對肉欲的熱情上了。

我們到處可見由於一些社交能力的缺失而感到痛苦萬分的人。造成這種後果的原因是他們在年輕的時候沒有讓自己的社交能力得到發展，或者由於這些人之前一直是自己生活，缺乏與同儕的交流，他們的社交能力在萎縮。我們經常可以看到一些滿腹經綸的人不能與別人開展大約五分鐘左右的有趣交流。不知有多少在各自領域取非凡成就的人由於缺乏主動性而讓自己感到尷尬。不知有多少人由於習慣於自己的圈子，過度敏感而讓自己在別人面前不敢說一句話。

我們到處可以見到一些野心勃勃的人，他們努力地工作，但是讓他們感到羞愧的是，自己從來無法做出應有的成績。他們的行為肯定是出現了某些缺陷，他們的心靈的螺絲肯定是鬆了。可能是童年時期的留下的一些缺點，一些無形的習性，讓他們無法取得應有的成就。

我與很多人商討過這個問題，他們好像還不知道是什麼原因讓自己止步不前。他們是誠實與老實的人，想將自己的才能發揮到極致。但是卻總是因為一些小的缺點，過往的心結而停滯不前，要是他們之前就知道這些的話，就不會這樣了。

若你能以真實的眼光去看待自己，若你能在事業的起步時，能借鑑別人的看法，給自己一個清晰的定位，那麼，我們就可以讓自己免去許多以往讓自己感到不幸的經歷。我們就不會向以往那樣一路摔跤。其實，我們之所以這樣，就是因為我們不知道自己所存在的缺點。即便我們知道自己存在這樣的缺點，也不會覺得嚴重到阻礙自己實現夢寐以求的理想。

為了實現自己的最大價值，我們需要自身的每個功能都調動起來。無論自己眼前遇到多大的困難，我們都是主宰自己的力量所在。我們可以讓它們成為我們的朋友，助我們前進，同理，我們也可讓它們成為自身的敵人，讓我們寸步難行。我們是自己心靈團隊以及各個機能的隊長。我們對它們的訓練方式以及調教都會決定這場比賽的勝負，決定我們在人生之路能否取得勝利，或是鎩羽而歸。

當然，我們的成功幾乎完全有賴於對自身工作的忠誠度。例如：如果你以認真的態度去提升自己的弱點，嘗試讓它們達到自己今天的要求，但是在明天卻又棄之不管。那麼，今天的努力也將會前功盡棄，原先所得的結果將回到昨天的水準。

很少有人願意為取得優秀而付出應有的代價。但如果我們希冀不斷的進步，就必須要時刻鞭策自己。我們時常過度地偏袒自己，為自己的失敗找藉口。我們總是怨天尤人，埋怨所有的事情，但自己卻不去做一件正確的事情。問題無疑是出在我們身上。「不能責怪星光沒有出現，要怪就怪自己沒有抬起雙眼。」我們對自己缺點的預設，只能給自己帶來許多的麻煩。有些人甚至不願意面對自己，承認這個問題的存在。不斷強化自己那堅固的一環是讓人感到愉悅與開心的，因為我們的自信都是源於那裡，我們願意躺在裡面，不願走出這個圈子，對於存在的缺點，不願去過問。但是如果我們不對自己坦白，沒有足夠的進取心、能量以及意志力去克服那些時刻阻礙我們前進的瑣事，我們就必須要為此承受應有的代價。真正的成功需要一種代價 —— 那就是為了讓自己的身心更為健全而付出的誠實的努力。

贏的定律 02　給自己一個清晰的定位

如果你在所每一件事情的時候，都沒有出自己一半精力的話，那麼，你可以和自己心靈中的另一個自我開展開誠布公的交談。以下的可以作為這種談話的一種模式：

約翰啊，現在我們的事業遇到了一場危機。我發現時間在飛逝，但是我們的事業卻一點起色都沒有，我們的付出與回報不成正比。我所取得成就與自己所夢想的差距太大。在經過這麼幾年一直沒有回報的日子之後，我再也不能忍受這種平庸、半桶水式的人生了。在以後的日子裡，我必須更加努力。因為在過去寶貴的時間裡，我本應該取得更大的成績。直覺告訴我，我可以比現在做的更好。我經常看到一些人，能力也不是很強，也沒有很好的機會，但卻比我做的更好。每次當我聽到別人去做了自己嚮往已久的某些事情，一連串疑問就會湧上心頭，「為什麼我就做不到呢？現在，我不僅知道自己可以做到，而且我還知道自己應該馬上去做。我是自己的主人。我的心智以及身體必須聽命於我。身體的所有功能必須服從於我，讓我取得上帝原本想要獲得的成功。」

在與自己進行了坦誠的交談之後，拿一張紙以及筆，再次寫下自己的人生目標，不斷的仔細斟酌、分析。認真研究的優缺點，在每次取得成功的時候，到底應該如何的揚長避短，看看自己是否能夠真正堅持去做到最好，克服自己的缺點，壓制一些膨脹的欲望。

給哥倫布船隊上那些沮喪甚至要造反的船員帶來一線希望的是，他們發現了一處乾燥的樹林，樹木的樹枝以及在水上飄蕩的水草植物。這說明大陸就在不遠處。這些船員救重新鼓起信念，追尋在他們眼中仍看不到的大陸。

在我們的生活中，有不少的事情在表明，我們自己是可以去挖掘自身的潛能以及能力。我們要是正確的理解這些內心發出的訊號的話，就可以引導自己去實現自我發現的過程。

如果你是一個認真的人，如果你覺得自己的理想仍懸在空中，沒有實現，如果你有想要不斷成長與提升自己的欲望，如果你想要更為寬廣的人生，那麼，你就必須要確定一點，這些都是在自己手中的，這些現在看起來宏大的東西，正有待於你的發掘。

另一方面，如果你總是焦躁不安，胸無大志，如果你認為自己的工作是一個負累，覺得生活並不是上天賜予我們最佳的禮物，如果你感受不到存在本身所帶來的那種難以言喻的喜悅感遇滿足感，如果你對自己有機會在這個花花世界上走上一遭心無感激的話，那麼，你的人生將永遠會是原地踏步。

我們都有一種預測的能力，讓我們去估量未來發生的事情，讓我們去探究內心還沒發掘的一些能力。除非我們甘願讓自己的心靈向真理關上大門，那麼，我們就不會錯過這些訊號。我們對成長的一種神性的渴求就是一種堅定的訊號：我們比自身更為宏大。未來的願景是存在的，只是我們還沒有能力去實現而已。

只需抱有這樣的想法：我們還有很多才華有待於挖掘，還有無限的可能性有待於實現。這對我們是極為重要的。這會為我們的進步帶來無法阻擋的動力。因為，正如菲利普 · 布魯克斯說過，當一個人發現自己可以過上一種更為豐富、更為完美與更為圓滿的生活時，他會願意對生活得過且過。

如果世上有什麼呼喚我們為之努力的事情，我們就必須要抓住唯一的機會，事實上，這也是我們的唯一機會。對於來世，我們一無所知。但我們知道在生活中時刻都會遇到許多機會。在我們人生的起步階段，我們有機會做到最好，就好比一顆橡實最終成為一株魁梧的橡樹。我們來到這個充滿可能性與美感的世界，有能力去抓住屬於我們的機會。我們擁有鍛鍊自己能力的所有工具，讓我們為去做與生俱來的工作做好準備。

贏的定律 02　給自己一個清晰的定位

在人生的大戲劇裡，我們每個人都有屬於自己的重要任務。屬於我們的部分是任何人都不能替代的。我們是成全或是糟蹋自己的戲分，就看我們能都讓其成為一個傑作或是垃圾。我們有機會讓自己出演高尚的部分，別人應根據我們的表現來評價我們。這將決定我們日後的進一步發展。在戲劇落幕的時候，每個演員都會被問到這樣的問題：「給你機會，你把握得怎麼樣啊？你一生的工作留給後人什麼啟示？自己所為對於世界，對於自己的同儕人有什麼作用？自己所做的一切對自己有何意義？你是否將這看作是挖掘潛能的一個機會呢？你的天賦利用的怎樣啊？你是將自己的才華包裹在餐巾之中，然後埋葬掉，或是展現給世人？」

「我們來到這個世界之上，實質上包含了數千年文明所累積下來的力量以及思想，以及之前數以百萬計的人的創造與發現。他們不斷推動文明的前進，讓我們享受現在的文明成果。這對我們意味著什麼呢？我們是否應將文明進一步向前拓展呢？我們是否欣賞前人所留給我們的遺產，他們所做的一切讓我們今天生活顯得更為輕鬆以及幸福。他們將之前苦苦探尋才累積起來的經驗以及技能傳授給我們。這樣，我們工作的更為輕鬆，在前人的基礎上取得更大的成就？」

很難想像，人類手中擁有那麼多的資源，但還是有那麼多人遭遇失敗，還有那麼多人沒有將自己的一生看成是一次最偉大的機會。事實上，很多人對此漠然視之，好像生活就是無趣的，一個累贅。而真正的事實是，生活是我們不斷發展的唯一途徑，呼喚我們最好的一面。

眼前的事業是那麼的宏大與艱巨，需要我們動用自身的所有資源，無論是身體上或是精神上抑或是心理上的。當我們看到許多雄心壯志的人想要去創事業，但是卻因為一些可悲的缺陷而無疾而終。他們的臉色總是那麼的焦急，行為總是那麼的急躁。我們應該讓自己消除這些，拓寬自己的根基，精心的準備，我們就可讓失敗無處可尋。那麼，我們在成就大事的時候，就不會有失敗的可能性。

贏的定律 03

讓自己成為一個真正的人

整個世界都在呼喊：我們需要英雄的出現。不要再苦苦地找尋這個人了，他就在你的手中，這個人就是你自己。每個人都可以成為英雄。

——大仲馬

在我們成為公民之前，大自然首先讓我們成為一個人。

——羅威爾

「在我的金庫裡有兩億法郎，但我願意將所有的錢全部交給奈伊元帥。」拿破崙在緊要關頭說出這樣的話語。這位來自科西嘉島的巨人想要一個人，一個他可以信賴的人。

一個真正了解自己的本性，能集中自己的精力去做一件事，能深入挖掘自身的潛能，讓自己價值的最大化的人。這樣的人有明確的目標，知道自己該做什麼，能分清輕重緩急。這樣的人在各行各業都是大受歡迎的。

當今社會急切需要的是那些能將知識轉化為力量的人。我們都生活在一個很現實的世界裡，我們需要一個能真正帶來現實利益的人，一個掌握實用能力以及執行能力的人。

有這樣一個事例，一位求職者小心謹慎的問：「你覺得我還要過多久才能在這個職位上站穩腳跟？」

「直到更優秀的人出現之時。」這位求職者得到的是一個爽快的回答，「我通常都要我的員工不斷提升自己，這就是我們的企業能時刻保持很高水準的一個原因。我總是在不斷淘汰一些員工，用更優秀的員工代替那些效率差的。這就是我的用人規則。」

這聽上去很冷血。但是商場如同戰場，所謂商場無父子說的就是這個意思。在這個企業家手下工作的每位員工都清楚的知道，只有當自己不斷的提升自己，才能保住自己的位置。總之，整個企業處於一種不斷進取的狀態，每個人都可以充分發掘自己的潛能。

我們經常可以聽到許多人在抱怨自己運氣不佳，世界是多麼的殘酷。我希望所有人都不要抱怨自己受到世界不公平的待遇了，我們要做的只是做到最好的自己，將上天賦予自己的才華發揮到極致，這才是我們應該做到的。

這就是這個充滿進取的時代所要求的，讓每個孩子都能獲得發揮自己的機會，實現自我的最大價值。要做到這一點，他就必須要透過自己的不斷努力，以及堅忍的毅力去找到適合自己的位置。如不這樣，要麼任由自己的才能、天賦埋沒，要麼就將自己的才能、天賦發揮到極致。打個比方，這就如一塊璞玉一樣，不精雕琢，粗糙如舊。

每個人都有兩個使命。一個是藝術或是專業，另一個是職業或是工作，無論是具體哪一種，若是我們在物質上匱乏，就需要我們首先在生計上滿足自己。然後，才有可能做出更大的成就。但是，如果我們可以做到為了理想而不去計較那些物質上的匱乏，我們是能夠有大的作為的。

為了說明這一點，我以加菲爾德的成功為例子。當他還是一個孩子的時候，他被問及自己日後的理想。他回答說：「我想讓自己成為一個真正的男人。如果我連這個都做不到的話，那麼我必定是一事無成的。」這就是任何真正意義上的成功的祕密所在。

因此，我們不能只是停留在一個熟練的工程師或是著名的商人，一個著名的律師或是醫生等等的層面上。我們應該有一個更高層次的目

標 —— 雖然滿足自己生計是一個重要的方面，但這不是最為重要的，任何一個有理想的人，在一覺起來都不會將這個視為人生存在的唯一目標。更何況，讓自己的特長或是優點得到發展，這是一件多麼讓人愉悅與有價值的事情。

社會需要那些全面的人，需要那些不被一些遺傳的缺陷或是道德的不足而限制自身能力發揮的人。雖然我們需要專業人才，但是那些只是單方面發展的人是沒有前途的。他們將自己的人生的精力限於一個狹小的空間，而其他方面則不斷凋零與枯萎。那些能用全面的眼光看待事物，素養全面的人到哪裡都是備受關心與歡迎的。

在無數名人的傳記中，都有一個共同的特點，這種特點深刻的展現了愛默生的一個名言：實用的智慧以及常識是天才構成的基礎。而在湯瑪士·楊格那句富於哲理的話語中，他說道：一個擁有天使一般的智慧的人，可能是一個傻瓜。我們需要的那些接受過全面教育的人，手腳靈活，耳聽八方，眼觀六路，手快腦勤。每個雇主都在尋找這樣的員工。整個世界都在尋找這樣務實的人。

我們要求年輕人要有力量，有活力以及理想。年輕人應該獲得全面的發展，能夠在某個領域中有所突破。各個著名機構的經營者，以及管理者都在到處找尋這樣的人去填充各種職位。一個有禮貌並富有效率的職員，一個誠實又敬業的出納員，一個能夠準時按量完工的技術員。雖然外面充斥著很多失業的人，儘管許多人在爭取同一個職位。但這樣的員工永遠是搶手的。為什麼我們還總是在說著，這個時代很難找到一份好的工作呢？這難道不值得讓我們去反思嗎？

那些組成茫茫失業大軍的人，到處在找徵人的公司，從一個商場走到另一個，從辦公室走到工廠，他們不禁發出這樣的感慨：為什麼別人就成功錄取，而自己卻總是要面對失敗的命運呢？為什麼別人獲得了自己想要的職位呢？也許個中原因十有八九都是因為他們好逸惡勞，教育程度不高或是缺乏培訓，或是一些缺陷讓他們無法前行。

上述的這些人，他們想要出人頭地，無可厚非。但是最為讓人頭痛的一點是他們壓根沒有足夠的能力去實現自己的就業所需。在某個層面上可以這樣說，他們並沒有擁有一個真正的人所應有的素養以及才能。

所以說，那些真正富於效率，飽受教育以及具有務實能力、富於常識的人實在是少得可憐啊！除去那些徹底的無能之人，其實還有很多原本可以讓我們印象深刻的人，這些人都是頗有天賦的人。他們看上去大有掃蕩乾坤之勢，一種透過現實看本質的能力。他們看似知曉一切，飽讀詩書，閱歷無數，任何事情都無法從他們的雙眼中遁逃。但是讓人不解的是，他們總是讓我們感到不斷的失望，他們將我們的期望提升起來，最終卻又狠狠的摔破了。他們是明日之星，但是這個卻從來沒有兌現，他們的性格中有某些難以言喻的缺陷，無法完成生活中的一些基本的職責。在現實生活中，我們需要那些能夠完成事務的人，我們不需要那些全然的偏才，需要那些全面的人。

盧梭說過：「那些接受過良好教育的人，在履行職責的時候都是有準備的。我的學生是從軍或是在酒吧打雜，這些都不重要。如何生活才是我要教會他們的。讓他們首先成為一個人，至於做什麼職業並不重要，可以是士兵、律師或是哲學家等等。之後的發展就聽任運氣的安排吧，功到自然成。他總會找到自己的位置的。」

盧梭說這段話的意思是要求我們首先成為一個人，然後不論你的職業，你真正的價值自然會顯露出來的。如果你不能成為一個真正的人，任何的培訓、任何的教養，所有的禮節都不能掩蓋這樣的觀點。而你永遠也遮不住這個事實。

既然這樣，我們該如何才能成為一個真正的人呢？一個小男孩站在秤上，他很害怕自己比同伴重，於是就鼓脹自己的臉頰，然後像一隻牛蛙一樣站著。「天啊，你還是那麼重，改變不了的。」站在一旁的同伴叫道。

「你多重，就是多重。」在人生的重要關口裡，就是如此。你可能有時將自己的主見加諸於別人，你可能在短時間內欺騙別人，但是你無法欺騙天地人心。因此，那些想要成為真正的人，就必須要對自己的心保持真實。

一個年輕人，在剛進入紐約商界的時候，為別人打工的月薪只有二十美元，從最低的基層做起。在其父親的介紹下，在一間報紙從事編輯的工作。而這家報社也是想借助這位剛從馬尼拉戰役凱旋而來的上將的盛名，為自己的報社做廣告。

「你不需要寫報導，也不需要去做什麼採訪。每天只要在文章上署上自己的名字就可以了。每月我會付給你兩百美元的報酬。」編輯跟他說。

但是那位馬尼拉戰役英雄的兒子有骨氣，斷然拒絕了這種虛假的行為。他寧願每月拿二十美元的月薪，也不要對不起自己的良心，碌碌無為的拿兩百美元的月薪。

從年幼的時候起，自尊以及重要職位的關鍵性已經深入他的大腦，因為身為皇位的繼承人，他必須要明白這一點。年輕的王子不時要接受這樣的教育。他不能允許自己有一刻忘記自己尊嚴。王位在等著他，在某天他登基的時候，就將成為這個國家的統治者。這個人就是著名海軍上將杜威的兒子。

我舉這個例子，無非是想說每個孩子都有無限的可能性。他們都有機會去做美好的事情，有最佳的機會去為人類做貢獻，去挖掘自己的潛能，利用自身的資源成為一個真正的人，成為一個全面發展的人。

贏的定律 04

儲備足夠的正能量

不要將生活的金字塔疊在一天搭建的基礎之上。生活的成功之處，就是在機會降臨的時候掌握住它。

—— 班傑明．迪斯雷利（Benjamin Disraeli）

「不要乾等機會的來臨，創造機會，精心準備，機會回來的。」

許多年輕人在進入社會，展開工作的時候幾乎都會面臨這樣的問題：不為自己取得勝利而去準備，或是對脫穎而出沒什麼特別強烈的欲望。他們只是做著自己找到的第一份工作，而不管這是否適合自己的特長的發展。如果他們碰巧不喜歡這份工作或是工作太難了，他們才會考慮換掉。這樣的是隨波逐流的人，沒有一個明確的目標，沒有為自己長遠的人生做準備，目光只是限於眼前。只有那些經過全面培訓的年輕人，為自己的未來打下了扎實與寬廣的基礎，他們在進入人生的賽道的時候，就想著一定要去的勝利，一心只想著前面勝利的終點。

在美國歷史的初期，一些美國年輕人在沒有接受過多的教育，或是出自特殊的培養情況下，取得了輝煌的成就。但是今時今日的競爭變得更為激烈，那些沒有接受教育的人取得成功的機會幾乎為零。儘管如此，我們還是看到一些教育程度不高，或是沒有經過培訓的人憑藉自己的努力，從事著最為精細的工作。但是，他們卻為此付出了很多的努力，而且效果也不是很理想。像這樣的情況還有很多，比如我們看到許多嘗試著寫作的男女，或是想在報社工作，但是自己卻對語言沒有深厚的了解，對語法幾乎是一竅不通，對於修辭的邏輯與法則、英語寫作幾乎是一片空白。

還有一些人在藝術方面淺嘗輒止，要麼去研究演說藝術、音樂、醫學、辯論或是其他的專業，但是都沒有一個良好的基礎。他們雖然不懈的努力，但是都沒有取得成功。他們的努力沒有任何成功的可能性。由於他們沒有自己所從事的工作打好基礎，所以他們的生活也是非常不穩定的。他們覺得自己花上幾年的時間去打下基礎是沒有意義以及價值的。他們想要在工作上直接獲得即時的報酬。他們不想讓自己人生最美好的時光都浪費在寂寞之中，不被人知的環境之中，然後，自己默默的去建造自己的人生基礎。但是時光易逝，當發現自身所犯的錯誤的時候，已是為時已晚，無法挽回。

我認識許多這方面可悲的人，就是因為他們在年輕的時候，沒有認知到教育和為自己日後的職業展開培訓的重要性。以至於他們在人到中年的時候，發現自己的理想無法實現，因此也就無法滿足自己想要成功的心理。導致這樣的原因就是，他們在年輕的時候沒有得到為成功打下基礎的培訓。他們在生活的過程中渾渾噩噩，做著相對卑微的事情。如果他們在年輕的時候受過教育，他們所激發的潛能將讓他們驅趕思想中的無知。

我認識一位法官就曾經透過不斷的自學來彌補自己早期的接受教育不足的缺陷，他利用在晚上以及在週末的時間去學習。他說，自己在年輕的時候就想著成為一名律師，但是覺得在大學的學習對自己的幫助不大，現在才覺得自己在學習的過程中困難重重。當然，主要是因為他的閱讀不是很強，對歷史也沒有一定的了解，也沒有接受很多的通識教育。

我認識另一個在還是青年時代就離開學校的人，在短時間內做了幾個工作，想要自己去做一件事，但是，他對算術幾乎是一竅不通，對於如何記帳也沒有任何的概念，結果失去了自己辛辛苦苦賺來的一些錢。但是他們沒有氣餒，還想重頭再來。於是，他透過夙興夜寐這樣的辦法補救自己之前的缺陷，但是卻將自己的身體搞壞了。其實，這些要是在年輕的時候去做，那該輕鬆與容易多少啊！我遇到過一位老師，他克服了許多不良的條件，對於自己所要教授的課程一無所知。他說，現在他必須要夜以繼日地工作，甚至在週日都要加班，讓自己趕上學生的進度。其實，這些都是我們在生活中時常可以見到的情形，可以說是屢見不鮮了。

如果我們仔細研究一下當今許多人之所以失敗的原因，就可以發現他們很多都是在自己沒有完全準備好的情況下，就匆匆的去工作。那些想將自己人生的上層基礎建立在一片無知的思維之下的人，就好比一支軍隊在沒有糧草輜重，甚至沒有武器的惡劣情況下進行戰鬥。很多人說，在戰爭開始之前，實際上，成敗已定。那些時刻在彌補自己的存在的漏洞的軍隊，讓自己充分為各種存在的緊急情況做準備，為即將的戰爭做好最充分的戰前準備，在事先做好周密的部署，這樣的軍隊必然能在戰爭中取得勝利。而對於那些想要在人生這場戰役中取得勝利的人而言，周全的準備同樣是必要的。我們必須在各個方面上最好最充足的準備，讓自己的才能得到最大限度的發揮。

我曾經住在一個被稱為「匆忙」的城鎮。人們在這個地方定居下來的時間並不長，於是，他們就很匆忙的加快速度來建造大廈，各種建築物都是在很短的時間內建造起來的，地基打得很淺。木材被擺放在與地面平行的位置上。過不了幾年，這些木材就開始腐敗了，這些超大的建築都處於一種危險的狀況，不時需要修補來挽救一些存在的危險。

許多人在從事自己人生的事業之時，都是以這樣相同的方式來進行的。在沒有任何基礎的情況下就進行了。這樣的直接後果是，他們不久就會為自己的行為感到後悔。因為，他們要不時的修補自己事業上所存在的漏洞。甚至，他們將自己的失敗歸咎於運氣不佳，上天的不眷顧以及機會的匱乏，以及各式各樣的藉口。但是，他們唯獨沒有意識到真正的原因，那就是他們缺乏準備。

任何一個讓自己對所從事工作的每個細節都熟悉的年輕人，成功是遲早的問題。但是，如果他們感受不到在事業起跑時候的那種緊迫感，情況就不一樣了。這是因為很少有人願意去做這樣的準備，所以，導致了許多失敗之人。

「如果我現在是二十歲，接下來只有十年的壽命，那麼，我願意將前面九年的時間用在累積知識的努力上，為自己的第十年做好最充分的準備。」一位著名的作家兼學者身分的人這樣說道。

如果你想讓自己有一個寬廣以及偉大的事業，那麼，就一步一腳印的來打下自己的基礎吧。要做最充分的準備。讓自己的根基變得更為牢固，更加扎實以及更為深厚。不要將自己生活厄基礎建立在搖搖欲墜的基礎之上，讓自己所做的一切事情都有一個扎實的基礎，這個才是最重要的。

那麼，我們首先該如何為自己的人生準備呢？答案只有一個。那就是讓自己獲得盡可能多的教育。

在人生的征程中，沒有什麼能比一個飽受鍛鍊的大腦，一個充滿自律的心靈以及健全的心靈更為重要的了。擁有了這些之後，你就可以有能力不懼怕任何的挑戰。我們在思考問題的時候，智力就在我們的背後默默推動我們前進。如果我們的志趣是善意的，我們所接受的教育是正確的，那麼，更為寬泛的教育，以及文化教養將在我們人生起步階段帶來無可估量的促進作用。

如果我的人生可以重來，有人要是讓我在金錢以及教育上做抉擇，是要金錢，還是接受教育。我會毫不猶豫的選擇後者。各行各業中，那些努力奮鬥的人都會驚訝的發現，自己的同行是那麼的富有智商，教育層面是那麼的寬廣，自律性是那麼的強。許多人將這看成是一種讓人覺得是羨慕又嫉妒的幸運。但是我們應該清楚，運氣本身絕不能帶來一顆飽受鍛鍊的心靈，沒有寬廣的人生觀，嫻熟的技能，堅持不懈的努力，以及不折不撓的勇氣，我們是無法達到這樣的境界的。

我認識新英格蘭地區的一個年輕人，他認為自己能憑藉自己所接受的教育帶給農場一些煥然一新的變化。雖然，當他剛開始工作的時候，每天的報酬只有 25 美分一天。但是，他認知到透過培養自己思路以及研究企劃的能力，是可以讓農場煥然一新的。於是，他每天都利用業餘時間來學習。在晚上，他認真的學習著科學知識，閱讀一切關於土地土壤這方面科學的知識。這讓他有可能在土地上去的最大的收成。對他而言，一點一滴的知識都好似在他的望遠鏡上加上了一層薄薄的鏡片，這讓他看到了之前所看不到的東西，拓展了他的知識層面。

以前，他的鄰居在相同的一片土地上種植作物長達幾十年，但是還是每年只能從這片土地上獲得一樣的產量，直到土地的養分被消耗殆盡。他知道，一個優秀的農夫要是知道如何培養作物以及利用土地，是可以取得最大的經濟效益的。

現在，他在鄰居的那些貧瘠的土地上看到了財富的存在。科學知識告訴他如何透過不斷的施肥、灌溉以及更換作物來改變以及補充土地養分的缺失。他始終堅信一點，要是自己能有更多的科學知識，就可以獲得更高的回報，從土地裡獲得更多的財富，這些都是以前那些農夫所不敢想像的。

結果，原先被人們認為是一個破舊的、毫無價值的農場，在他的手中卻創造出了奇蹟。他就像一個魔術師，他有能力改變土壤的養分，讓財富源源不斷的滾進自己的口袋。周圍的人不明白為什麼他能收穫產量如此之多的作物，在市場上能有優良的馬匹、以及各種牲畜。但，這真的是事實，他因此獲得了巨大的經濟利益。

如今，這個人在農場上有美麗的建築，舒適的房子，有圖書館和一些藝術品，還有一個土壤的實驗室。這些都好似沙漠中的一個綠洲。儘管這些表面看起來沒有什麼，但是只要細心觀察，你會發現他的農場的土壤與周圍其他農場的土地一樣的。不同的是人，他們在教育以及專業技能上的差異導致了這一切。

這個農夫成功的原因，同樣適用於商人、機械師、工程師以及其他各行各業的工人。訓練有素的頭腦是非常重要的。世上沒有比一個寬廣、自由以及實用的教育更為重要的了。能運用自己的智慧去做事情，能利用自己所學到的知識去運用到實際中，這都會產生難以估量的作用。我們所接受的一點一滴的心理鍛鍊、教育以及文化的淬鍊，這些都是我們在現實生活中所必須的，它讓我們有機會在這場博弈中勝出。

顯微鏡的作用其實並沒有製造出任何新鮮的事物，而是將事物的種種奇蹟顯現出來。在之前人們覺的是醜陋的事物中，我們的雙眼透過顯微鏡可以發現到一些美感。它敞開了一個我們從沒有意料到的世界，讓我們在最為平凡的事物中找尋到最為壯觀的美麗。阿加薩的雙眼所看到的世界與那些沒有接受過教育的人看到的，是完全不一樣的。一雙接受過鍛鍊的巧手能做出許多別人做不出的動作。教育讓我們獲得一顆感念之心，讓我們的神經更為強韌，擁有更強的能力，讓智慧在散發。教育讓我們能緊緊抓住事物的本質，以不可阻擋的力量，讓我們做出最大的努力。知識能夠創造奇蹟。在一點上，我們能達到深深的共識。

查爾斯·金斯萊（Charles Kingsley）說：「你知道的越多，你就越能扭轉自己的命運，讓自己獲得更多，自己也可以事半功倍。」你對自己所作工作了解的越多，那麼，相比於那些安於現狀的人而言，他們又在向前邁出了一步。你對別人的工作了解的越多，那麼。你對自己的工作就有更深刻的了解。有句話說得好：競爭不會讓人恐懼，只會激發人的潛能。

韋伯斯特為了自己能在自己領域中做到最好而付出了長久的準備，特別是在事業中最為輝煌的時候，他在給南卡羅萊納州的海恩回信中有這樣的一段描述：

在他八歲的時候，他在一家鄉村商店裡買了一張棉花做的手巾，上面寫著美國的憲法，這件事在他兒時的記憶裡有著很深刻的印象。手巾上面的憲法內容讓他很感興趣，於是他就去找一些自己所能找到的相關資料，以便有更為深入與詳細的了解。由於童年時期的這種知識的累積，讓他對憲法的歷史、共和黨以及民主黨的競爭原則都有了深刻的理解。後來，整個國家都因為他對海恩的猛烈抨擊而引起掀起了一陣潮流。

韋伯斯特如此不可思議的能力，即便是韋伯斯特最好的朋友，仍然對他沒有充分的時間去準備就直接回覆南卡羅萊納州議員的回信感到質疑。一位傳記者說：「韋伯斯特只有一個晚上去做準備，去回答自己對手所提出的一些列重要問題。」

但是韋伯斯特對自言自語說：「當時間到來的時候，我已經做好準備了。我要做的，只是將要點記下來，讓自己再重新整理一下而已。」

古語裡有這樣一句話：高處不勝寒。真的是高處不勝寒嗎？不，不是這樣的，我們是能在高處找到足夠的空間發展自己的。但是，這需要我們超強的能力，並時刻準備著去接受更為重要的職位。往往一些能很好履行自己職能的人，他們都是讓自己接受了系統與全面的鍛鍊，學會中西貫通。只是，這樣的人永遠是少數的，但是，很多職位都是需要他們去填充的。因為這樣的人實在是太厲害了。

在如今因不斷進步所帶來的空前繁榮的時代，我們的國家面對許多許多機遇與發展的機會。那些有遠大眼光的人已經開始追趕這個趨勢了，那些之前對未來想法不多的人，現在都在尋思如何未來的走向。在未來的幾十年裡，世界對優秀人才的需求以及高端的服務將比現在更為亟需。

已故的教授蘭勒在試驗自己的飛行器的時候，為了讓自己其能夠實現自己想像中的那樣的機型，結果犯了一個致命的錯誤：讓飛機在離地面六十多尺的高度上升。在失敗之後，這個飛行器被人取了個綽號：傻瓜的蘭勒。因為在試驗的時候，飛機直接衝入了水中，而飛行員的夢想也被無情的粉碎了。後來，據說他是死於一顆破碎的心。幾年前，格蘭·柯帝士，一位著名的飛行員在試驗的時候，也犯了一個相同的錯誤，他沒有從離地面六十尺的地方起飛，而是直接從地面上起飛。

許多父親犯了諸如蘭勒在試驗飛機是所犯的致命錯誤。他們對自己的孩子從一開始就期望過高，而不是讓他們像自己當年一樣從最基本的小職員做起。他讓自己的孩子一開始就從企業的高階主管做起，或是做某個部門的主管。當然，這樣這會讓年輕人失敗的一塌糊塗，因為他們沒有足夠的經驗去處理人際關係，對人性知之甚少，對自己所掌管的事務一竅不通。

實踐已經證明了一點，那就是在地面上滑行數百尺讓飛行器獲得足夠的衝力，讓其向更高的位置上升。否則，在這個上升的過程中，就會沒有足夠的力量讓其在空中飛行。除非我們能憑藉自己的知識以及能力去提升自己，了解自己所做的，否則，別人是很難真正的幫助我們的。

我認識一個年輕人，在大學畢業之後就被自己的父親任命為自己旗下的一間企業做主管。他的父親在商場打滾多年，想讓自己的兒子繼承家業，保持家族事業的傳承。這個年輕人對商業沒有一點的認知。他從來也沒有買賣貨物的經驗，沒有成為過銷售員的經歷，也沒有足夠的社會閱歷。在選擇貨物以及安置、管理等問題上都沒有什麼經驗。在交易中，他時常被坑，但是自己卻不願意向那些經驗豐富的人請教，他感到自己比那些沒有上過大學的人都更牛，總是對那些人頤指氣使。這樣的後果是，這位自認為無所不知的年輕人在很短的時間內將自己各自搞得一塌糊塗，將原先的企業搞得差點崩潰，直往失敗的邊緣靠近。若是沒有起父親的控制，父親一輩子辛辛苦苦經營下來的事業在一夜之間就可能被搞垮。他的父親迅速扭轉不利的局面，將原先的混亂變得有序起來。企業的航向迅速恢復起來，因為他知道自己所做事情的一切細節，因此對掌控局勢胸有成竹。他有能力將自己企業度過危險，駛向安全的水域，因為他當年是從一個少年起步，在各個商店裡打雜，在各個部門都經歷過，在自己爬上這個高位之前，自己已經掌握了所有的細節。正是這種由低到高的奮鬥歷程給他帶來了無盡的力量，讓他安然的度過難關，取得最終的勝利。

因此，何不試著讓自己從最基礎的做起呢？你並非是那隻從一開始就能展翅高飛的雄鷹。當自己在腳踏實地的工作，直到自己有足夠的能力去更進一步的時候，我們就可以更為穩健與安全的向前邁進。

通常，一個大學生必須要經歷過一段實習的階段，最終才能完成對自己的培訓。如果他不繞過這些，而是勇敢的迎接這些，那麼，他的進步空間是很高的，而且等待的時間也不會太久。但是，如果他好逸惡勞，認為自己已經很厲害了，那麼這個世界將會把他無情的拋棄，然後繼續自己的前進步伐。同時，你也不能對自己的期望太高，不能一廂情願的希望自己成功。要知道，從底層一步一步的鍛鍊所獲得的經驗是能夠讓人做好日後的工作的。正所謂「一步一腳印，成功不能一蹴而就」說的就是這個意思。

我們這一代的年輕人不願意花時間去為自己的未來做準備。他們想要馬上取得某些東西，想立刻就成功。他們不願意為自己日後的人生打下一個扎實的基礎。他們覺得在學校幾年的準備是如此的單調與無聊，是如此的無用與浪費。他們只想知道一些知識的皮毛。但是，「在電閃雷鳴之際，他們在不斷的顫抖，因為內心的空虛」，這種情況是讓人覺得很遺憾的。總而言之，當需要真本事的時候，他們只能望洋興嘆了。

關於這一點，只需要一個關於速記員這個例子就可說明問題。大多數的速記員都是注定要身處低位的，薪資也非常的低。因為他們從來沒有為自己的日後發展做好打算。對於本職工作，他們可能是完全稱職的，但是他們卻因為無知而阻滯了前行的腳步。他們的閱讀範圍狹隘，當遇到那些不常用的字時，就會感到十分的困惑與無助，特別是遇到諸如一些歷史或是政治上術語的時候，更是顯得束手無策。當然，這主要源自於他們的詞彙量太少了，也缺乏許多人生經驗。他們總是要跑去問別人某個字的意思，或是如何打出某個字。他們中的許多人對於一些最基本的歷史常識，以及歷史上著名人物都是十分陌生的。

相同的情況同樣適用於別的職業。在這個時代，簡寫以及縮略語都是很流行的，所以，一些固定的詞彙就成了一種規則了。年輕人總是在專業的考試中勉強通過。比如：許多法學專業的學生認為專心去研究一些案例是意義不大的。他們心中只想著如何通過考試，然後獲得證書，從事這個行業，然後覺得自己以後的一切自然就一路順風了。他們覺得自己只要能夠進入法院工作，那麼一切事情都會萬事大吉。即便他真的做到這點了，他最多也只能成為一名三流的律師。因為，對於一些基本的原則，他的了解不深。他不得不要去研究每個在自己認為是古怪的案例，好像自己之前從來就沒有看過法律書籍一樣。他無法舉出某個法律案件審判的先例，因為當他還是一個學生的時候，總是想方設法的迴避這些問題。

一位學藝術的學生在自己的基礎沒有打扎實的情況下，就開始自己的創作生涯。他賣出一些很業餘的畫作，他為自己的這些成功而沾沾自喜，認為自己不需要再去學習一些基本的美術原則。當然，最後他被證明是一個二流的藝術家。

那些想成為偉大的音樂家，夢想著在大眾面前表演，自己卻從來不想在每天進行枯燥練習的人，最終只能懷著悔恨之心，只能淪為半桶水式的人物。

一位年輕的作家，在看到自己早年的一些作品出版之後洋洋自得，認為自己日後可以無須花心思去練習自己的寫作，不用去認真的研究以及對生活的觀察，不需要為某個佳句苦苦冥思，覺得只需在自己只需憑藉靈感的降臨。當然，他的詞庫是有限的，他的表達逐漸詞窮，知識變得空虛，想像力在日漸僵化，他的描摹功力在迅速下降。最後，他成為了一個別人雇用的文人，只是靠著寫些文字來養活自己。

一位從技職學校畢業的學生，一心只想著賺錢，看不到化學、機械以及物理學上作用，沒有讓自己成為這方面的專家。但是，在日後的工作當中，他就會發現，一些技術問題是需要一些全面的知識，而這正是他所忽視的。他無力解決這個問題。他在自己的工作中所遇到的不足使其寸步難行，而這些不足正是其最薄弱的環節。生活的機會已經降臨了，但是他沒有做好準備去牢牢抓住。

當人生之中千載難逢的機會擺在我們面前，我們卻仍待在原處，無動於衷。當我們被迫在機會面前讓位給別人，這種失望以及懊悔之情是多麼的強烈啊！把自己的機會搶走的人，也許是自己的同學，他認為之前的一些知識是可以忽略的，覺得與自己日後的人生毫無作用，所以，他們放棄了。

唐納，英國著名的藝術家。有一天，他在與夥伴正在研究中自然之美。在晚上的時候，他的夥伴給他看自己的素描的時候，還不忘挖苦一下唐納的懶惰，因為一個下午他都好像沒事可做。唐納說：「至少，我還做了這件事 —— 我認知到當石頭投進湖中的時候，水面的景狀。」他整個下午都坐在一塊岩石上，往湖中扔石頭。沒有藝術家能像唐納那樣講漣漪畫的那麼傳神。

你願意為自己的人生重要的事情付出多大的犧牲呢？你願意花多少時間去研究交易以及職業的細節，讓自己成為這一行的翹楚？

在任何領域成為權威的代價就是要有充足與全面的準備。有句話說得好：只要我們給出一個合理的價錢，上帝就願意將所有的東西賣給所有人。如果你自己沒有充分的準備，就算有一次千載難逢的機會，最終也只會因為你自身的原因在別人面前顯得可笑，甚至讓我們自身的缺陷突顯出來，讓我們的缺點更加明顯的暴露在別人眼皮底下。因此，你應該清醒的認知到自我的準備比機會本身更為重要，正是自我的準備帶來的了機會。舉個例子來說，正是因為有內科醫生長年以來對解剖學每個細節的研究，對自己專業的每個細節的全然了解，才讓他們在緊急時刻擔當大任，挽救無數條寶貴的生命。

許多年輕人所面對的主要問題在，他們不太看重「優秀、良好、一般」這三者之間的區別。比如：一般的醫師與傑出的醫師之間的區別在於，傑出的醫師能夠在每個手術中獲得五千到一萬美元的收入，而一般的則只能獲得一百美元的上限。有為數不少的門外漢可能無法理解，一位以其眼睛的敏銳度，以及雙手的靈活度而聞名優秀的手術醫生，與那些技術沒有那麼好的醫生之間的巨大區別。這兩者之間不僅是手術器材的區別，更是能力的一種展現。當病人生命垂危之際，醫生手中的手術刀絕對不能手軟，一個失誤就可能導致病人的死亡。這也是一個傑出與平庸的區別。那些沒有這種心靈手巧的技能，沒有手眼之間的快速轉換來保證手術成功的醫生，是不配拿那麼高薪資的。

「如果你想實現一個不高不低的目標，也許掌握一半的知識也就夠了。」霍爾曼說。但在人生中，最為重要的是知識、競爭力以及專業能力。有很多人根本沒有能力去爭第二，甚至第三或是第四，因為他們從來沒有準備好，他們最多也只是做好一半的準備而已。「永遠不要為自己的人生只做一半的準備」。這是數不勝數的失敗者共有的墓誌銘。

考驗我們的儲備能量的不是水準的運輸，而是攀爬山坡的難度以及一些緊急的情形。一位在發電廠工作的工程師儘管知道相對小的能量就足以水準梯將電車提升，但他還必須明白要有足夠的電力才能將這些電車提升到一定的陡峭的高山上。某人曾說：「當我們看到藝術家將那些在調色盤上看上去暗淡的顏色塗抹在紙上，馬上能變成讓我們乍看一眼就心跳加快的景象，給我們心靈帶來的震撼不亞於站在聖母峰或是馬特洪峰腳下的那種感覺，或是感受到站在白朗峰下的那種可怕的孤獨感。但是，藝術家在創作的過程中顯得那麼的自如與淡定，這真的是讓人覺得十分的驚訝的。他們的背後必然是多年以來的探索與不為人知的付出。

在一年之中，我們是否會無數次的問這個問題：為什麼這個人或是那個人無法取得成功，實現自己的目標。原因是他們的能量已經耗乾了。他們沒有足夠的儲備能量。只要再有一些身體的能量儲備，再多一些的教育，更好一點的培訓，他就會取得成功了。

在這個世界上，我們做的最偉大的事情就是那些做得相對容易的事情。只是因為我們有足夠的能量儲備去做好它。

贏的定律 05

克服羞怯與過度敏感

有很多人敢在大炮口前走過，但是卻沒有勇氣去與別人展開交流。羞怯與敏感的情感讓他們失去了所有的自然感與本真。

—— 馬登

許多的年輕人之所以不敢去做自己有能力去做的夢想事業，之所以無法實現自己的人生理想，是因為他們害怕參加這個世界的競爭。他們過度的敏感性讓他們成為了怯懦的人。

「我該如何去克服自己的羞怯，自己的害羞還有強烈的自我意識呢？這些總是不斷的拖我後腿，將我的幸福毀滅的一塌糊塗。」我經常收到年輕人這樣的來信，他們提出問題的形式也許不一樣，但是其意思是相差無幾的。

我該如何擺脫自己的羞怯感以及害羞感呢？我自己沒有勇氣去拓展自己事業，我無法大膽的前進。我害怕與別人來往。我時常逃避責任，害怕成為別人關心的焦點。我很在意別人別人如何看我，害怕自己給別人留下一個不好的印象。

種種的顧慮讓我在談話的時候結結巴巴，我的風度完全損失。自己的臉皮薄，使我失去了一份又一份的工作。我不能承受的一些謊言。對於別人的指責以及批評，我總是有意識的避開。別人的批評總是讓我內心感到非常的痛苦，自己無法去承受。所以，我只能選擇離開這樣的工作。

這種病態的敏感需要以「英雄一樣」的模式來進行治療。一個人能真正的以自己的真實水準來衡量自己，同時也能給予別人足夠的理解，這樣的人是不會成為自我過度敏感的受害者的。

有無數的人因為自己那種自我感覺過於強烈而感到害怕，以至於因此感到尷尬，他們不敢去做自己想做的事情，所以也就無法實現自己的人生理想。他們害怕與人來往，害怕與這個世界競爭。他們害怕向陌生人暴露自己的弱點或是敏感處，別人對自己的任何一點輕視都會讓自己的內心感到痛苦。他們隱藏將自己的心深深隱藏起來，不被人發覺。別人對他們的稍微關心就會讓他們感到臉紅或是顫動。過度的敏感讓他們成為了懦夫。

那些在貧困中默默無聞奮鬥的男男女女們，要是他們能克服那種過度的敏感性以及羞怯感，他們其實是完全可以改變自己的命運的。正是這些心理的弱點讓他們無法取得成功。他們都是相同心理疾病的受害者。

《善書》上有這樣一句話：那些溫順之人有福也，因為他們可以繼承這片土地。但是，《善書》上並沒有說：羞怯之人有福也，因為他們可以繼承這片土地。生活的獎賞與這些羞怯、敏感之人無緣。那些羞怯，不敢正視自己的人，在生活當中除了收穫一些恥辱的經歷之外，別無他獲。

那些羞怯之人似乎覺得，在任何場合上說出「我」這個字就是一種自我主義的表現。這樣就是對自己的一種大膽以及激進的評價。他們忘記了一點，這個世界是根據我們對自己的評價來衡量我們的。我們對自身的估量將會被別人接受。別人不會介意是否自己對自己的定位是否準確。如果你拿出一個律師證，別人也不會真正去調查你是否是一個醫生或是做其他的職業的。他們互理所當然的認為，你就是一個律師。除非之後證明你不是。別人也不會覺得我們對自己的評價過低。他們覺得，你肯定比他們更了解自己。所以，他們按照你對自己的評價來衡量你，這是十分正常的。當然，他們會根據你的風度以及你的氣質來衡量你。

世界屬於那些有勇氣以及有自信的人，屬於那些有勇氣將自己不斷向前推進的人。而那些只是停留在背後，不斷的貶低自己的人，認為世界遲早都會發現是自己是一顆會閃耀的金子，這些人遲早會感到失望的。

如果你不敢去面對別人的眼光，如果你身上帶有一種失敗的氣質，一種羞怯以及意志力不強的弱點的話，那麼，你就會變得一文不值。如果你不想去克服自己那種不敢承擔責任的傾向、羞怯以及敏感性，那麼，你注定是要過著一種平庸的生活，甚至更差。

那些性格中帶有羞怯、敏感以及病態的自我感覺的人之所以被拋在後頭，是因為他們從來沒有讓自己培養一種前進以及進步的氣質。儘管他們擁有極佳的能力，但是他們失去勇氣，沒有足夠向前進的能力，不願與社會上的人來往。他不能時刻將別人的批評或是指責放在心中。在漫長的人生道路上，這只會讓自己失去更多。因此，我們必須要有足夠的自信以及足夠的接納性，讓自己的潛能得到發掘。

我最近與一位迷惘的年輕人談論起失敗的一些緣由。他覺得這是由於自己的過度敏感所致，他不知道如何去擺脫這種感覺。他說，自己的雇主總是說些讓自己感到傷心的話，讓他無法做好自己的工作。他抱怨說，雇主的批評讓他覺得自己沒有能力。

聽了這個年輕的訴說，我極力告訴他，如果他還想繼續進步的話，這種思想就一定不要有。我說：「你的雇主可能很清楚的知道你身上所具有的實力，如果你能承受別人的批評，不要對別人的看法那麼在意，你是會取得成績的。如果一個員工將自己雇主的每一個建議或是意見當成一種侮辱的話，那麼是沒有人願意給你一些指導的。你應該好好的聽一下他的意見，然後擇其善者而從之。不要對他的一些意見置之不理，覺得這位雇主好像是在多管閒事，覺得他應該對自己說：不要去理這個傢伙，不值得浪費時間在他身上，隨便他吧。」

贏的定律 05　克服羞怯與過度敏感

如果你想在工作中取得成功，如果你想在這個社會上取得成功，就必須要虛心接受別人的知識，學習與借鑑別人更好的方法、更好的做事途徑。無論別人從哪裡來，無論他是一個辦公室小職員或是一個大老闆，這些都是關係不大的。我們的任務就是要透過自己之前的錯誤以及別人的批評中不斷的汲取教訓、不斷進步。其實，這些過往所犯的一些錯誤或是別人尖銳的批評都是我們不斷前進的一個墊腳石。

記住，這並不代表著我們是要「臉皮厚」，讓自己處於無條件接受別人想法的狀態。相反，這是一種心智的敏銳以及常識的展現。正是那些受到別人批評之後，又不懷恨在心的人，能將自己所遭受的痛苦或是挫折轉化為能量，促進自己的不斷進步。他們不在別人的指責或是批評中退縮，而是歡迎一切能讓自己提升工作的建議。這種人無疑能處於各行各業的頂端。

許多過度性情、過度敏感的人總是會感到沮喪或是洩氣，因為他們覺得自己前進的腳步不夠快。他們沒有像那些意志強韌的人一樣，能從失敗、挫折或是沮喪中走出來。他們對別人的看法或是批評過度的敏感，害怕失敗會讓自己的能力被人質疑，他們從來沒有想到積極的一面。所以，他們往往會變得自怨自艾、不思進取。

可悲的是，我們往往會覺得這不是一種疾病，最多也認為只能算是一種心理上的疾病而已。但其實很多最糟糕的情形都是心理方面的問題。羞怯、過度的自我意識、病態的敏感性 —— 這些都是像諸如天花或是傷寒一樣的疾病。這些心理疾病的受害者常常會感到孤立無助，也無法做到最好的自己，發揮自己的潛能。他們無法以一種適當的視角去看待問題，當遇到讓自己困惑的事情，他們無法做出最明智的抉擇。因為羞怯迷惑了他們的判斷力，扼殺了他們的勇氣，讓他們無法做出決定。

羞怯、敏感的心靈會讓他們缺乏一種做出堅定以及最終決定的能力。

他們總是不願意腳踏實地的從開始做起。拖沓的習性在他們的血管裡流淌，他們的勇氣以及自信不斷的在降低，這讓他們失去自己的意志力。所以，失去了這些，他們談何去讓自己的聰明才智得到發揮，讓自己勇往直前，取得勝利呢？

不知有多少人因為畏首畏尾，不敢勇往直前，懼怕別人恥笑，害怕自己處於別人的眼光之下，這些種種的原因讓他們失去了人生偉大的機會，無法掌握機會去取得成功。

在很多時候，當一個性情過度敏感的人在失敗之後，他們常常沒有足夠的勇氣去讓自己振作起來，沒有膽量再去嘗試。我時常見到一些年輕的男女失去自己原先的工作職位之後，就處於長時間的失業狀態之中。因為他們沒有能力讓自己不斷前進，讓自己採取一些積極的工作方法，重新讓自己恢復一種昂揚的狀態。他們覺得自己失去工作，這是一種個人的恥辱，儘管可能他們並不需要為此負責。這些人時常都要為一些瑣碎的事情煩惱，他們的健康也深受此害。他們失去了活力，靈活性以及一種健康身體所散發出來的魅力。所有這些都是一般人取得成功所必不可少的元素。

也許，對那些過度敏感或是自我意識強烈的人而言，痛苦的最大泉源是，在自己熟悉的家庭圈子之外，他們總是覺得自己處於一種尷尬或是不自然的狀態。他們很難讓自己處於一種舒適的狀態。要是家裡來了某個陌生人或是在某種社交場合上，他們總是覺得如坐針氈。別人稍微明顯一點的無視或是冷淡都會讓他們那敏感的心靈感到深深的刺痛。他們在自己的這種思想中掙扎，不斷的發酵，最終讓自己病態的深陷而無法自拔。他們對於別人的嘲笑特別的敏感。我認識很多人，他們都害怕自己成為別人的笑柄，無論這是否屬於善意或是無心的。當他們覺得有人在嘲笑自己，他們的內心就會感到無盡的痛苦。當然，他們會覺得任何在自己附近發笑的人都是在嘲笑自己。

害怕自己成為別人談話或是笑話中的內容，有時會阻礙一些天才的成長。我認識一個年輕的歌唱家，她日夜夢想著能夠站在舞臺上進行自己的表演。但是她始終沒有這個膽量，因為她害怕自己的大腳踝與大腳會讓別人恥笑自己。儘管她本人有一副上帝賜予的美妙歌喉，一位天生的表演藝術家，但是她的那種過度的敏感性，始終揪著那些讓自己感到羞辱的事情不放，這可能讓她終身無法實現自己的理想。

有些人在強烈的自我意識中痛苦的掙扎，他們就好比一株含羞草，別人一觸摸，就會立馬收縮起來。別人必須要時刻注意不去觸碰他們的痛處。他們有許多敏感處，我們必須要格外小心不去給他們添上傷口。相比起那些粗野之人，一個拳頭可能都不算是什麼，但是他們卻總是能在自己的心靈著感受到別人的鄙視之感。最糟糕的是，他們還總是在找尋別人這種輕視自己的證據，對別人的一些無心之過耿耿於懷。

我認識一位頗有教養的女士。她的那些密友、甚至是一些姐妹都必須時刻要注意不去傷害她。她總是對別人的一些開玩笑的話語感到悶悶不樂，直到她將這種不悅之感上升為一種對自己的侮辱。自己腦海中臆想出來別人的一些對自己輕視的話語，然後要求朋友對表達方式、眼神以及手勢進行詳盡的解釋。那些在一開始被許多可親的氣質吸引的人很快就對她敬而遠之，因為她那種過度敏感的專橫。

對於那些在內心害怕被別人輕視或是開玩笑的人，我心中總是抱有深深的同情感。因為，無論怎麼說，他們都是最大的受害者。發生的事情總是能不斷激起他們的疑心，覺得自己又在被別人羞辱或是恥笑了。若是在公共場合上，沒有人上去與他們講話，他們會馬上覺得別人是故意看不起自己。如果鄰居偶然沒有向他們打招呼問好，他們就馬上覺得別人是輕視自己，不把自己當一回事。如果別人的話語不當，他們又覺得自己是被鄙視了。如果某個人在大笑或是某個善意的笑話傳到他們的耳朵，他們馬上就覺得別人是在影射自己說笑話。總而言之，他們那種病態的自我意識讓他們無論走到哪裡，自己都是一個痛苦的人。在商業裡，特別是在社交生活上，他們是徹頭徹尾的懦夫。

有很多人敢在大炮口前走過，但是卻沒有勇氣去與別人展開交流。羞怯與敏感的情感讓它們失去了所有的自然感與本真。他們在表面現的冷酷、保守與傲慢，但實際上，他們的內心卻又是完全相反。當在眾人面前，他們的內心飽受煎熬，想像著自己被別人嚴厲的眼光，彷彿所有人都在審判著自己。

霍索恩曾是一個性情極為害羞的人。當他在街上走路的時候，雙眼直盯著地面，生怕被別人認出。如果他看見任何認識自己的人，就馬上橫過馬路，避免與別人見面的那種尷尬。我認識的一些人，他們才思敏捷，學識淵博，可終生默默無聞，不被人賞識，甚至鄰居們也對他們一無所知。他們獨來獨往，孤獨度日，沒有人能接近他們，了解他們。他們自己也讓別人無法接近。儘管他們心存善意，可是在他們身上總有一些東西排斥他人。他們樂於助人，可是常常被誤解。他們過於怯弱、害羞，無法擺脫懦弱的外殼，破繭而出。

我的一位熟人，一位年輕智慧的女士，習慣住在鄉下，很少外出。每當拜訪城中的朋友時，她就苦惱萬分。她總認為自己很刺眼，對城市禮儀一無所知，缺乏社交場合得體優雅的風度。與她共處時，朋友們竭盡所能取悅她，讓她快樂起來，可是毫無用處。她很害怕說錯話，做錯事，害怕對社交的無知讓她尷尬，讓朋友感到丟臉，因此她感覺每一分鐘都如坐針氈。

她訴苦道，她越想輕鬆自然地與人交談，越感覺自己土氣、拘謹。待了幾週後，她返回家裡，還念念不忘自己的傻氣。可是一回到家後，這位女士就完全變了一個人，接人待物，自然大方，言談之間，妙趣橫生。她忘記了自我，放下了緊張的心情，可以栩栩如生地談論鄉下的生活，農場的經歷。她深深熱愛鄉下，每當談到它時，都滔滔不絕。她總固執地認為，只有舉足輕重的人才住在城裡，只有默默無名的人才住在鄉下。她認為，她了解的事情，熱愛的東西，都粗鄙低俗，在文明社會中不值一提。她卻完全不知道城裡人喜歡聽她談論與城市截然不同的鄉村生活。

敏感的人常常被誤解，被低估，其原因在於他們自身從未施展自己的魅力。他們擔心別人會對他們橫挑豎撿，評頭論足，沒有如愛爾蘭人所說的「把別人聚攏在一起的魅力」。他們這種自我謙避、內疚的態度是致命的，這會讓他們變得低能，無法獲得安適和快樂。如果不是為了逃避他人，他們會自由地融入社會，抓住時機，承擔責任，不管責任多麼令他們苦惱，也不管自己多麼殫精竭慮地想逃避與人接觸。如果不再躲在聚會或畫室的角落裡，如果不再擔心自己的外表和舉止，他們會迫使自己融入人流中，徹底克服自我意識。

如果他們好好思考一下，就會意識到，人們都非常關心人們自身的事情，並不會在意他們，而且99%的傷害根本就是無意的。牢記這些，會對消除障礙大有裨益。

一位日本著名的心理學家，對膽怯或害羞及其成因深有研究。一個貴族曾請這位心理學家治療他膽怯的兒子。膽怯讓這年輕人洋相百出，痛苦不堪。比如：與人主動見面或接觸會讓他苦惱不堪。他甚至害羞到有客人在場就無法把食物送入嘴裡。要是有人看他，他就會常掉筷子，要不就把餐具連同食物一起掉到地上。此外，顯赫的家庭地位讓他變成目光焦點，同時也更讓他在大眾場合窘相迭出。他因此而惴惴不安，於是他變得越來越敏感，最終患了難以自拔的精神疾病。所有這些都是因為他自己想當然的認為大家瞧不起他，因為這個缺陷，他永遠不會有所成就。

這位貴族為了拯救他的兒子，便把兒子帶到了心理學家那裡進行治療。貴族提醒心理學家說，你曾經見過這個年輕人。「你不記得了嗎？」他說，「昨天，他可出盡了洋相。在我們朋友朗霍的家裡，當介紹他時，他向大家做了不合時宜、過於莊重的大禮。他說話結結巴巴，左顧右盼，就好像要逃跑似的。後來被地毯絆了一下，為避免摔倒，又扶了一下擺滿瓷器的桌子，於是掀翻了桌子，瓷器稀哩嘩啦碎了一地，到後來只得倉皇逃走了。這就是我那個可憐的兒子啊！」

「真的嗎？」教授說道，「我記得這件事，可是根本沒把它當會兒事。」

年輕人的臉上馬上露出了笑容。他知道還有人沒把他當成十足的傻瓜，這令他非常高興。

為了親自觀察並治療這個年輕人，教授把他帶到自己的家裡，這樣觀察的時候就不會引起他注意了。教授躲在暗處，仔細觀察孩子在孩子獨處時，比如在花園裡，在室內或者在其他地方的表現。透過這種方式，教授了解到，當這個年輕人沒有意識到有人注意他時，根本就不笨拙，而且相當有魅力。

善良的教授竭盡所能幫助孩子獲得信心，放鬆他緊張的思想。他把孩子像普通學生那樣介紹給自己的朋友，而不是當成貴族家的兒子。這樣，就隱藏了孩子的身分，讓他從尷尬中解脫出來，同時也不會讓他想起自己的弱點和父親的責罵。

為了讓孩子忘記自己的缺點，教授刻意與他培養了一種友好、親密的關係，在學習和娛樂中，給了他充分的自由，讓他充分表達自己的想法。教授巧妙地發現了孩子的興趣，鼓勵他談論這些話題，並拓展到其他方面。慢慢地，在孩子不感覺反感的基礎上，教授開始提及學生的害羞問題，打消他的疑慮，說他與人溝通時的戰戰兢兢、顛三倒四、口吃結巴和痛苦心情，根本沒有存在的理由，都是自己的憑空想像，只要他多想想自己，再高看自己一下，就很容易克服。教授殫思竭慮，娓娓道來，讓孩子了解到了自己的真正能力，告訴孩子愚蠢的害羞行為會剝奪他的主動性、勇氣、獨立性和所有取得巨大成就的人該擁有的素養，會毀掉他終生的事業。告訴他，他非常聰明，前途無限，未來對他意義重大，絕不能自甘軟弱，任憑無謂可憐的缺點擊敗自己，阻礙事業的發展，這是非常不值得的。教授刻意要求孩子與人相處時忘記自己，把興趣放在他人身上，放在談話和做事上，努力取得別人的好感和青睞。

年輕人聽從了教授的建議，努力按照教授所說做每一件事情。他特別記住了教授對他的開導。教授說他不笨，也不傻。相反，很有魅力和能力。

起初，直接面對有意逃避的事情非常艱難，但是年輕人咬牙堅持下來了。慢慢地，他變得輕鬆自然起來，沒有了窘迫和笨拙。他發現自己越來越願意交談了，行動、思想和表達越來越輕鬆流暢了，對自己充滿了信心。不到幾個月，他幾乎完全消除了那些曾威脅他整個人生事業的障礙，尤其克服了經常性的恐懼帶來的折磨。

一心只關心自己，只關心自己的短處或弱點，就會一事無成，更不能充分展現自己。這一點，無論從小方面來說，還是到大方面來說，都是絕對真理。因為在根本不關心自己時，我們就能竭盡全力，不但能做好小事，而且能做好大事。一旦過度地考慮自己，就總會像縫鈕扣那樣，找不到扣眼。一位大學校長說，妻子做針線活時，他問妻子他為什麼針總是穿不進扣眼。妻子回答道，她從沒遇到這樣的事情。可是後來，妻子說她在縫鈕扣的時候遇到了同樣的問題。她意識到了針穿不進扣眼的事情，就非常在意這件事，反而穿不進去了。

臉紅是思想在身體上的生動反映。即使一點點恐懼的想法也會讓血管中的神經末梢出現紊亂。為什麼腳上的神經末梢紊亂呢？因為它們沒有露在外面，我們沒有意識到它們。害怕臉紅的恐懼讓臉部血管周圍的神經末梢，無法工作，於是血管擴張，額外的血就會湧入臉部。

我曾經認識一個女孩，要是有人在餐桌旁或其他地方注意她，或者她想說話時，有人看她，她都會羞紅了臉。她說，只要她稍一遲疑，一個念頭就閃現出來：「我臉要紅了，我臉要紅了，我想我臉要紅了。」她的臉當然就紅了。這是因為害怕臉紅的想法使臉部血管周圍的神經末梢麻木，導致血往上湧，當然就臉紅了。

如果每一件無關緊要之事都令臉色通紅，這個情況的確令人尷尬，同時也妨礙敏感人士的發展。因為他們害怕講話，也害怕有人跟自己講話，唯恐血往上湧。這種現象令他們自己也非常惱火和困惑。但是，因為它由心生，同樣可用心治。

我想起一個女孩的故事。她的自我意識過強，甚至有些病態，對自己極其沒信心。每當有人提到自己的名字，尤其自己的名字和一個男生連繫起來時，即使毫無關聯，她也會面紅耳赤，羞臊不已。有一次，提到了一個男孩的名字，他和一個醜聞有染。女孩臉紅了起來。媽媽注意到，一提到這個男孩，女兒就臉紅，而且是一臉的困惑，這引起了媽媽的懷疑。後來，媽媽惴惴不安起來，懷疑女孩與男孩有牽連。這讓女孩非常生氣，十分痛苦。很長時間，女孩生活在高度恐懼中，擔心家裡人把男孩與自己連繫起來，她變得神經兮兮，健康狀況日益下降。

經過幾個月的痛苦之後，女孩再也承受不住了，決心諮詢心理學家。這位心理學家專門研究非正常精神狀況。不久，他就幫助女孩克服了臉紅的毛病。不管怎麼提及男孩，即使在出乎意料的時刻，在不經意間，她都習以為常，再也不感覺尷尬或羞澀了。

孩子的思想可塑性強，易受他人意見的左右，父母和老師可以非常容易地幫助他們克服害羞的傾向。不要反覆提及和強調孩子的弱點。相反，要使孩子相信自己。讓他確信，自己身上有著非同尋常之處，不必害怕他人，人們並沒有時時盯盯地看他，不要太在意自己所言所行。鼓勵他與其他孩子來往，與他們一起遊戲。與人談話時，要坦率、大膽地回答問題，無論在什麼地方，都要自然大方。要讓他有這樣的印象：與他來往的人像家裡人一樣友好善良，跟他們談話就如同與自己的父母談話一樣輕鬆自如。這樣，就會徹底治癒孩子們的害羞、膽怯和自我逃避的毛病。

許多父母不懂策略，沒有掌握正確的方法，經常會無意地暴露孩子身上原本突出的弱點。如果父親經常嚴肅地提及孩子害羞的毛病或所謂的「愚蠢的行為」，並嚴厲責備孩子，那麼，很多孩子的事業就會受到沉重的打擊。我見過一位父親，因孩子害怕見生人，在有生人在場時表現得笨拙、懦弱，他就狠狠地鞭打孩子。這對孩子的自信心和自尊心的打擊都是致命的，而自信心和自尊心都為人所具有的彌足珍貴的素養。扼殺孩子的自信心，幾乎等於扼殺孩子的事業於起點。要讓孩子相信自己，否則他永遠不會有所作為。

對於膽怯、自尊心過強的孩子，有他人在場時，永遠不要粗暴地駁斥他，嚴厲地責備他，也不要提及他的缺點。相反，要盡可能地積極鼓勵他，讓他對自己有信心，保持良好的心態。

培養有膽怯傾向孩子的自信心、自尊心、進取心和勇氣會對孩子的未來具有至關重要的作用，關係到成功與失敗，榮與辱。這樣的培養尤其對於克服有膽怯、敏感孩子所忍受的痛苦更為重要。假如所有的父母都意識到這一點，世界上就會有更多快樂、成功的人了。

不久前，我到一家做客，他家有一個極其敏感、怯弱的男孩。媽媽總是當著客人的面不斷提到這個孩子多麼害羞。每提一次，孩子的臉就羞紅一次。當然，有了這樣的遭遇，再讓孩子表現自如是根本不可能的了。越提到孩子的膽怯，大家就會越關心孩子的表現，很自然地，孩子的戒備心理就增強了。

反之，媽媽可以不使自己的兒子感覺難堪，叫他出來時，不讓人注意到他的弱點，這樣對孩子非常有益。稍許的表揚和欣賞，點點的鼓勵，都可以讓他在陌生人面前輕鬆自然地表現自己，對培養孩子的自信心，改正弱點，都大有裨益。可是，媽媽卻做了最不該做的事情。就好比大呼小叫地讓客人們注意孩子的缺陷，而這正是孩子最不想讓人看見的。讓他人注意一個人原本就敏感的性格，在眾人面前呵斥孩子，這種行為令人厭惡，也是很殘忍的事情。

永遠不要輕視膽怯的孩子，要小心翼翼地對待他，不要強迫他做任何讓他感到受蔑視或傷害自尊心的事情。一個孩子，尤其是敏感的孩子，永遠不該在眾人面前受到羞辱。對恰當的培養方法的無知，很容易毀掉一個敏感孩子年輕的生命，也許還會讓他終生受挫。

我認識一個小女孩，從幼時起，家裡人就說她長得醜，害羞，笨拙，所以她確定自己不會有什麼出息。她感覺自己永遠不可能漂亮起來，就像提到過的日本青年一樣，在成年前她一直盡可能地遠離人群。她對自己非常失望，拒絕繼續上學，也不花心思改變自己。她心情苦悶，認為做什麼都毫無用處。她覺得自己沒有魅力，不能吸引他人，也沒有人想要她。於是她想還不如聽天由命了。她就這樣一直被失望的情緒籠罩著。一天，她看到了一本書，書中闡述了這樣的觀點：透過提升自己的思想素養，靠智慧是可以吸引大家的。而且，透過這樣的方式人們就會忘記一個人平庸的臉蛋和普通的外表了。

其實，這個女孩天生具有非常強的社交能力，只是沒有培養起來。這本書上所講的道理開啟了她未來的大門，讓她充滿了從未體驗過的希望和勇氣。她以極大的熱情著手閱讀書籍，專心研究，提升自己的素養。她開始留心自己的衣著打扮，她決心要讓人們喜歡她。因此，她努力使自己變得隨和起來，與人交談就好像與家人交談一樣輕鬆自由。她抬頭挺胸，努力忘記自己平庸的外表。慢慢地，事情發生了轉變。她成為周圍鄰居眼中最受歡迎的人。她談吐高雅，妙趣橫生，無論出現在哪個社交聚會，周圍都擁簇一大群人。這位年輕的女士透過實踐新思維，整個人發生了天翻地覆的變化。

過強的自我意識常讓人感覺窘迫，傷害人的感情，阻礙人的發展。如果你處於同樣的境地，可以效仿那位女士的做法。一旦發現自己有膽怯的跡象，缺乏勇氣和主動性，在任何地方都羞於表達，有人在時就臉紅，說話結巴。那麼，只要你發揮主觀能動性，鼓起勇氣，文雅得體，落落大方，就可以克服所有的這些缺點，培養原本匱乏的素養。另外，還要不斷地在內心暗示自己有勇氣和英雄主義精神，堅決否認自己懦弱、膽小，否認自己害怕在大眾場合或在陌生人面前說話拘謹。要堅定信心，相信自己很勇敢，不懼怕做任何自己認為該做的事情。

在人生的每個場合都縮頭縮腦、藏在暗處的人，永遠不會成為領袖。想要成功，必須培養自己的領袖氣質。總是待在背景裡的人，永遠都無法成功。舉個例來說，如果身遭自我貶低的詛咒，如果感覺懷才不遇，就要把自己想像成為羅斯福，或者某個對自己有極高自信、堅決果敢的人，或者某個在任何情況下都氣定神閒的人，或者某個在任何場合都無所畏懼、泰然自若的人。走在大街上，要有這種感覺：你就是那些人，挺胸抬頭，目光堅定，舉止果敢。把自己當成大人物，受人敬仰，受人尊重，受人關心。與同伴一起走路時，要刻意鍛鍊自己，表現出勇氣、自信和信心。同樣，與人講話要侃侃而談，進入房間要步態優美，表現得要像日常做事一樣輕鬆自然。

如果雄心勃勃想成為一名歌唱家，一個演說家，或者某個極其需要冷靜和信心的人，那麼就要鍛鍊自己，把自己想像成心目中的歌唱家、演說家或者什麼家。當你非常膽小，不敢表現自己，不敢把自己推到大眾面前的時候，這種方法最有效。

我認識一位音樂教師，他就是以這種方式治癒了學生的害羞症和自我貶低症。他讓學生每天站在鏡子面前對自己說：「我就是偉大的歌唱家卡盧梭（或諾迪卡）。我將展示給世界非凡的才能。我天生就是歌唱家。我絕不允許自己站在大眾面前時產生討厭的膽怯、懦弱和恐懼的情緒，從而扼殺自己的才能，剝奪自己與生就有的才華。」

你如何評價自己，世界就如何評價你。總待在後面，世界就理所當然地認為你屬於那裡，會認為你待在那裡，就是因為你沒有能力站在前面。期望走向前臺，必須要自己努力向前，沒有人會把你推到前面。比如說，「這麼多年來，我一直受到鼓勵，上天希望我是一幅傑作，我可不想就因為過度的敏感自毀前程。我一定要克服它。無論多麼痛苦，無論我勇敢與否，我一定要迫使自己昂首向前。我知道，這是治療弱點的唯一有效的辦法。我要向人們展示，我絕不是他們眼中的失敗者，默默無名的人，心態畸形的人。我要向人們宣告，我具有走在前面的力量。」

贏的定律 06

做偉大的專注者

堅持信仰是我此生唯一做的事。

—— 聖保羅

如果一個人想在他短暫的一生中成就一番偉業，就必須把全部精力，注意力投入到自己的工作中去，即使別人視他為傻子、瘋子。他仍然我行我素，堅定不移地走自己認定的人生之路。

誰聽說過有這樣的人：奉獻出了畢生的精力，堅定不移地追求一個目標，卻最終一事無成？

—— 梭羅

一個人倘若一生只追求一個目標，那就一定能夠在他壽終正寢之前而實現它。

—— 歐文・梅瑞迪斯

在每個成功人士的背後都有三大素養 —— 自信、執著和專注，其中最重要的就是專注。對此，卡萊爾曾說過：「只要你專注於一件事情上，即使是最弱小的人，也能取得很大成就；而如果把全部精力都耗費到許多事情上，就算是很有能力的強者也必將一事無成。」

所有取得偉大成就的人都有一個共同的特點，那就是毫不動搖的專注於實現一個目標，為此，他們犧牲了很多與目標相衝突的美好追求和願望。

贏的定律 06　做偉大的專注者

我們所處的時代是一個既凸顯專業個性，又充滿各個專業緊密配合的、高科技、高領域的偉大時代。在當今社會的任何領域取得成功的人都會信守這樣一個座右銘：「這是我唯一要做的事情。」這一準則也在現實生活中讓很多人堅信並履行。當然，我所說的這些人並不是指那些見識淺薄、頭腦裡只容得下一種思維、一種想法、簡單的人，而是指那些既學識廣博，又在某一專業上有所建樹的人。

這個世界會給想實現自己目標的人讓路。成功的祕訣就是要調動自己的全部力量，全身心地投入到學習工作中、投入到畢生的追求中去。讓一切有價值的奮鬥在自己專注追求的道路上綻放出令人讚嘆的光彩吧！一個高效的、高素養的生活就是一個專注的、集中精力的生活，一個由既單一又遠大，既枯燥又宏偉目標統攝的生活。也許你有很多弱點，知識不那麼淵博精深，力量不那麼震撼強大，但不管你有什麼弱點，若想成功，你的骨子裡總要有著樣一種性格，那就是在奮鬥中，能夠把全部思想，全部精力，全部能量都集中到一個既定的目標上。也許你缺少許多優秀的素養，但你一旦把全部思維集中起來，全部精力凝聚起來，全部能量調動起來，你就一會成功。這就是起決定性作用的專注的力量，這就是成功人士特具的優秀品格。

大象既可以用鼻子撿起一根大頭針，也可以用鼻子連根拔起一棵樹，因為牠調動了全身的力量、集中了全部的精力和注意力，把所有力量作用於一點上。炸彈中所含有的炸藥量，與一卡車散放著的炸藥量相比，相差懸殊，但炸彈爆炸後所產生的威力，卻遠遠超過一卡車散放著的炸藥爆炸時所產生的威力。

只要集中精力，一個天才取得的成績要高於十個天才。這個世界上所有傑出的發明家、科學家，所有知名人士都認為自己成功的原因就在於能夠集中注意力，專注地去為實現一個目標而奮鬥。那些本來具有非凡能力和遠大前程的人就是沒有做到這一點，所以成了前進中的脫隊者。

拿破崙偉業成功的關鍵之一是他能夠做到集中，他巧妙地調動一批又一批的兵力，把主要兵力集中起來，猛烈攻擊敵人的薄弱環節，打得敵人丟盔卸甲。因此，在戰場上他總是所向披靡。拿破崙的做事風格是，一旦下定決心，他就全神貫注地向既定目標奮進。他會拋棄所有繁雜瑣事，任何人、任何事情都無法阻擋他。

格蘭特將軍也有類似性格，在加入南北戰爭時，他就已下定決心，絕不退出這場戰爭。不論來自華盛頓方面的批評，還是來自其他將軍的指責，他都堅持沿著自己確定的道路戰鬥到底。目標已定，絕不動搖。最終，他戰功顯赫、聲名遠揚。

小威廉·皮特（William Pitt the Younger）的人生之路也走得十分的專注堅定。他一生為政治權利而活，為政治權利而死。小威廉的父親是位傑出的人士，受父親影響，兒時的小威廉就有要創一番大業的理想。大學四年中，他勤奮刻苦讀書，積極參與社會活動。由於成績優秀，表現突出，畢業後，直接進入到眾議院工作。小威廉目光敏銳，能力突出，表現出眾，因而工作業績突出。兩年後，他被調到英國政府的核心部門——財政部任要職，三年後當選為英國首相。在他任英國首相二十年期間，英國的政治、經濟都有了飛速發展。為了政治，小威廉完全忽略了生活中目標之外的其他欲望，忽略了愛情，遠離了酷愛的文學、藝術，他生活、工作的唯一目的就是要牢牢掌握國家的政治權利，讓英國更加富有，更加強大。

當猶太人在英國還遭受歧視時，當猶太人還沒有資格在社會上嶄露頭角、取得地位時，年輕的班傑明·迪斯雷利就決心要成為英國議會的領袖。他說：「只要我能夠得到這個位置，就沒有什麼痛苦不能忍受。只要能實現我的目的，就沒有什麼道路我不能走的。我不在乎那無數個不眠之夜的辛苦，不在乎那無數次奮鬥的艱難，只要能得到它，就是我最大的滿足與快樂。」實際上，他的確為自己的目標付出了巨大代價、做出了巨大犧牲。所有對他種族的辱罵、聲譽的誹謗，所有來自其他議員的奚落、高官的嘲笑，都未曾削弱這個年輕人的勃勃雄心，也未曾動搖過他要成為全英國人民領袖的夢想。當班傑明第一次站在議會演講臺上，臺下噓聲一片，但他沒有絲毫膽怯、沒有絲毫退讓，而是非常堅定自信地告訴大家：「先生們，你們聽我指揮的日子即將來到了！」正是這專注堅定的目標、機智過人的膽識、沉穩自信的性格幫助他登上了英國政權的頂峰。這個曾經讓人瞧不起的無名小卒，一個飽受屈辱的猶太人，完全有理由為自己所取得的巨大成就而感到驕傲和自豪。

雨果創作時，正趕上西元 1830 年法國大革命時期，雨果把自己關進房間，鎖緊門窗，以防止自己禁不住繁華都市的誘惑而走上街頭。整整一個冬季，他把自己裹在大棉被裡，將全部精力投入到創作中去。就算外面的槍炮聲也影響不了他創作的思路，結冰的室溫也阻止不了他得創作欲望。房屋雖小，卻充滿了他作品中那一幕幕動人的場景。人雖孤獨，卻時刻有《包法利夫人》（*Madame Bovary*, 1856）相伴。他無聲地參與著、設計著、表演著、品味著、回憶著，並夜以繼日地用文字把這些感人的場面記錄下來。冬去春來，《包法利夫人》終於面世了。隨後，這部作品轟動了法國、轟動了歐洲、轟動了全世界。

任何力量都替代不了全身心地投入工作時所產生的力量，勤奮不能、天賦不能、苦幹不能、說服和教育也不能。只有全身心地投入，才能產生巨大的效能，這就是專注所具有的獨特力量。成功的人士之所以能成功，就在於他們能預先想好自己要走的人生之路，確定方案、制定計畫、分步實施，堅定不移地在這條道路上走下去。許多失敗的人，如果他們能夠把自己零散的、盲目的努力與奮鬥都用到去做一件事情上，他們就不會成為失敗的人。一個偉大的目標賦予了我們生活重大的意義，把我們所有的能量統一到一個點上，把之前看似脆弱、零散的東西結合成為一個強大的整體，最終把成功的碩果緊緊收入自己的囊中。

辛勤的園丁在初春，把那些翠綠的枝條剪掉，這看起來像是傷害了小樹，實則是在幫助小樹更順利的生長壯大。因為，小樹的根部，透過其主幹輸送到枝葉的水分、養分是有限的，不能滿足所有的枝葉和果實生長所需要的養分。倘若多餘的枝葉太多，小樹只會長得歪七扭八，永遠也成不了材，更別想結出豐碩的果實。因此，提前剪掉無用的枝條，是有價值的犧牲捨棄，是十分值得的、有必要的，只有這樣，小樹才最有希望長成有用之材。對於菊花也是如此，未經修剪、散亂地蔓生著的菊花，即使到了秋天，它生長得也還是那樣瘦小枯乾，開著無精打采的小花，既不芳香、也不嬌豔。但若提前在春天對它進行修剪，保留有用的枝葉，剪去無用的枝條，這菊花根部輸送給全身的水分、養分，就會變得很充足、飽滿，到了秋天，它才會長得枝繁葉茂、奼紫嫣紅、芳香撲鼻。

對於人來說也是如此，如果一個人想成為有用之才，就必須勇敢果斷地、使用那把幫助你成才的剪刀，剪掉身上那些懶散、怠惰的壞毛病、壞習慣，堅持不懈的努力奮鬥，不斷地成長自己的才幹，使自己成為知識淵博精深之人，技能高超精湛之人，才會成為人類社會大有作為的棟梁之才。

為此，我們必須清楚地意識到最有價值、最有意義的生活。這就是在明確的目標指引下一心一意奮鬥的生活。當一個人為了一個目標而頑強奮鬥時，他的聲音就會變得鏗鏘有力，他的舉止就會顯得高雅大方，他的外表就會文質彬彬。一個想在這個世界上成就一番偉業的人，必須首先在自己所走的人生之路上確定一個奮鬥的目標，並全力以赴為實現這個目標而專注地奉獻畢生精力。這個世界只會給那些目標明確，並勇於實現目標的人讓路。當一個人為奮鬥的目標而達到忘我的程度時，他無論如何都不會偏離自己的奮鬥方向，除非他在這個世界上消失。否則你遇到他時，只能躲到一旁給他讓路。他的投入、他的專注，他的忘我，會增加你對他敬佩之心和成功必勝的信心。

一個人能夠克服重重困難，披荊斬棘，始終如一地朝著自己既定的目標，一步一腳印地向前邁進，這是一個多麼令人欽佩的場面啊！世上所有的坎坷、磨難在他的腳下都成了墊腳石。一次次的跌爬滾打、一次次的挫折失敗，不但沒有打垮他、挫敗他，反而使他的信心更足、拚勁更高、方法更新、步伐更靈活堅定，困難的阻擋使他的努力倍增，跌倒又爬了起來使他勇氣更足。

美國前總統艾略特曾說過：「那些學業、事業有成的人，最突出的特點就在於他們能集中精力、迅速行動、持之以恆追求自己確定的目標。」而我們許多學業、事業無成的人，最大的弱點就在於從小沒有養成能集中精力、迅速行動、持之以恆地追求目標的好習慣。對於大、中、小學生的培養也是如此，要創造性地開發、培養、鍛鍊學生的各種能力，並把這些能力結合起來，讓他們專注持久地去做一件事情，向一個目標奮鬥。因為成功是要靠專注的精神與力量來取得。

一個人集中精力一小時做出的業績、創造的價值，遠遠超過那些思維怠惰、行動懶散的人花一年時間所做出的業績、創造的價值。在紐約，有的人每天在辦公室工作的時間只有兩三個小時，但他們創出的業績卻非常巨大；也有很多的人整天晚睡早起，加班的工作，付出了大量體力與精力，但他們的工作業績卻平淡無奇。同樣是上班下班，同樣是一日三餐，同樣是奮鬥，每個人卻因其思維集中與否、精力專注與否而有了如此不同的工作業績。環視你周圍各行各業的人，你就會發現，那些注意力集中、決策力強，能夠審時度勢從問題核心出發的人，其做事的成功率遠遠高過那些隨心所欲、草率行事的人。就像美術大師在藝術作品的創作中非常專注集中，他們大膽、細膩的幾筆所產生的藝術價值，遠遠超過了那些平凡的畫匠描摹繪製了幾年所創造的藝術價值。很多人一生業績平平成就甚微，其原因就在於他們沒有全身心地投入到工作中去，只把一半的精力放了進去，而另一半精力卻浪費在吃喝玩樂、悠閒度日中。這好比一個人坐在鋼琴前機械地彈奏著樂曲，腦袋裡想的卻是其他的事情，那麼，他彈奏的曲子一定不協調。

因此，專注是最有效的工作方式。沒有專注，就沒有事業的成功。奮鬥時，事先在腦海中設計出遠大的理想，勾畫出想要實現的美好藍圖，想像目標實現後那美好幸福的情景，就一定能肩負起創造美好未來生活的重任，一步一腳印、全神貫注地邁好人生之路的每一步，這樣，便會離美好的夢想更進一步。要想成為強者，那就把全部身心、全部力量投入到工作中去吧！如果你能在一段時間內只專心做一件事，斬斷旁枝末節、拋棄所有的憂慮、煩惱、恐懼，全身心的專注到你所從事的工作中去，不久的將來，成功的花環必將戴在你的頭上，人們都會敬佩你、稱讚你、祝賀你，向你投去讚許的目光。請記住這句話：「不論做什麼，都得用心用力去做，切不可三心二意。」

如果你細心觀察，你會發現照射到地面一小塊面積上的陽光，看似很平常，可只要把這些陽光集中在一點上它卻能融化世界上最堅硬的物質——鑽石，但若分散開來，這些陽光甚至連易燃的乾草也休想點著。所以那些失敗的人、那些成績平庸的人，如果在一條道路上專注地奮鬥下去，是可以取得輝煌成就的，可是他們一會兒做點這，一會兒做點那，今天玩股票，明天做水產批發商，後天搞房地產，他們雖然投入了大量的精力、物力、財力，但最終還是兩手空空地面對家人、面對親朋好友、面對頂頭主管。回頭看看這些失敗的人，你能說他們沒有遠大目標嗎？能說他們沒有奮鬥嗎？能說他們沒有全力以赴嗎？不能。

他們失敗的主要原因就是：目標不專一、精力不專一、財力不專一。正是因為沒有專心致志的習慣，沒有目標專一集中，許多本來有希望、有能力成就大業的人，最終都沒有成功。他們總想試圖同時開展幾樣事業，致使他們的注意力和精力不能集中於主要事業上。多數人就這樣把自己美好的事業毀於旁門左道，毀於只想賺些錢的願望上，毀於不知道自己的精力一旦集中於某一件事情上將會產生多大的力量上，這種無功績、無成果的奮鬥多麼可惜啊！

贏的定律 07

抓住決定未來的今天

如果一個人能夠意識到昨天已經一去不復返了，今天才最為重要，未來的一切都必須從今天開始，那就說明他是位聰明人。

—— 馬登

今天，對於我們的人生來說是最重要的一天。

不要一味地痛惜過去，或只在腦海中憧憬著美好的未來。要抓住現在的每一分每一秒，從中吸取經驗教訓。立即行動起來吧！在今天，我們要繪製出自己未來的人生藍圖，編織出自己未來的生命之網。

有人問著名雕塑家沃德：「你最棒的作品是什麼？」

沃德回答道：「是我的下一個作品。」

同樣，如果我們想將生命化作最傑出的藝術作品，也要把每一天都設計成最精美的一天，把每一天都雕塑成最完美的一天。

那些因發明製造出令人讚不絕口的馬賽克、精美絕倫的彩繪玻璃而聲名遠揚的建築材料大師們，在選取建材原料時，既要考慮原材料的產地，又要看材料的素養；既要照顧到材料顏色的完美組合，又要考慮到材料內部成分的合理搭配。為此，在工作中他們十分細心，甚至到了挑剔尖刻的程度。他們認為，為了保證每一塊材料都完美無瑕，就算付出再多的精力、下再大的功夫都是值得的。想一想，如果這些大師們沒有一絲不苟、精益求精、不辭辛勞的工作態度，而是隨意的組合、搭配、使用材料，那麼世界上哪裡還能有那些震古鑠今的偉大藝術建築，哪裡還有盛名世界的藝術建築大師呢？

時間對整個人生來說是何等的寶貴，它每次只給我們一瞬間，一旦這一瞬間消逝而過，任何人都不可能重頭再來，也不可能提前走完那即將到來的一瞬間。鐘擺正在搖擺的現在，才是唯一能夠確定、能夠思考、能夠斟酌、能夠改造、能夠利用的時間。既然如此，為什麼不改變以前滿不在乎、毫不珍惜這一瞬間的態度，把它塑造成完美無缺、無一絲遺憾、無半點悔恨的一瞬間呢？為什麼不在這短暫的一瞬間中，及時挖掘出自己潛在的巨大價值？使我們一步步的、沒有惋惜只有願望、沒有失誤只有成就、沒有失敗只有成功、踏實喜悅地走在自己的人生之路上。大多數人，特別是那些中老年的朋友們常常悔悟到，現實生活和他們以前預想的不一樣，年輕時不切合實際的空想，到頭來只會是黃粱美夢一場。其實，他們夢想破裂的主要原因，就因為他們從小沒有養成充分利用時間的好習慣，才有了今天的悔悟與惋惜，對自己已走過的人生之路頗感不如意。因此充分利用好「此時此刻」，它是我們人生的效率、成績、品格、幸福、成功的泉源。

「來日」不在日曆上，「馬上」也不在日曆上，「下週」更不在日曆上，「昨天」、「上週」、「上月」、「去年」、「前年」都不在日曆上。在任何人的日曆中，「今天」是唯一的一個、並且將永遠是唯一的一個標注在日曆上的日子。逝者已不復存在，來者也尚未現身，當今存活的人，只能存活在「現在」之中。如果一個人能夠意識到昨天已經一去不復返了，今天才最為重要，那就說明他是位聰明人。未來的一切都必須從今天開始，充分正確地利用好所度過的每一分鐘，那麼生命將始終充滿奮進的熱情！始終充滿成功的喜悅！始終充滿幸福的歌聲！

讓人生旅途上的每一分每一秒都過得充實完美吧！讓人生之路上的每

一段旅程都過得有始有終吧！那樣，生命的每一個時期都會有碩果累累的喜人情景。這是我們人類的睿智者，珍愛生命、充分利用生命的最有效方法。而活在今天，不是昨天、不是明天、更不是後天，才是獲得成功與幸福的唯一做法。

不論過去怎樣的失敗，不論經歷了多少挫折，只要下定決心從現在開始、充分利用好今天，成功的日子定會到來。這就是成功者的智慧，這就是成功者的實際行動。如果能做到在一天之內不擔憂焦慮，不論遇到什麼事情都能心態平和地對待、解決，不發火、不馬馬虎虎、不粗心大意地做事，那麼，在這一天中就會有巨大的進步，取得巨大收穫。如果能這樣的做上一天，就可以堅持兩天、三天……並且每一天都會有可喜的成績，都會有不斷支撐我們堅持下去的勇氣和力量，這樣，才會心想事成，捷報頻傳。記住，養成習慣把生命的每一天都打造得成功勝利。有了每一天的成功，才會有整個生命的成功。

我們的憂愁在今天，我們的歡樂也在今天。在這個大千世界裡，最現實的生活是什麼？答案就是今天。那麼，我們是否也可以這樣去理解：生活的今天，就是從過去一路走來，到了今天，再一路走下去，奔向未來。最現實的生活、最有價值的生活、最能夠掌握住的生活，其實就是這短暫的今天。這一閃即逝的今天包含著現實生活中的喜怒哀樂、悲歡離合；這一閃即逝的今天，就是人生的全部。生活中的歡樂與憂愁、幸福與痛苦、成功與失敗，皆顯示在這一閃即逝的今天。

未來是什麼樣，全看今天的表現如何。有什麼樣的今天，就有什麼樣的未來。因此，要認真、勤奮、充實、自強不息地過好每一個今天，讓每一天，都成為永不後悔的、心滿意足的一天。每天清晨，從總統到平民百姓，人人都會得到一臺嶄新的照相機，它拍下我們這一天所有的行為所為舉止。這些內容一旦被拍下來，都將無法抹掉，並在未來的日子裡被不斷的複製、傳播。成為我們的習慣，成為我們的品格，成為我們的名聲，成為我們的業績。它的儲存卡裡，有愉悅的歌曲，有祈禱的詩篇，還有奮鬥的誓言。它可以拍下我們的愛，拍下我們的恨，拍下我們的感恩，拍下我們的無情，拍下我們的讚美，拍下我們的誹謗……我們的形象是美麗還是醜陋？我們的奮鬥是成功還是失敗？都取決於今天我們的表現如何。

因此，一定要充分利用好這難得的今天，掌握住這一閃即逝的今天，讓每一天都過得無怨無悔，讓每一天都過得成績亮眼。要把這美好的今天，化作一曲和諧優美的旋律，讓思緒、身體在這和諧優美的旋律中，幸福快樂地翩翩起舞。調動起全部的才能，發揮出全部的智慧，去實現那美好的目標。此時此刻，要下定決心與所有阻撓、干擾我們進步的敵人抗爭，絕不允許消極、懶惰、怯懦的病毒侵入體內，影響聰明睿智的思緒，擾亂鋼鐵般的意志，打亂奮力進取的步伐。現在就在這精神王國的大門口立下這塊牌子：今天我很忙，沒時間招待與成功幸福為敵的人，沒功夫傾聽任何無助於我實現成功幸福的資訊。

人生的每一天從睜開雙眼開始，清晨只要一睜開雙眼，人生的腳步便開始邁起。要想讓這一天過得充實、有收穫，就要在醒來之時暗下決心，不要讓這一天留下悔恨的回憶，不要讓自己走回頭路。並把這一決心化作實際行動，落實到每一個前進的步伐中。

一位事業有成的朋友說，每天早晨出門前他都下決心，晚上回來時，一定要感到比早晨有更多收穫，今天的表現，一定要比昨天更出色。正因為他把每天都當作不平凡、有價值的一天，所以他才成為事業有成的成功人士。每一天將過得怎樣完全取決於早晨睜開雙眼的那一刻。早晨醒來時，想讓今天過得歡天喜地，那將能歡天喜地度過今天；早晨醒來時想讓今天過得醉生夢死，那將會醉生夢死地度過今天。早晨有什麼樣的計畫，就會有什麼樣的一天。

為了美好理想的實現，為了偉大事業的成功，一定要以昂揚向上的精神狀態、積極進取的鬥志，去迎接每天早晨睜開雙眼的那一刻。不論這些自我暗示起初多麼勉強及機械式，它都會在頭腦中留下印記，一段之後，自然就會擁有勇敢、奮力進取的幹勁。長此以往，每天清晨就可以很輕鬆地想起這些話，就像每天穿衣服一樣自然。這些激勵的話語會讓人能夠和崇高的理想融合在一起，唱出最動聽的勝利讚歌。相反，如果每天早晨一睜開雙眼，就想那些委屈之事、憤恨之事、傷心之事，那麼，一整天的精神狀態都被這可怕的氛圍籠罩著，人生之路將時時跌跤、處處碰壁。要記住，早晨積極向上的自我激勵，能夠成倍地提升一天的工作業績，早日實現成功的願望。

人生奮鬥中，一定要讓自己的行動和宏偉志向融為一體，時刻牢記美好的願望和遠大的抱負，想像願望實現時，那將是一個多麼幸福美好的情景，並將這一美好的想像付諸於現實、具體的行動中。在幸福美好的憧憬中，切不可有一點點的退縮與怯懦，更不可摻入一絲貪婪與自私，否則那美好的願望和遠大抱負將毀於一旦，一切奮鬥都將前功盡棄。一定要相信自己也是一位偉大的成功人士，時時激勵自己，成功的日子就在美好的明天。要經常提醒自己，讓每一天都過得有意義，充分利用好擦身而過的每一分每一秒，多做一些有助於奮鬥成功、有助於實現遠大目標的事，讓勤奮刻苦、永不鬆懈、堅定不移、持之以恆時刻陪伴自己，讓懶散嬌氣、吃喝玩樂、花天酒地永遠遠離自己。這樣，付出的努力一定會達到事半功倍的成效，將我們送入那金碧輝煌的成功殿堂。

朱莉亞·西頓博士說：「思想就是工具，生活要靠它來塑造。每小時，我們都能站在半成品的自己面前，用比精密儀器還精良的工具——頭腦，來雕刻塑造自己的人生，刻畫出我們的言談話語、行為舉止和美好的理想，也刻畫出罪惡的目的、骯髒的勾當。」

贏的定律 07　抓住決定未來的今天

那些沒有遠大理想、不想做一番大事業、不想讓自己的人生得轟轟烈烈的凡夫俗子們，他們最大的弱點就在於把遠大目標的實現看成是遙遠神祕、不可觸及的未來，因而就乾脆當一天和尚撞一天鐘，不去越雷池一步。他們總是把人生的遭遇，看成是命中注定的事，無法了解每一天的所作所為對整個人生有著多麼巨大的影響。

必須清醒地認知到，人生的成功與幸福，是在奮鬥中用汗水一點一滴揮灑出來的，絕不可能一蹴而就。一暴十寒的結果必將是像龜兔賽跑中的兔子一樣，永遠是個失敗者。奮鬥中要用高昂的鬥志、積極熱情、快樂飽滿的精神狀態來迎接每一次挑戰。沒有高昂的鬥志，就不可能有堅定奮進的步伐；沒有快樂飽滿的精神狀態，就不可能有高效快速的奮進速度。快樂意味著和諧，只有和諧才能帶來長久，只有長久才能保證持之以恆、有始有終的奮鬥。在奮鬥中，還要有能夠適應千變萬化生存條件的能力，在想辦法改變外界條件的基礎上，更要想辦法適應它，切不可挑剔抱怨那些不利於生存發展、阻礙奮鬥的環境。一味地抱怨只會干擾影響奮鬥的鬥志，直至把你拖入失敗的泥淖。

我的一位朋友就是這樣。他知道如何才能更好地適應多變的社會環境，無論運氣是好是壞、無論工作進展是快是慢，他總能看到令人鼓舞的希望。二戰時期的歐洲，經濟萎縮、市場蕭條，人們正常生活的必需品都無法得到保障，整個歐洲人心惶惶。我的這個朋友卻能夠保持振作的精神，每當我問他近況如何時，他總是說：「哦，很棒！一切順利。當然了，生意是沒有戰前好，但我很知足，很幸運，終歸我的房屋沒有被炸，我的親人沒有死去。我每天都在慶幸我還擁有我的房屋、我的家人。」接著，他就會以很振奮的口氣說，「只要我們還有足夠的食物、保暖的衣服、安全的住所，少賺些錢算得了什麼呢？難道我們還需要其他的東西嗎？家人健在身體安康，就是我最大的滿足。我應該感激能夠讓我平安生活的這片土地，我們有更多的東西值得感激而不是抱怨。」與這位朋友相交多年，我從沒聽他抱怨過什麼，甚至連抱怨天氣不好、埋怨交通不便的話語也從未聽他說過。正因為他有這樣知足樂觀的生存態度，他的生活非常溫馨幸福。

我的另外一個朋友卻恰恰相反。不久前遇到他，我問候道：「布蘭克先生，最近可好啊？」

「哎，別提了，慘透了！我生意垮了，這回真是徹底完了！徹底完了！什麼也做不了，越來越糟。我的那些老客戶生意蕭條，供給他們的產品在工廠的倉庫已經積壓半年了，怎麼辦啊！只有停止生產，關閉工廠。做生意為什麼總是這樣不順利！」

我經常遇到布蘭克先生，他總是在抱怨。在他看來，天氣沒有一天是好的，工廠的效益沒有一天是讓他高興的，家人做的事沒有一件是讓他感到舒心滿意的，要麼兒子不爭氣了，要麼女兒選錯了郎君，要麼妻子不會操持家務。他整天生活在抱怨中，生活在牢騷中，好像整個世界就跟他一個人過不去，時隔不久，工廠倒閉，妻子、兒女也相繼離他而去，他對更加怨恨世界的不公，結果一病不起，最終孤獨的死去。

前面我的兩位朋友對待人生的態度完全不同，一個是知足常樂、積極向上，結果事業有成生活幸福；一個是滿腹牢騷、不斷抱怨，結果事業失敗一蹶不振。積極的心態，讓人越活越高興，越活越年輕。悲觀的心態，讓人越活越低靡，越活越頹廢。積極向上的生存態度，對於成功有著多麼重要的作用啊！戴著不同顏色的眼鏡仰望天空，就能看到不同顏色的天空。戴著灰色的鏡片，看到的天空就是灰色的，戴著的粉紅色的鏡片看到的天空就是粉紅色的。一個人在預想未來時，困難想多了，困難自然而然的就來了；成就想多了，成就自然而然的就來了。生存中，一個人的精神狀態和他的生活素養，和他的前進後退、成功失敗，有著緊密的關係。

愛默生說：「在心中記住這句話：每一天都是一年中最棒的一天，每一天都是最華麗的一天，每一天都是魅力無窮的一天。讓那些頹廢、怠惰、懶散的影子見鬼去吧！」

要想充分利用好每一天，就要在每天早晨出發前胸懷著一種渴求的精神狀態，滿懷希望的踏上人生新的征程。每一天都是一次有趣的探索、有益的嘗試，對未來美好的想望與期待，就是一天奮進的動力。由於以不同的精神狀態面對世界，同樣是陰沉的天空，在一個人心中是一首神祕詩篇，在另一個人看來卻是一段傷感的悼詞。想一想，生活在同一屋簷下的兩個人，因為對生活有著不同的生存態度：一個人認為生活過的枯燥無聊、單調乏味；另一個人則認為生活充滿了溫暖的陽光，充滿了溫馨、幸福、甜美的歌聲。誰懂得了如何恰當地利用精神動力，誰就能在每天的生活中找到幸福快樂。孩子們應該學會把每一天變成一首激人奮進的讚美詩，從中體會、感受生活的幸福與快樂，從而激起自己奮進的步伐，獲得奮鬥的巨大成就。

每一天都是一個新生活的開始。大自然每年都給我們 365 個新的機會，如果今天犯下悔恨的錯誤、失去了今天，在第二天早上又會有一次新的機會，讓人以新的姿態面對新的一天。大自然就是這樣循環往復的，不斷給人補充新的細胞，新的血液，只要奮鬥進取不停，新的生機與活力就會不斷。每 24 小時就有一個新的開始，這一是個多麼有規律的生活！晚間香甜的夢境，消除和擺脫了昨天工作的疲勞與睏倦，使人又可以精神振作、精力充沛的開始了新的一天！不必等到新年的鐘聲敲響後才重新開始，不必等一週、兩週、一個月、兩個月才調整一次肌體，才重新凝聚力量和勇氣迎接新的機遇。

生活中的每一天都會有奇蹟發生。人世間，沒有任何兩個人是完全相同的，膚色不同、高矮不同、胖瘦不同、性格不同……但大自然給我們的每一天卻是相同的，時間在我們面前沒有任何高低貴賤之分，百萬富翁得到的時間並不比窮人多。但每個人賦予每一天的內容卻是千差萬別。只有那些非常珍惜時間、充分利用時間的人，在每一天的時間裡取得巨大成就、做出巨大貢獻的人，才是最富有的人。

不論是工作，還是娛樂，都要讓所做的事情有價值，不能只用一半的心思去工作或娛樂。不論多麼沮喪失落，絕不能自甘墮落，即使是不喜歡的工作，也要全力把它做好，讓每一天都過得無怨無悔。當感覺良好、情緒高漲時，就會事事順利，輕鬆愉快地完成一天的工作。可是心情不好、情緒低落時，就需要用毅力和意志支撐自己，此時正是考驗你、鍛鍊你的時候，若想證明自己是堅強睿智的人，就要堅持完成好自己的工作。若甘願當一個軟弱愚蠢的人，就等於自暴自棄，失去一切。

你可曾意識到，浪費一分鐘的時間就是在浪費一分鐘的生命，生命一旦浪費將無法彌補，因為每天的生命只存在於那一天那一刻當中，一旦錯過將無法挽回。胸無大志、閒散度日的人，在風平浪靜的日子裡活得不錯，過得非常愜意悠閒，可是一旦暴風雨從天而降，他們將無法面對。他們沒有抵抗暴風雨的體力，更無迎接暴風雨的智慧，最終將會被擊倒、擊垮。

拉斯金說：「青年時期是一個人世界觀形成、發展的時期。青年時期的每一刻都與未來的命運緊緊相連。如果在青年時期荒廢了十分鐘，那麼後半生的事業將荒廢十年。青年時期該做的事沒有完成，等到中年、老年再去完成，那將悔之晚矣！那時就等於在水中撈月 —— 永遠也別想撈上來。」

青年時期是豐富自己生命的最佳時期。每一時刻都充滿了昇華人生，輝煌未來的大好機遇。每一天，大自然、人類社會都為我們提供了展示自己卓越才能的機會。但是，多少人將這充滿無限生機的每一天，當成了平淡無味、循環往復的一天。多少次，我們在清晨都能聽到抱怨「哎，又是一天的苦差事！」對於這些人來說，生活是多麼痛苦，多麼悲哀呀！如果能夠停止抱怨，腳踏實地地認真工作和生活，每天早晨對自己說：「不要再錯過今天，只要努力就會有好運的，就會遇到伯樂，就會有驚喜。我一定要充分利用好這一天，釋放出潛在的能量，展示出我那特有的才華。別人在昨天做出的成就，我今天做的一定比他更出色！」當太陽升起時，每個靈魂又都獲得了新生，新的一天給了我們重新開始的機會。在這新的一天中，我們做可以想做的事，可以成為想成為的人，可以把這一天打造成最有成就、最有價值、最有意義的一天。這就是成長。如生活不意味著成長、提升、昇華，那就只能死氣沉沉，而不是五彩繽紛，那我們就失去了人類生活更深層的內涵。

決定命運的是今天，不是昨天，也不是明天。今天才是你要雕刻的大理石。每一個思緒、每一個動作、每一個目的都是在生命之石上刻出的一筆。你所刻出的就是你的意念、你的想法、你未來行動的模版。不要總後悔過去憾事，也不要一味地沉浸在對美好未來的幻想中。活在現在，就要從現在做起，讓今後的每一分每一秒都活得有朝氣、有收穫、有價值。不論發生過什麼意外或沒實現什麼期待，要決心從每一天的經歷中得到些有意義的東西，得到能夠使人更睿智、更能少犯錯誤的經驗，告訴自己：「今天我開始了全新的生活，我要忘記過去一切使痛苦悲傷的事。」記住，昨日已死、明日未生，唯一屬於你的就是正在消逝的現在。

不論過去怎樣，不論曾經多麼不幸，不論犯過什麼錯誤，不論失去了什麼良機，那些往日的殘骸現在已無任何價值，因為我們已經從中學到了珍貴的經驗，知道了如何才能避免類似錯誤。讓生命獲得新生機、創造出新價值的唯一辦法就是忘卻過去，全身心投入目前的工作中。機遇不在已過的時光中，而是潛藏在此時此刻。當時光飛來時抓住它，發揮出生命中潛在的巨大能量，創出人生的輝煌業績，只有這樣生命才充滿意義。

贏的定律 08

學會正確的理財方法

管理個人財務和管理一個國家一樣，也需要大智慧。

—— 愛默生

要警惕不起眼的浪費，小小的漏洞也會讓大船沉沒。

—— 富蘭克林

債務和其他陷阱一樣，進去容易出來難。

—— 蕭伯納

如果你想知道一個青年將來生活會怎樣，是過著榮華富貴的生活，還是過著貧困潦倒的生活，那就給他 1,000 美元，看看他用這些錢做什麼。

—— 帕頓

在全國教育協會在紐約召開的最後一次年會上，美國宣導節約社團的主席斯特勞斯發表了題為《偉大的節約》的演講，其中有這樣一段話：「我們的中小學校教孩子們數學、語文、歷史、地理……農業學校教孩子們怎樣合理耕地，栽培植物……我們家長教孩子們怎樣做家事勞動，如何禮貌待人。總之，我們教他們所有的東西，除了如何節約 —— 忽視的是一個重要科目，那就是教他們如何學會理財。」

現在的孩子最需要的教育就是節約教育。從小到大，殷實富足的生活條件使他們養成了花錢揮霍無度的習慣，月月把父母給的零用錢花個精光。他們心中根本就沒有計畫、節約、儲蓄的概念。即便是在成年後，他們在花錢消費上仍然揮霍無度，月月把自己所賺的錢花得精光。他們整天為還貸而辛勤地工作著、忙碌著、奔波著。在許多繁華富有的都市中，人人每天都在辛勤忙碌地工作著，但過的仍然是低水準的生活，看到這些人，我們就會明白進行節約教育是多麼重要。

前幾天，一個每月只賺 900 美元的年輕人告訴我，他剛剛在飯店請完兩個朋友吃飯，花了 300 美元。一個年輕人居然花了月薪資的三分之一吃一頓飯！儘管他知道花 300 美元吃一頓飯不值得，但不請從面子上又說不過去，結果，他還是請了。不光年輕人這樣，美國的成年人更是如此，週末到國內旅遊，放長假到國外旅遊。美國的成年人幾乎年年都要到國外旅遊一次，算起來這也是一筆不小的支出。在美國幾乎家家都有汽車，買完福特換別克，買完別克換 BMW。在生活消費上，他們只想到需不需要，不考慮收入夠不夠用；只想到享受，不考慮節儉；只想到去銀行借貸，不考慮還貸是多麼的辛勞。在美國幾乎家家都靠借貸生活，他們之所以有這樣的生活習慣，就是因為美國是一個富有的國家。但是，就算再富有再有錢，若一味地只知道到花費，不知道節省，支出總是大於收入，慢慢也將把錢花光，成為窮國。

成千上萬高收入的年輕人，從未想過要定期去銀行存上一些錢。他們生活中若是節省點，就能夠省下一大錢，這些錢足夠讓那些掙扎在貧困線上的人填飽肚子。可是這些年輕只想到今天的瀟灑，沒想到明天的艱辛；只想到現在的快樂，沒想到將來的痛苦。

另外，很多人還錯誤地把節儉理解為吝嗇、小氣。實際上兩者有著截然不同涵義。正如英國學者拉斯金曾抱怨過的那樣：「在英語中，我們把節約曲解為吝嗇，可節儉並不意味著只賺不花，只收入不支出，它指的是對一個家庭的經濟管理，指的是如何最明智地消費和儲蓄。」

因此，節儉並不要求人們為了省錢而買最便宜、品質最差的食品，穿最粗糙的衣服，或是為了賺錢而生活在貧困、骯髒的貧民窟裡。這些做法都是守財奴的行為，與真正的節儉生活背道而馳。真正的節儉指的是如何為了健康的身體、為了高效率的工作、為了幸福的生活品質而理智地消費，適度地享受，有計畫地支出，讓每一分錢產生出最大的價值，發揮出最大的效應。

曾經有一個富有的爸爸用這樣的方法教育兒子如何節約。兒子想學習印刷，爸爸同意了，但條件是兒子必須住在家裡，每月還得上繳一定數額的食宿費，可除去食宿費兒子就剩不下幾個錢了。兒子認為爸爸太無情、太苛刻了。但是沒辦法，為了學手藝，只有答應這些苛刻的條件。後來兒子長大了，成了印刷界的頂尖人才。一天，爸爸拿著一筆錢對兒子說：「兒子，這是你當年學徒時付給家裡的食宿費，當初我就沒打算把它花掉，先替你存著，在你能在這個行業中能夠開創一番業績時，把它拿出來，給你提供一筆創業的資金。」這位父親的做法真是明智。結果，在其他年輕人已經養成惡習，花光薪資的每一分錢，月月要到銀行借貸時，這個年輕人卻在雄心勃勃、不斷地開創著自己的事業，奔向更新的、更輝煌的目標。

英國哲學家赫伯特·斯賓塞（Herbert Spencer）說過：「野蠻人和文明人的主要區別就是，野蠻人沒有遠見，文明人則遠見卓識。艱苦的條件中，原始人只想著現在如何把肚子填飽，文明人不但想到了現在、今天，也想到了明天、後天和未來。為美好的未來，他們能控制住眼前的欲望和嗜好。正因為文明人能夠理智地控制住自己、掌握住自己，才有了他們今天富足、幸福、美好的文明世界。」因此，不論是靠體力賺錢還是靠腦力賺錢，不論收入是高還是低，不論是富有還是貧窮，如果不懂得如何理財，不按計畫消費支出，不加控制地享受娛樂，生活就將處於劣勢。人要學會既能賺錢，又會花錢；既有支出，又有節餘；既能想到現在，又能想到未來。這樣才能慢慢成長為真正獨立的人，只有獨立的人才能在社會上做出一番事業，開創出屬於自己的一片天地。

有些人生活上也想到了精打細算，但他們沒有養成勤儉節約的好習慣，結果，還是沒有存下足夠的錢，生活上一旦有大的支出，還要去銀行貸款。還有一些人，事業上雖然成就非凡，但在生活消費上卻沒有計畫，不會節儉、理智的消費，一花起錢來就不考慮自己的收入能不能承受得了。他們工作起來非常認真細心，但花起錢來卻馬虎粗心，不懂得精打細算，不懂得未雨綢繆。

我認識一位年輕人，多年來一直從事律師工作，業績出色，每月都有不菲的收入，與同儕相比，他的收入算是高的。因此他認為自己今後的收入還會更高，於是他養成了賺多少花多少的習慣。後來他妻子突然得了重病，急需手術，他找來全市最有名的醫師主刀，自然費用也很昂貴。為了醫好妻子的病，他借了一大筆錢，把昂貴的醫療費支付了。妻子的命算是保住了，可是家庭負擔加重了。為了把工作做得還像以前那樣出色，他晚睡早起，夜以繼日，超負荷不停地工作，使他體力嚴重透支，最終被累倒在病床上，他再也不能像以前那樣辛勤地工作，再也不能賺那麼多錢了。這位年輕人沒有想到，妻子得病得花那麼多錢，更沒想到自己的身體會被累垮。原本計劃兩年內把借的錢全部還清，可是如今身體垮了，這借的錢該怎麼還呀？

誰也不知道疾病和災禍會何時降臨，不知道今後會不會能和現在一樣有穩定的收入。家庭生活中，若不存有一定數額的資金以抵禦生活中難以預測的風險，在災難降臨時，很多家庭將遭受苦難的煎熬。在這個競爭激烈的社會中，賺多少花多少絕對是一種走向深淵的生活方式。

不要相信「盡情地吃吧！盡情地喝吧！盡情地跳吧！明天地球就要

毀滅了！」這是蠢人的狂言，它只會給你帶來痛苦。記住克蘭博士的話：「身無分文是件不光彩的事，這是一種罪過，可它帶給你的後果卻比罪過還嚴重，因為它是愚蠢的。過錯可以原諒，惡行可以寬恕，愚蠢卻毫無希望了。」揮霍無度的人，是最典型的愚者，他們無限度地浪費錢財，只是為了滿足自己無限度地吃喝玩樂的欲望。我認識一個年輕人，收入一般，每天卻要抽半包雪茄，晚餐必須到高級餐廳消費，週休還四處旅遊到五星飯店住宿。這些消費、這樣的生活習慣並不是他生活必須的。別看他現在的生活瀟灑、自由、暢快，未來的生活必將是艱難痛苦。

已故商人馬歇爾·菲爾德（Marshall Field）說過這樣一句話：「當代年輕人忽略了節約的重要性，這真可悲。現在養成了超支消費的習慣，將來必定生活在痛苦煎熬之中。不論收入多麼微薄，都要養成儲蓄的好習慣。」菲爾德先生正是靠著節約的習慣，才成為當時最富有、最成功的商業菁英。一次我派記者去採訪他，在被問到事業成功的轉捩點時，菲爾德先生說：「當我儲蓄的數額達到 50,000 美元時，我有了一種輕鬆暢快、如釋重負的感覺。我完全可以像其他人那樣，把每月微薄的收入全部花掉，但我沒那樣做，而是繼續努力工作，節儉生活，結果我的生活越來越幸福美滿，我的事業越來越興旺發達。」

佛蘭克林也說過類似的話：「當你知道怎樣才能讓消費低於收入時，你就有了點金石。許多年輕人失敗的原因，就在於他們從小沒有學會獲得這塊點金石。如果從小就能養成生活節儉，有計畫消費的習慣，長大後就能順暢地走在自己的人生之路上，有精力、更有能力去迎接各種挑戰。」

許多成功人士都說，第一次存一萬美元要比後來存十萬美元更困難。美國房地產巨頭約翰·雅各·阿斯特（John Jacob Astor）對此深有感觸地說：「要不是因為提前存了一萬美元，我也許早就死在救濟院裡了。」美國前總統西奧多·羅斯福也說：「如果想走正確的、一帆風順的人生之路，那就存款吧。儲蓄的習慣能夠增強意志，能讓你活得更加精神、有朝氣。」

我最近收到了一張空白表格，需要填表人提供一些關於公司高層職位應聘者的資訊，表上有這樣的幾個問題：「他有存款嗎？」「他靠什麼賺錢？」這個表格進一步表明商人們的確看中員工賺錢的能力，但他們更注重員工的儲蓄能力。雇主們認為，一個既不吝嗇花錢又不揮霍無度的青年，一定是位有良好素養的青年。雇員存下的每一元都會提升他在老闆心目中的地位，會縮短員工和老闆之間的距離。節約的習慣能培養自信，這小小的一元能大大增強員工的自信心和獨立性，使他逐漸超脫客觀條件的束縛，成為獨立的、自由的、自己說得算的成功人士。

正因為收入少，花費大，所以許多人從未想過要存點錢，他們覺得自己每月那微薄的收入，也就能勉強維持日常生活，根本存不了幾個錢於是就成了月光族。據估算，如果一個人從 20 歲起每個工作日存 2.6 美元，加上利息，在他 70 歲時就能存到 32 萬美元。習慣花光每月所有收入的人，根本不知道到帳戶上越來越多的存款有多大的力量。積蓄，不論數目多少，對培養獨立、自信的個性有很大的幫助，它還能鍛鍊並增強自制力和約束力，提升自己在他人心中的地位。

羅斯福上校說：「我瞧不起那些沒能力賺錢養家的人，更瞧不起那些沒有儲蓄習慣的人。」想讓家人生活得幸福美滿，就必須節儉生活，養成定期儲蓄的好習慣。節約並不是簡單的儲蓄問題，它還是如何聰明地用好所有資源，保證生活高效率的問題。節約這個詞不僅適用於金錢，也適用於生活的其他方面 —— 合理地分配時間、恰當地使用體力。換句話說，節約就是科學地管理自己的時間、自己的事務和自己的錢財，它意味著使自己永遠保持最佳的生存狀態。健康、成功、幸福的祕訣就是善待自己，讓自己處於最佳的生存狀態，這樣你就能抓住每一個機會，就能在工作中發揮出自己的全部能力。只有節約，才能幫助你登上你人生的最高峰。

聰明的農夫家裡的糧食很多，但他們總是精心挑選最飽滿的玉米當種子。只有這樣，每一粒種子才會在肥沃的土地裡茁壯生長，結出豐碩的果實。農夫知道，劣質的種子將浪費寶貴的土地資源，浪費一去不復返的好時光。為了秋天那豐收的喜悅，在挑選種子上花費些心思是值得的。

如果為了省錢，一日三餐吃最便宜、最沒有營養的食物，到頭來損失的是我們自己的腸胃和身體，結果奮鬥沒有了體力，奮進沒有了活力。生機都沒有了，還談什麼事業，談什麼收入？任何想成功的人都不能用劣質燃料為自己的大腦加油，這樣做，就好比發電廠為了省錢買劣質煤炭當燃料，結果，付出了財力、物力和人力。卻不能高效率發電。無論多貧窮，在攝取營養方面一定不能吝嗇，身體健康是成功的基礎。也不要因為捨不得買衣服而不顧及你那體面的外表。外表影響著別人對你的看法，這與你能取得什麼樣的社會地位有著很大的關係。我從沒聽說過哪個衣衫不整、身居陋室，吃穀糠吞野菜的人，事業上卻能取得巨大的成功。家庭生活中，一味地想儲蓄，全家居住在簡陋的房子裡，父母對不僅自己要求苛刻，甚至為了能從生活費中多擠出一分錢存入銀行，而不給孩子買營養豐富的食物和接受正規的教育。這樣的做法絕對不可行。

對於這些痴迷於儲蓄的人來說，他們有這樣的觀點：生活就是儲蓄，活著就是為了儲蓄，為了儲蓄可以忽略一切，可以不顧一切。他們在銀行的存款多了，可是生活素養差了；他們的積蓄多了，可是身體衰弱了；他們對未來有些希望了，可是他們子女的未來卻毫無希望了。

所以，年輕人要記住，生活中的一個小細節，常常能夠影響一個人一生的成敗。不要因為抓不住重點而與成功失之交臂，也不要為雞毛蒜皮的瑣事而斤斤計較斷送了美好前程。我們身邊總有這樣一些人，小氣到連對自己都捨不得付出。他們對自己十分苛刻，除了生活必需品之外，他們捨不得花錢提升自己的學識修養，捨不得花錢豐富自己的人生閱歷。結果，由於沒有充足的物質食糧和精神食糧，他們生活過得枯燥無味、單調匱乏，昏暗無光，失去了發展壯大的生機，人生足跡將逐漸消亡。這種小氣的生活方式與節約毫不相干。節約，既不是鋪張浪費，也不是葛朗臺似的吝嗇小氣，它指的是以科學的、不浪費錢財、在經濟上能負擔得起的前提下，以溫馨幸福的生活方式善待自己。養成儲蓄的習慣是一個人事業成功的重要因素，它展現了一個人要出人頭地、獨立自主的願望，展現了一個人要在世界上有所成就的決心。生活中，要是學會了節約，則表明你有眼光，有理智，真正的成熟了。如果你是個一般員工，那麼儲蓄就意味著你離自己當老闆的日子越來越近了，意味著你的眼光更高，志向更遠了，意味著你要擺脫平庸的決心更堅定了。美國議員，鐵路公司董事迪皮尤當年剛剛踏入社會時，美國船業和火車業巨頭康內留斯·范德比爾特（Cornelius Vanderbilt）就對他說：「任何愚蠢的人都會賺錢，但只有聰明人才能夠守得住錢。」守住金錢就是守住雄心壯志，守住健康安樂，守住敏捷的思維和清晰的頭腦。要守住金錢就必須斬斷那放縱享樂的魔爪。

懂得節約的年輕人，猶如身披鎧甲，能夠抵擋住各種誘惑的騷擾與攻擊，他絕不會成為無所事事，虛度光陰的敗家子。那些只想著吃喝玩樂的人很容易受到花花世界的拉攏、侵蝕而沾染上惡習。而那些有了節約習慣的人則懂得如何讓度過的每一分鐘、支出的每一分錢，產生最大的效應，獲得最大收穫。知道怎樣做，才能成為自己命運和財富的絕對掌控者，絕不會讓只顧享樂的念頭出現在自己腦海中。

若一個年輕人從一開始就有計畫地儲蓄，他今後一定是生活中的強者，不但視野開闊，而且信心也將得到增強。這是因為存款證明他不僅有能力賺錢，更有能力、有智慧守得住自己的勞動成果。

為人誠實、生活節儉也是塑造高尚人格的必備條件，因此，每個青年都應樹立正確的消費觀。一個白手起家的富商說：「每一百個人中只有不到五個人能守住自己所賺的錢財，而其他人早晚都要花掉大部分甚至全部收入。」在大城市中最令人痛心的一件事就是有數不清的人，曾經有錢有房有舒適奢侈的生活，但到頭來卻一無所有，無家可歸，到處尋找最廉價的住房租住。這些人已經沒有機會，沒有能力可以重整旗鼓，另闢蹊徑了。漸漸地，他們遠離了幸福，靠近了困苦；失去了自由，被貧窮的枷鎖牢牢銬住。成了一個四處遊蕩的落魄的可憐蟲。紐約的米爾斯旅館或任何其他城市的廉價公寓裡，就住滿了許多這樣曾經十分富，如今卻落魄不堪的租房客。

合理地使用錢財和努力工作賺錢完全是兩回事。有遠見的商人為了防備將來可能出現的經濟困境，通常預留出一些資金購買債券、保險或做其他有保障的投資。這樣在他今後遭遇金融災難時就，這些投資就足以養活全家人並能使自己東山再起。年輕人為了防止今後陷入貧困窘境，在事業起步階段也應有計畫地預留出一部分收入，不能把所有錢都用在日常生活的消費中。

我認識一個 70 多歲的老人，有很強的工作能力，年輕時他就開創了一個屬於自己的企業，而且，企業的規模也不小，但因為那時他沒有儲蓄的好習慣，現在他的生活過得非常淒涼寒酸，還不如自己的員工殷實富裕。著名小說家維達女士，年輕時賺的稿費猶如雪片一樣飄來，但由於沒有儲蓄現金、節儉生活、理智投資的好習慣，她把所有的財產都花在奢侈享樂和錯誤投資上，結果晚年生活一貧如洗。因為不會理財，很多人一旦遭遇失敗便一敗塗，債務壓身，終生再無出頭之日。當今社會失敗大軍的主要成員都是些不會理財的人。成千上萬貧困潦倒無家可歸的人，如果當初不揮霍無度花錢，現在完全可以過上殷實富足、幸福美滿的生活。

孩子們每週都應該得到不超過 5-10 美分的零用錢，這樣他們就可以早早地懂得錢的含義。不要替孩子們買東西，應該指導他們用零用錢自己購物，這樣他們就可以體會到與金錢告別時依依不捨的心情，要讓他們明白消費和金錢不能兩者兼得。在買冰淇淋、糖果和其他滿足孩子們口腹之欲的商品時更要這樣做。一定要讓年輕人明白錢財的價值，明白不能為了儲蓄而儲蓄，明白應該怎樣聰明、理性的消費。紐約市教育委員會已經在學校中開設理財教育課。公立學校開設了迷你銀行，教孩子們如何理財，培養他們節約的習慣。教育委員會透過這種教育方法，鼓勵孩子們養成存下每一分錢的好習慣，戒除奢侈浪費、揮霍無度的壞習性。等到他們的錢達到一定數額時就可以在社會上真正的銀行中開設帳戶了。

存摺是個好東西，裡面沒有任何侵蝕、傷害你純潔肌體的細菌，不你論身在何方，它都是你能力和信譽的擔保。有了儲蓄的習慣，就不再懼怕失業、創業失敗了；就能安心踏實地睡覺，幸福快樂地生活；奮鬥中，就能保持獨立、冷靜、睿智的判斷能力，減少失誤與失敗。養成儲蓄的習慣，就能讓財產、尊嚴抵擋住時間的消磨、失敗的打擊、貧困的煎熬。蘇格蘭作家塞謬爾．斯邁爾斯（Samuel Smiles）說：「銀行存款能使一個人在他的朋友圈中多些自信，少些疑惑；多些稱讚，少些挖苦；多些青睞，少些蔑視。他省去了不必要的傷心與眼淚，消除了痛苦對心靈的折磨與煎熬。」一定數額的存款，能讓人在社會上獨立自主，在睡眠中高枕無憂，在奮鬥中信心十足。為什麼不從現在就開始儲蓄呢？

有這樣一個故事，一位牧師每天辛辛苦苦地工作，但薪資微薄，他常常捉襟見肘。有段時間，牧師每週六晚上都去一戶居民家中借 50 美元，並在下個週一早上立刻奉還。這戶居民很好奇，就悄悄在借出去的錢上標了記號，結果發現，牧師每次還的錢就是上週六剛剛借出去的那張錢。他問牧師其中的緣由，牧師說：「先生，你知道嗎，當我知道自己口袋裡還有錢時才能安心地宣講教義啊！」僅憑口袋裡帶著借來的 50 美元就能讓人安心工作，誰若真正擁有了屬於自己的 500 美元、5,000 美元、50,000

美元時，那他的生活將是多麼安心啊！

很多富有的人就是因為投資機會來臨時，手頭恰巧有備用的資金而抓住了機會，讓自己的財產加倍成長。存入銀行的每一筆資金，既是你患難時的真正朋友，也是機遇中的合作夥伴。有人問一個小學生，他在這一年中最大的收穫是什麼，孩子說，是他親自到銀行存了 50 美元。這個孩子今後一定有出息。存下的第一筆 50 美元是人生中邁出的最重要的一步。

有句話說的好：秋天不儲存足夠的糧食，寒冷的冬季將過上飢寒交迫的日子。如果不在平日裡存一定數額的資金，突遇災禍時全家將可能顛沛流離。所以，從現在開始學習聰明理財吧！養成節約儲蓄的好習慣。

贏的定律 09

不要當別人的複製品

不要做效仿他人做複製品。

勇於想像，付諸行動，精心創造者就是大有作為者。

世界的面貌是有思想的人改變的。

思想的聲音比炮彈更震撼，思想的威力比軍隊更強大。理論已經取得了比騎兵和戰車更偉大的勝利。

—— 派克思頓

一位大公司的老闆對他的員工說：「不要做別人複製品，要做原創。」很多人之所以沒有取得自己希望中的那種成就，就是因為他們只是別人的複製品。這些人想盡辦法模仿他人，卻失去了自己。想成為某個人時，人就失去了自己的個性，變得軟弱無力了。模仿他人就代表著自己沒有主見，能力不強，不會創新，是自己不如人的坦白，是俯首稱臣的見證。許多人一生都在當別人的追隨者、模仿者，從未發掘過自身獨特的才能和創造性的思維。

著名美國戲劇演員約瑟夫·傑佛遜教育青年演員說：「確保失敗的最好方法就是模仿他人。」沒有主見，沒有創造精神的成長不是真正的成長，成長是創造而非模仿。不斷模仿他人的人，永遠也別想真正長大，他們僅僅是個仿製品而已，人們絕不會把仿製品當成原創。有作為的人都是要做真正自己的人，他們不喜歡當別人的尾巴，也許他們並不是天才，但至少他們是真正地找到了自我。

贏的定律 09　不要當別人的複製品

在社會各個領域中到處都可以看到這樣的人：執行命令時幾乎無所不能，但需要他獨立行動時，他卻是個遲緩兒。他可以模仿別人，重複走別人的老路，卻從來沒有想到過主動做點別人沒有做過、對自己未來人生有價值、有意義、獨特新穎、有創意的事情。就像魯德亞德·吉卜林（Rudyard Kipling）描述的那樣：「他們在各個方面都效仿別人，卻總也趕不上、贏不過別人的頭腦；結果，揮汗如雨地奮鬥著，卻仍然被遠遠地甩在後面。」

生活中有不少人就像鸚鵡一樣，只知道重複別人的思想和觀點，一生踩著別人的腳印前進，機械地照抄照搬。力沒少出，汗沒少流，就是沒做出一片屬於自己的天地。工作雖然做得好，但當命運之神將他們放到荒蕪人煙之地，前面再也沒有現成的路可循，當走一段屬於自己的人生足跡時，他們便迷茫，手足無措。我們身邊還有這樣一些婦女：她們從未真正屬於過自己，從未真正擁有過自己。兒時受父母控制，婚後受丈夫擺布。沒人培養她們獨立自主的性格，沒人告訴她們應該擁有自己的觀點。身為妻子，她們是丈夫意願的執行者，隨時等待著丈夫的支配；身為母親，她是孩子全方位的保護者，隨時為孩子衣食冷暖服務。她們所做的事情，大多不是替自己著想、替自己考慮的；而是想丈夫之所想，及孩子之所及。她們實際上已經不是丈夫的賢內助，更像是丈夫的忠實奴隸；已經不是孩子的母親，更像是服侍孩子的出色保姆。不論去哪裡，她們都是丈夫的陪同或隨從。正因為在生活中，她們聽從慣了，隨從慣了，服侍慣了。因此，在生活中需要她們自己做主時，社會來往中需要她們有自己的觀點時，教育孩子需要她們有思想道德、文化知識方面的內容時，她們便難有作為了。當然，在家庭生活中，妻子應該尊重丈夫的意見，甚至做出適當的讓步，但這種尊重和讓步應該是相互的，不是單方面的，更不是一味的。不論男女，不是沒有主見，就缺乏力量。不論職位多麼高貴，不論地位多麼卑微，每個人都是人類社會中的一員，如果連自己都掌握不了自己，那還能心想事成，大有作為嗎？

我始終堅信，沒有主見就不能取得巨大成就這個觀點。如果當初華盛頓不堅持自己獨立自由的主見，就不會有現在稱霸於世界的美利堅合眾國，更不會有人類登上月球的奇蹟。美國現在也許還僅僅是英國的一個殖民地，一個不起眼的英國複製品。獨立精神和創新精神是一個人發揮能力，取得進步的主要動力，它們像酵母一樣不停地催化著生活發生巨變，讓僵化的思想，停滯不前的體制，重新煥發出生機和活力。

有主見的人，就是勇於挺身而出，不落窠臼，突破陳規，為新的文明之路帶路領跑的人。查爾斯．艾略特．諾頓（Charles Eliot Norton）在35歲那年晉升為哈佛大學校長時，他發現學校只局限於中世紀學術理論和老學術界前輩的教條中，為此他要大膽改革，打破以往的常規教學模式。但他這樣的舉動卻遭到了學校其他管理階層和眾多教授的反對。一位醫學系教授憤怒地質問他：「八十多年來我們一直這麼管理學院，工作進展順利，你憑什麼讓我們改變現在的辦學制度？」

年輕的查爾斯．艾略特答道：「就因為現在的哈佛有了一個新校長！就因為現在的哈佛已經不再是中世紀的哈拂了！」

於是，在這位新校長的帶領下，學校從體制上、教學上、培養目標上進行了一整套的大膽改革。這個當時僅有400名學生的哈佛，由於突破了陳規舊律的教育模式，走一條全新的教學發展之路，在艾略特退休之前的7、8年裡，哈佛大學就已經擁有6,000名學生，而且教師人數也在大幅度成長。

和艾略特一樣，湯瑪斯．莫特．奧斯本（Thomas Mott Osborne）也要立志要改變監獄的陳規陋習，打破因循守舊的傳統模式，廢除腐朽的管理制度，把監獄打造成為改造人而不是摧殘人的場所。儘管遭到了多重阻力和各種非議，奧斯本一直堅持自己的主張和做法。當凱薩琳·大衛博士被邀請接管位於美國貝德福德的希爾斯女子教養院時，大衛答覆說，如果當局允許自己把教養院改造成一所學校而不是監獄的話，她就接受這個職位。

孩子們的身上都蘊藏著比他們的父母更具活力、更有創新、更加巨大的潛在能力。為此，我們應該長期對他們進行有意識、有目的、全方面的鍛鍊和培養，讓他們在行為處世中能夠做到獨立的思考，縝密斟酌的判斷，果斷大膽的選擇，把他們這種大有作為的能力開發出來，培養出來，鍛鍊出來。這樣，他們在自己人生奮鬥之路上，就能做到聰明睿智，細心大膽，少走彎路，直至成功。

在教育孩子成長中，千萬不要把他打造成另一個你，因為在這個世界上已經有一個你就足夠了。任何複製品都缺乏活力，缺乏生命力，更產生不了新的價值。目前的教育體制中，存在著一個嚴重的缺陷就是，沒有注重培養學生在生活中，行為處世中，要有主見、有個性的風格。很多擁有不同愛好、不同天賦的孩子們，雖然走進的是不同的學校，但他們接受的卻是相同的教育方法與教育模式；讀的是相同的課本，上的是相同的課程。不論孩子是想像力豐富還是思維專一，是擅長體育還是愛好文藝，是擅長魔術還是愛好美術。這種統一的、機械的教育模式培養出的學生，十個中有九個都是複製品。這種陳舊的教育模式磨滅了學生的個性，摧殘了學生的創造力，把學生變成了單一的模仿者，而不是富有創造力的棟梁之才。

因此，真正的教育不是封閉式的教育，不是製造複製品式的教育。真正的教育應該在全面發展的基礎上，重點開發、培養學生那各具的天賦與才能，培養他們自強不息的獨立性格和勇於創新的優秀特質。讓他們在全面發展的同時，在其他專業、領域的才能技藝上也得到突出的充實與提升，使他們人各有志，各有所學，各有所用。

人類社會的發展與進步，需要眾多既聰明睿智又富有創新精神的人，而不是無數盲目的跟隨者和模仿者。周圍已經有太多的人願意去模仿他人，我們更願意看到他們那獨具特色奮鬥進取的新舉措。備受關注的「加里教育方法」最大的優點是，它能充分發揮每個學生的天賦，培養他們自身獨特的技藝才能。這一教育方法的提出，進一步推動了教育改革的前進步伐。

模仿帶來的是消極低迷的情緒，懷疑沒自信的目光，猶豫不決的處世態度，模仿讓人沒有了主見，喪失了決斷，變成了低三下四、唯唯諾諾、缺少了陽剛之氣的軟弱之人。生存中，只有那些與眾不同、善於獨樹一幟、勇於特立獨行的人，才是生命力最鮮活、精力最旺盛、意志最堅強的人。才是業績最突出、令人最佩服、為人類社會進步貢獻最大的人。

美國著名作家愛默生說：「模仿就是自殺，儘管這個世界上充滿了同情與友善，別人給予了你再多的幫助與施捨，也解決不了你生活貧困的根本問題，只有靠自己的雙手，適時的播種，辛勤地耕耘勞作，才能在屬於自己的那片土地上獲得豐收的果實，擺脫貧困枷鎖的羈絆，過上真正屬於自己的幸福生活。」生活中到處充滿了各種機遇與挑戰，蘊藏著很多能讓人過上幸福生活的財富與果實，但只有靠自己勤勞的雙手和辛勤的汗水才能把它們挖掘出來，歸自己享用。正所謂「有多少耕耘就會有多少收穫。」想用別人的果實來充飢，只能解決一時、一天、兩天，若想真正過上長久的、豐衣足食的幸福生活，必須靠自己。不論職業多麼卑微，不論收入多麼可憐，只要你能全力地表現出自己，盡力發揮自己的長處做好本職工作，按照自己的實際收入來生活，生活就是安穩的，高素養的，令人敬佩與羨慕的。因為，自己才是自己真正的救世主。

所有偉大的人，都是那些勇於和善於打破陳規舊律的人，勇於創出一條別人沒有走過的、屬於自己的、獨特人生之路的人。他們有頭腦、有眼光、有勇氣、有主見。他們的每一天都是充滿生機的；他們度過的都是實實在在、大有作為、充滿價值的每一天。輪船之父羅伯特．富爾頓（Robert Fulton）當初發明第一臺蒸汽輪船時，由於經驗不足，技術、材料不合格，沒航行幾天，便在暴風雨中沉入了海底。於是，很多人都說他是狂徒、傻瓜、蠢材，把他發明出的蒸汽輪船雛型叫做「富爾頓蠢物」。後來，在有識之士的大力資助下，他接著發明製造出了 80 匹馬力，長 100 公尺的巨型客輪，安全順利地橫跨了大西洋。這時，人們開始用別樣的眼光看他，並稱讚他神奇，偉大，是創世之舉。再也無人嘲笑他是狂徒、傻瓜、蠢材了。

當一個偉人誕生時，世界的面貌將為之改變。像富蘭克林，湯瑪斯．愛迪生，林肯……他們就給這個世界帶來了翻天覆地的變化。這些偉人的父母從沒有想過，自己孩子長大後的創世之舉，會給世界帶來如此巨大的變化，會讓人類如此不平凡地走到今天。

唯有勇於打破常規、突破傳統觀念的人，才會成就輝煌的一生。這樣的人很少在乎世界歷史上曾經發生了什麼，前輩們又如何想的、做的。他們有眼光、有勇氣、有魄力堅守自己的信念。他們從不聽信別人的褒貶評論，肯定與否定；也不會人云亦云地跟在別人後面走。他們堅信，自己生來就是人類社會的創造者，而不是模仿者和追隨者。當條件未成熟、力量未達到，他們就整裝待發，蓄積力量。一旦條件成熟，力量達到，他們就果斷出擊，全力衝刺，去實現自己那偉大的願望。我們人類社會的進步，就需要這樣的偉人，這樣的菁英。

贏的定律 10

把禮貌當成一種習慣

禮貌的行為舉止有一種神奇的、無法形容的力量，它可以讓人在不知不覺對你心生敬佩。培養孩子良好的行為舉止，就等於讓他具備了適應一切的能力。

——愛默生

懂禮貌，有修養，就算你很貧窮，也一定會受人尊敬的，無論走到哪，大門都會主動向你敞開。因為，你的言談話語，你的為人處事，已經告訴了人們，你是一位既有高尚的道德情操，又有知識才華的人。

紐約報紙曾刊登了一名男子獨自在家窒息身亡的消息。在之後的調查過程中，住在同一樓層的鄰居說，她曾聽到過該男子痛苦的呻吟聲，由於這個男人平日裡對妻子、女兒態度粗暴無禮，所以她也就懶得過去探個究竟。另一條新聞則報導說，大約在同一時間內，一個叫簡·伊莉莎白·格蘭尼斯的夫人在遺囑中，把她留下的10萬美元贈與了她的下屬，一個信託公司的一個小職員，以感謝小職員在工作中、在她病痛中，給予過自己的幫助與安慰，特別是他在工作中對自己彬彬有禮的尊重態度。

上述兩則新聞分別是獨立的事件，它們之間沒有任何連繫，但它們卻有一個強烈的反差。第一條新聞中的男子如果在的生活中，對自己妻子、女兒態度不那麼粗暴無禮，他肯定有獲救的希望，不會有可悲的下場。第二條新聞中的男子卻因自己的禮貌和善良，卻意外地獲得了一筆鉅款，得到了可喜的結果。現實中的確是這樣。一些傲慢無理、粗心大意、不拘小節、莽撞從事的人，他們很少意識到自己是多麼令人討厭，令人反感。正因為他們這不受歡迎的言行舉止，所以在工作中，只能眼睜睜地看著別人的職位一次次的得到提升，而自己仍然停留在原地，得不到幫助，得不到提升。他們沒有想到，職位一次次得到提升的人，在平日的工作中，與人來往中，是多麼的謙虛謹慎，和藹可親，禮貌待人。同事或朋友是非常願意接觸和幫助這些講文明有禮貌的人。

談到禮貌的商業價值時，一位同樣從禮貌中受益的人說，商業成功的一個重要因素，就是有禮貌。它會帶來無法估量的商業價值，難以計算的成功概率。文明禮貌地待人，和藹可親地為人，身邊的人才會願意接觸你，更願意幫助你。在為他人做事或接受他人的要求時，只要積極主動、熱情大方，才會讓人感覺到你十分樂意為他們服務。如果一個人行為舉止能讓別人心情愉悅，那就說明在禮儀方面他是一位很合格的人，做得很到位的人。養成了禮貌待人的好習慣，在生活中、工作中，每一句話、每一個動作、每一次來往，都會顯露出溫文爾雅的氣質，彬彬有禮的風格，提出的要求才會被別人輕而易舉地接受，成功的機率就更高。有禮貌，就有了高尚的道德素養；有禮貌，就有了無私奉獻的道德情操。

誰也不清楚禮貌的語言、文明的舉止中深藏著多麼大的奧祕；一個善意的微笑、一句親切的問候，究竟會給人帶來多麼大的好處。但它實實卻在在地影響著我們生活的各個方面。如果你待人冷漠無情、對人怨氣十足、見人乞求哀憐，別人還會接觸你、親近你、與你來往嗎？這樣恐怕連你自己都會感到不舒服。如果你臉上經常露出善意的微笑，嘴上經常對別人說聲「謝謝」，控制住自己骯髒的言談話語，規範住自己粗魯的行為舉止，時時面帶笑容，處處和藹可親，那麼，生活將充滿幸福、溫馨、快樂，奮鬥一定會心想事成。

一些年輕人認為自己已經具備了經商的頭腦和足夠的知識，只要勇於到社會的商海浪潮中去搏擊風浪，打拚一番，成功之門就一定會被自己打開。但是，他們往往忽略忘記了禮貌的巨大作用。在商海浪潮中搏擊風浪，打拚一番的能力就是與人來往的能力，為人處世的能力。在與人來往中，能夠做到讓人尊敬你，支持你，幫助你，需要高超的技巧，這個技巧就是禮貌待人。禮貌待人是打開成功大門的金鑰匙。誰得到了這個金鑰匙，誰就能打開成功的大門；誰得不到了這個金鑰匙，誰就不能打開成功的大門，誰的奮鬥將付諸東流。

還有很多人，為了美好的理想，為了偉大的目標，謝絕了一切邀約聚會，拒絕了一切娛樂休閒。加班地工作，拚死拚活地賺錢，可是仍然業績平平，收入微薄，窮忙度日。究其原因，就是因為他們為了美好的理想，為了偉大的目標，謝絕了朋友的邀請，疏遠了同事間的友誼，自己被孤獨無助地拋棄在陰暗的角落。在每年的企事業招聘中，這樣的邊緣人隨處可見。他們十分渴望得到一個稱心的職位，但招聘者卻從他們的言談舉止中，看出了他們缺乏禮貌及人際社交的缺點，將他們拒之門外。

有這樣一個例子：「你的文筆好嗎？」招聘者問一個求職的年輕人。

「很好。」年輕人回答。

「你的英語說得怎麼樣？」

「不錯。」年輕人繼續果斷地回答。

「好了，你可以走了，我們無法聘用你。」招聘者也果斷地說道，

「為什麼不給這年輕人一個機會？我覺得他是個誠實勤奮的孩子。」應聘人離開後一個朋友問招聘者。

招聘者斬釘截鐵地說：「因為他不會說『先生。』如果找工作時他就用這種語氣回答面試官，那麼當他得到這份工作之後，他會用什麼樣的態度對待周圍的人及客戶呢？」

現在有很多年輕人就像這個年輕人一樣，因為自己無禮的舉止妨礙了

工作的順利開展，毀掉了自己那美好的前程。兩個應聘者各自條件相當的情況下，謙遜有禮的那個被錄用的機遇率往往要大得多。因此，第一印象十分重要，粗魯無禮的態度只會讓人反感，讓人產生戒備之心。

因為有禮貌，很多並無特殊才能的人在事業取得了巨大成功。技術高超的醫生之所以名聲遠揚；桃李滿天下的優良教師之所以名聲顯赫，不僅僅是因為其醫術高超，教學有方，更重要的是他們那謙遜善良的待人，彬彬有禮的為人。這才是許多律師、企業家、政府要員成名的主要原因。美國著名商人約翰·沃納梅克（John Wanamaker）就把自己成功歸結為對顧客的友善的態度。一位著名銀行家也說：「五十六年的銀行工作經驗告訴我，禮貌是成就大業的首要因素。」

各種商業機構現在都意識到了禮貌待人的好處，不論是大商廈，還是小店鋪，都知道顧客寧可多走幾步，多費些周折，也願意去服務良好的商店去購物。人人都喜歡、都願意接觸彬彬有禮的人。在人類的語言中，「謝謝」像潤滑劑一樣讓工作進展順利。只要跟人接觸就不可避免的要使用到這個詞。「謝謝你」幫助了許多貧困青年取得了光憑個人能力難以實現的成績。一個連鎖百貨公司的老闆說「謝謝」是他成功的箴言。他曾花一大筆錢給公司上千名員工發過這樣的訊息：「你今天對顧客說謝謝了嗎？」他讓員工記住這條箴言，理解它所深含的意義。這位老闆把這件事看成是一次必定會盈利的投資。他鼓勵員工與顧客建立友誼，告誡員工們不要等顧客走向你，而應該主動走向顧客，說話時應面帶微笑直視對方，總之就是要給客人留下好印象，這樣也許顧客下次不僅會自己來還能帶著朋友一起來。

美國很多地方的鐵路公司、銀行、電信公司現在都十分注重員工服務的態度。一些鐵路公司正是因為員工對乘客的熱情服務，禮貌待人而吸引了大批乘客，公司利潤也比同業其他公司多出好幾百萬。幾年前各行業還以才任人，很少考慮員工的性格、風度、儀表。而今，謙和禮貌的態度，親切文雅的笑容，已經成了服務行業重要的用人標準。

就算你沒有崇高偉大的目標與理想，僅僅過一個簡單平靜的百姓生活，我們也應該注意生活中的禮貌待人，多說些文明用語，多做些善良之事，多幫助那些急需幫助的人。往往一個溫馨的字眼、一個關愛的目光，就能給你身邊的人帶來難以言表的寬慰與溫暖。就算你做的是有償服務，也要習慣性地說聲「謝謝」，表示對他人的客氣。另外還有一點要注意，不要隨便打斷別人之間的談話，設身處地為他人著想、與人說話時時刻注視對方、不打斷對方的話語。尊老愛幼……這些都是我們所說的「禮貌。」

歷史上有這樣一個關於禮貌價值的小故事。一個法國名人在做一個有關禮儀的演講時有這樣一段話：讓·巴蒂斯特·多納西安·德·維默爾，羅尚博元帥（Jean Baptiste Donatien de Vimeur, comte de Rochambeau）在美國獨立戰爭期間為美國人的自由而英勇作戰，被後來統治政權的恐怖主義者處以絞刑。行刑那天早晨，羅尚博和其他將士一起被押上開赴刑場的馬車，他和一位牧師走在隊伍最後。出於對宗教的尊敬，羅尚博這位老兵摘下帽子，對牧師微微鞠躬，說：「您先上，牧師先生。」

牧師見元帥已八十高齡，長者優先，便也禮貌地鞠了一躬說：「您先上吧，元帥。」

他們相互謙讓了好幾分鐘，獄警最後實在不耐煩了，就上前把牧師推上車，對羅尚博元帥說：「你回去吧！今天車上沒地方了！」

而恰恰就在那天，為自由而戰的勇士們又打了回來，推翻了恐怖主義者的統治，羅尚博獲救，從此，他在和平的年代裡，幸福地度過了晚年。

歷史不斷告訴我們，國家命運，民族的興亡，可能因外交官那不同的人格魅力，不同的行為舉止而有所改變。傲慢無禮，趾高氣揚，不可一世的態度只能導致戰爭，挑起民族間的仇恨和衝突。當湯瑪斯·貝爾德、約瑟夫·喬特、懷特洛·里德以及其他一些美國駐英大臣被召回國時，英國媒體一致讚賞他們的高尚品德及紳士風度。正是因為班傑明·富蘭克林的人格魅力才加強了英法延續至今的友誼。英國外交家格萊斯頓也是因為其個人魅力而對英國外交政治產生了深遠影響。當時曾有人熱情地評價他為唯一偉大的政治家，英國千年政治史上最具號召力的人。據說「無論對待計程車司機還是對待英國名人，他都一樣的友好禮貌。」

快節奏的美國生活可以說是美國人魯莽無禮的主要原因。人們總是緊張忙碌地朝自己的目標奔走，擠過重重人群的阻礙，根本沒時間好好考慮應該怎樣做、怎樣說才算得體。生活的一切都被簡化，連習慣性的招呼都成了「嗨！」、「拜拜！」。很少見到美國人像其他國家的人那樣十分優雅禮貌地站在那裡跟人打招呼，他們飛快地點一下頭就算是問好了，這明顯缺乏誠意。我就聽過一個人用一種十分不耐煩的語氣接電話：「好了，好了！到底什麼事？」好像被對方占用的時間價值連城。

許多美國商人甚至連吃飯的時間都不浪費，中午走進任何一家飯店，就像幾天沒吃飯一樣，狼吞虎嚥的吃起來。還有些美國人，更像是《青年夥伴》雜誌中講過的「野馬」老兄。故事說一個初到大城市闖蕩的西部人來到一家餐廳，恰巧坐在「野馬」老兄對面。「野馬」老兄正用一把鋼刀，把食物一大塊一大塊地往嘴裡送，並狼吞虎嚥地吞下，西部人對此很反感。「野馬」老兄停了下來，對西部人說：「我說，新來的，你不用那麼看著我，其實我懂禮節，但我實在沒時間窮講究。」邊說還邊用拳頭錘了下桌子。

美國人就是這樣，知道應該舉止禮貌，但就是沒時間講禮貌。而在其他一些國家，午餐是一件很重要的社交活動，人們筆直地坐在餐桌旁，邊吃飯邊愉快地閒聊，相互地談論著生活、工作中的事情。當然，美國人也沒必要太自責，因為他們不是唯一一個不同禮貌的國家。與它隔海相望的

兄弟 —— 英國，最近被一個英國名人狠狠批評了一頓，說英國人在海濱勝地缺乏修養。他說：「現在人們在海邊的舉止實在令人不敢恭維。大家度假真是徹底，連基本禮儀都跟著放假去了。」濱海路上，年輕人當著行人的面大笑大鬧，還色瞇瞇地盯著過路的漂亮女孩看。「『喧鬧』這個詞曾在上流社會紅極一時，最後連『文雅』也披上了喧鬧的外衣。如今，恐怕這個詞最適合用來形容沙灘上那些大聲喧嘩、衣著誇張的女孩們了，她們不以為恥，反以為榮地自我標榜『非傳統』。」美國女孩也有上面提到的不雅行為。

火車上、餐廳裡，隨處可見女孩子們旁若無人地大呼小叫。公共汽車上，女孩們言語粗俗，毫不在乎自己的喧嘩給車內其他正在讀書、談話或思考問題的人造成多大的干擾。一些女學生甚至還公開對別人的穿著和動作品頭論足。最近一個男士抱怨說他上下班時總能在火車上碰到幾個同坐一輛車的女學生，每次他都得換車廂，因為這些學生的不雅的言行實在讓人無法忍受，而她們居然是附近一所著名女子私立學校裡的學生！現在學校什麼知識都教給學生，就是不教他們與人相處的技巧，不教他們如何言行得體。學校和家庭應教導孩子，如果不養成講文明懂禮貌的習慣，他們在今後的生活中就會困境重重。無論工作能力多強、學歷多高，沒有高尚的道德修養，成功的目標就很難實現。

幾年前，巴黎禮儀模範莎娃里耶·安德烈·富基耶在訪美回國後在一次採訪中說：「我希望美國學校進行基本的禮儀教育，每週只一小時，這不但不會影響他們的正常學習，還能讓學生獲得道德修養方面的教育。禮儀課上老師不僅要教禮貌的舉止，還要教孩子如何贏得別人的好感，教他們學會自制。這樣，整個國家都會贏得世界的尊重。依我看，不僅美國需要這樣的教育，法國也需要開設這樣的課程，以保證今後議會中不會出現議員們因為爭論問題而相互謾罵打鬥的現象。在課堂上，老師可以這樣教導學生：

『當一位女士或長者對你說話時，應及時摘掉帽子。』

『考慮清楚後禮貌地回答問題，不要不假思索就駁斥對方，應該委婉地表達你的異議。』

『與人並肩通行時，讓對方走在馬路內側。』

『三人同行，尊者居中。』

『沒戴手套或挽著褲腿時不要進沙龍或畫室。把大衣、帽子、拐杖留在大廳。』

『記住，禮貌能喚起別人的善意和慷慨之心，所以想取得成就的年輕人一定要懂禮貌。這樣，就算別人不認可你，他們至少也不會侮辱你。』」

無禮的舉止是成功路上的絆腳石，它讓你跌跤，讓你吃虧。一旦給別人留下不好的印象，今後就很難改變。許多才華橫溢的律師被關在他們嚮往已久的勝訴大門之外，因為他們冒犯了掌管大門鑰匙的人。一些有政治理想的人因為對無足輕重的人沒禮貌而堵住了自己前進的道路。對服務員的一句侮辱都會像彈簧一樣反過來讓自己的名譽沾上汙點。

從任何角度看，沒有禮貌都不是樁好買賣。在這個充滿變數的世界裡，誰也說不定誰哪天就會需要那些，曾經遭受過自己的怠慢、侮辱過的人的幫助。曾經有淘金人幸運地發現了一處金礦，他來不及梳洗打扮就一個衣衫襤褸地直接找到科羅拉多州的一個銀行家申請貸款。銀行家上下打量他一眼，輕蔑地說：「我可不借錢給流浪漢！」後來淘金者賣了金礦，賺了一千萬美元。那個銀行家找到流浪漢，希望他把錢存入自己的銀行，這回淘金人有機會好好教訓銀行家了，他直視著銀行家的眼睛說：「不，先生，我不跟有勢力眼的人打交道。」「如果你看起來像是塊廢鐵，本質是金子又有什麼用？」這句話含義很深。眾所周知，禮貌招人愛，無禮討人厭。光有個金子般的性格是不夠的，還得有良好的行為舉止。

禮貌來自有教養的家庭，家是孩子學習禮儀的最早學校。一般孩子從七歲到十四歲時受母親影響最大，會下意識模仿母親的聲音和動作，過了那個年齡層，孩子就逐漸獨立，養成屬於自己的行為習慣。所以，讓孩子從小就養成良好的生活習慣吧，這是人生中一筆珍貴的財富。對父母和兄弟姐妹有禮貌的人也一定會對其他人有禮貌。在家養成了好習慣，今後無論在哪都能舉止得體。如果每個美國人能在家裡、在學校、在旅館、在劇院、在商場有禮貌，讓禮貌成為慣例而不是例外。社會中的每個人，售貨員、學生⋯.⋯都應講禮貌，讓文明禮貌成為一種社會風尚，讓每個人都受到良好氣氛的影響。那麼整個社會就會秩序井然。人們的生活就會更加溫馨幸福。

愛默生說：「我認為，漢斯 · 安徒生《國王的新衣》中那件精美得看不見的衣服就是指禮儀，它就穿在王公般高貴的靈魂身上。」真正的禮貌當然要來自內心，來自高尚的本性。但有時一個心地善良的人也因為不會表達自己的好意而處於尷尬境地。比如走路時撞在別人身上卻紅著臉結結巴巴，不知道如何道歉；或是在擺滿佳餚的餐桌前不知道怎麼動筷，不知該說些什麼。良好的家庭、學校和社會教育能避免人們因陷入尷尬而失去自信。多出去旅行，多參加些社交活動就能幫助我們克服膽怯害羞的弱點。在這些活動中人們可以增強自信，學會控制自己，今後在與人來往時便能遊刃有餘，不會顯得粗俗笨拙。不至於出現尷尬難看的局面。

許多年輕人，尤其是在鄉下長大的年輕人，不懂得如何待人接物，在大眾場所不知道該做什麼、該說什麼，自己因此感到很失落。但只要他們用心觀察，仔細思索那些講文明，有禮貌人的行為舉止，就能學會在社會來往中如何表現。年輕人學習禮儀的最好辦法就是辦一個「禮儀俱樂部，」或直接學習某些團體的禮儀規範。這些學習不僅能讓年輕人受益，還能透過他們給社會帶來巨大變化。現在，美國的一些幼兒園和學校已經引入了一些遊戲來培養孩子這方面的素養。例如：「公平遊戲」和「誠信遊戲」就對孩子的思想品德產生了影響。「禮儀遊戲」就是透過在遊戲中不斷重複禮貌動作讓孩子們不知不覺把講禮貌當成一種習慣。一位幼兒園老師說，孩子們經常把自己在這些遊戲中學到的東西回家教給父母，很多家長回饋說他們這輩子的第一堂禮儀課就是孩子們教的。

曾有人說，禮貌是表達自己感覺的藝術，是減少人與人之間摩擦的潤滑劑。無論一個人是貧窮還是富有，只要他擁有一顆真善美的內心，他的行為舉止就會令人尊敬與讚美。學會文明禮貌的最佳方法就是去大膽實踐文明禮貌的金科玉律。

贏的定律 11

挖掘自己的潛能

如果一個人想在他短暫的一生中成就一番偉業，他就必須把全部精力、注意力投入到自己的工作中去。

—— 梭羅

當上天給了你力量，大地給了你勇氣，人類給了你責任，你要心中暗示自己：我必須做到，我一定能夠做到！

約翰·赫雷少弗是一位著名的船舶設計製造者，可是誰能想到，他卻是一位雙目失明的盲人。赫雷少弗在十五歲那年，一場重病導致他突然雙目失明，這一沉重的命運打擊使他悲觀過，煩悶過，苦惱過，甚至想到了自殺。但後來他終醒悟了，他沒有聽從命運的安排，決心在船舶製造上有所造就，有所突破。於是他經過十幾年的努力學習，刻苦專研，細心摸索，精心設計。一次次探索，結果失敗；一次次創新，前功盡棄；但是，他始終不灰心，不放棄，堅信自己一定會成功。經過無數次的設計，製造，失敗；再設計，再製造，再失敗；最後終於成功了。經他雙手設計製造出的魚雷艦、快艇和客船，性能優良，堪稱當時船舶的頂級品。他也成為了當時船舶製造界的佼佼者。

於是，美國、英國、西班牙、俄羅斯等大國紛紛出鉅資，花重金來請他設計戰艦，船舶。他成了當時世界最顯赫的人物。雖然他雙目失明，但是，他有一雙靈巧的手；雖然他看不見船舶的長短，寬窄，高低，但是，他腦海中的船舶是那樣的高大，雄偉，壯觀。

一家報紙曾刊登過這樣一個故事：「在 1980 年代末南美洲戰爭時期，南美共和國領導人親自前去拜請赫雷少弗，請赫雷少弗幫助他們製造三艘特殊的魚雷艦艇，艦艇製成後，必須能分拆成幾個部分運到目的地，然後再組裝。另外，這三搜艦艇還要兼有其他特殊的軍事功能。赫雷少弗聽完後認為：此項要求苛刻，一是設計製造好的艦艇必須能做到拆開重新組裝；二是這種艦艇還要兼有其他軍事功能。赫雷少弗沒有立即回答他們的要求，請他們等一天後回信。然後赫雷少弗潛下心來，設計運算了一整天，認為此舉可行。於是，給南美共和國領導人發去了可以製造的回信。從此，他全身心地投入到了新的方案，新的艦艇設計製造工作中。經過半年的大膽設計，細心研發，精心打造，三艘新型魚雷艦艇終於問世了。赫雷少弗在用辛勤的汗水，忘我的工作態度，實現了他的諾言的同時，還使他製造船舶的眼界更寬了，水準更高了，名聲更響亮！

1915 年 11 月 14 日，美國黑人政治領袖布克．華盛頓（Booker T. Washington）的死訊，隨電報傳遍世界。布克．華盛頓出生在維吉尼亞的一個農場，當時由於種族歧視，沒有他詳細的出生紀錄。布克．華盛頓從他從出生之時便遭受著社會的歧視，他靠自己的努力一步步爬到社會階梯的頂端。布克．華盛頓小時候在礦場打工時，聽見兩個人談論一所接受黑人學生的學校時，興奮不已。可是這所漢普頓學院遠在五百英里之外，他沒錢坐車，就只能每天走著上學。經過四年的努力學習，布克．華盛頓在西元 1875 年以班級第一名的成績畢業，之後便任職於阿拉巴馬州的塔斯克基學院，積極投身於教育事業。塔斯克基學院西元 1881 年 7 月 4 日創立時只有一名老師，30 名學生，既沒有土地也沒有大樓，學校完全靠阿拉巴馬州政府每年兩千美元的撥款維持。在華盛頓的努力下，塔斯克基學院現已成為美國著名教育機構之一。布克．華盛頓去世時學院已設有三十七個專業，外界贊助款額達二百萬美元。上千名學生不分種族性別都可以在學校接受教育，他們繼承了偉大先驅布克．華盛頓的旗幟，在發展全民教育事業的道路上繼續前進。聽過布克．華盛頓的成功經歷，還有哪個孩子還敢說自己因為沒有機遇而不能成功？還有哪個青年好意思像個懦夫一樣等待機會自己找上門來？

紐約州教育部委員約翰．芬利博士出生於伊利諾伊州一個農場上的貧困家庭，他不像現代人一樣有優越的教育環境，完全靠在偏僻的鄉村學校裡學到的那點知識充實自己的頭腦，十三歲時他就已經能幫老師檢查低年級學生的背誦作業。芬利博士從諾克斯學院（Knox College）畢業後就留校任教。可幾十年後當年那個貧窮沒有自信的大學生當上了學院院長，成為美國歷史上最年輕的大學校長。

著名幽默大師馬歇爾．平克尼．懷爾德（Marshall Pinckney Wilder）也同樣用他強大意志的力，戰勝了先天畸形的困擾。他知道只有思想才能彌補身體上的缺陷，於是下決心要用幽默、滑稽、風趣的語言征服聽眾，他不但沒有讓自己消沉下去，還做出了健全人難以做到的事情。給無數人帶來了愉快，讓世界變成了一片歡樂的海洋。

海倫．凱勒被譽為「世界上最了不起的人」，她一生一直在用自己堅強的毅力，堅定的決心和常人難以想像的困難進行抗爭。在她一歲半時，醫生確診她兩耳失聰，雙目失明。在她七歲時，一位名叫安妮．蘇利文．梅西（Anne Sullivan Macy）老師的到來，開啟了她沉睡七年的頭腦。在六個月內，海倫學會了讀書寫字，十歲學會了說話，十六歲時考入哈佛大學拉德克利夫女子學院，1904 年畢業時，凱勒已經成為世界知名人士，她把自己的一生都奉獻給了改善聾啞人和盲人生活的偉大事業。到世界各國巡迴演講，出版了很多人們廣泛傳閱的書籍。

無數偉人、名人奮鬥成功的例子告訴我們，要想方設法把不利的條件變成一種奮進的動力，只要堅持不懈、意志堅定，就能不斷地取得進步。創造奇蹟，實現成功，不單單是靠嚮往、決心，更重要的是靠自己堅忍不拔的毅力，始終不渝的恆心。

人生前程將如何發展，完全有自己的思想決定。思想有多大，人就有多大；思想有雄心，人就有雄心；思想有魄力，人就有魄力。反之，思想多渺小，人就多渺小；思想沒志氣，人就沒志氣；思想畏縮不前，人就畏縮不前。所以，在抱怨命運的不公時，應該仔細想想，有多少接受過教育和受到過培訓都沒你多的人，卻在你瞧不起的工作中取得了優異的成績。還有多少各方面條件都不如你的人，卻在不如你的工作中獲得了可喜的成就。既然他們能取得優異的成績，你為什麼不能？既然他們能獲得可喜的成就，你為什麼不能？這時，就應該好好想想，為什麼你就不能成功？你受過的教育比他們高，接受的培訓比他們多，你怎麼就不行？歸根到底，是因為你奮鬥的目標不明確，奮鬥的精神不足，奮進的力度不夠導致。

約瑟夫‧普立茲（Joseph Pulitzer）剛到美國時，身無分文，居無定所，每天睡在公園的長椅上，幾年後卻能成了身價百萬的報界菁英。休‧查默斯從一個資金註冊辦公室裡的小職員，迅速成長為一個月薪達七萬美元的高層管理者。英國的喬治‧紐恩斯（George Newnes）能從一個出版公司的小職員，一躍成為帶領公司總經理。漢姆茲華斯從造紙廠的小學徒工，一躍成為資產達上百萬美元的紙漿木材經營商。瑪沙‧菲爾德在匹茲堡一家店鋪勤奮工作，仍被老闆解僱。說他沒有經商的頭腦，但是他不灰心不氣餒，繼續堅持自己的理想，最終成為美國最大商業機構的領袖。

博克先生出生時家境殷實，但剛上小學時家庭突遇變故，為了謀生，全家移民到美國。博克先生講：「我十歲時有了第一份工作，給一個麵包店擦窗戶，一週五十美分。一兩週後我又開始利用課餘時間站櫃臺賣麵包，一天一美元。每天，香氣撲鼻的麵包從我的手上送出去，可是我卻連一個麵包渣都吃不到。」後來博克先生又站在路邊賣檸檬汁，一杯十美分。再後來「我晚上當記者，白天當辦公室的雜工，半夜學速記。」工作之餘他還得照顧體弱的母親。這就是博克先生的奮鬥史。

難道這些人生來就比你我都有優勢嗎？其實不然，在這片充滿機遇的土地上，眾多貧困但有志向的青年在逆境中頑強奮鬥、奮力進取，取得令人矚目的成就。在這片土地上，一切看似很難實現的事情皆有可能實現。

偉人的成功既不是偶然也不是靠外界的提拔，他們成功的奧祕在於他們自身。每個人的未來都要靠自己去創造的，想要成功就必須在自己身上尋找令人奮進的力量，要挖掘出體內所有的潛能，發揮出自己最大的力量。全力以赴地奔向理想的目標。工作中，有的人付出了全部力量，而有的人只付出了一半的力量，正因為如此，每個人所獲得的成就才千差萬別。還有的人儘管使出了百分之百的力量，卻因為在目標、方向上選錯了，不但談不上成功，還釀成了大的失敗與惡果。愛默生說：「我最需要一個能激發我全部潛能的朋友。」在人生奮進的征程上，一定要把落腳點落在自己力所能及的事情上，這樣，奮進的腳步才不會落空。反之，總想著去做第二個林肯、做第二個拿破崙，就永遠也別想取得大的成就。

要想實現自己的雄心壯志，必須拋棄效仿他人的想法。在遇到難題時，多問問自己幾個「為什麼？」為什麼我總是這麼不順利？為什麼我不能像他們那樣機智果斷？為什麼我不能像他們那樣鍥而不捨，細緻入微地精雕細刻？為什麼別人早已聲名遠揚，而我卻默默無聞？為什麼別人都在大展宏圖，而我連個立足之地都沒有？問題出在哪？究竟是什麼阻擋了我的成功？

多數人失敗的原因就是他們從不想辦法發掘自己的潛能，他們的眼光總是盯著外面，向外界求助，可是成功的巨大能量就在自身。當明白了這些「為什麼？」的原因，奮進的力量就會被激勵出來，潛藏的能量就會被挖掘出來，鑽研的靈感就會被啟迪出來，美好的理想就會實現。

如果一個人在生活中，時時依賴別人、處處依靠別人，總是指望別人給自己帶來希望和美好的未來，那他奮鬥進取之路就算走到了終點。為此，我們要做的就是放棄你對別人的期待，不要總想著不勞而獲。畢竟擺脫貧窮和失敗的力量來自於自身，等待別人的幫助終將使你一事無成。

許多年輕人都有這樣一個錯誤觀點：有些偉人之所以能夠成就偉業，是因為他們有成就偉業的天賦。當談到林肯和格蘭特將軍時，他們就認為是時勢造英雄，覺得在危難時刻拯救國家正是那些偉人天生的使命。實際上，那些為人類歷史創下非凡業績的人，和普通人一樣，沒有什麼區別，只是他們在人生奮鬥的征程上，充分發掘了自身的潛在力量，最大限度地發揮出了自己的全部才能。

朋友！未來成功的祕密就潛藏在你自己的身體中，就算你沒有林肯那種出眾的才華，你也一定有很多尚未發掘的能力。倘若現在有人對你說，你已經江郎才盡了，你難道不生氣嗎？誰都不願意自己的一生默默無聞，寄人籬下，你要相信真正的自己要比現在更偉大，只是現在還沒到展露頭角的時候。如果此時有人不相信你，否認你，你一定要反駁道：「你錯了，我一定要用我的實際行動讓你相信我，佩服我。讓那些支持我的人為我的驚人壯舉而感到驕傲。」

決心的力量是強大的，而行動會讓決心更加堅定。如果以前總愛倒向失敗一方，那麼，從現在開始請立正站直，轉身面向成功，一往直前地衝吧！不必理會那些嘲笑和挖苦，不要懼怕各種艱難險阻，雙眼盯緊目標，心中充滿希望，把所有的失敗都拋到腦後，柳暗花明，前程似錦的美景一定會出現！

一篇傳記在介紹美國南北戰時期的南部聯邦司令傑克森時這樣寫道：傑克森剛到西點軍校時，著裝打扮非常土氣，言談舉止非常拘謹，但他的臉上卻充滿著微笑，像是對大家說：「我來了，我一定會學得很出色。」傑克森的數學成績不太理想。入學後在數學方面，他花費了很大的氣力，耗費了很多的功夫，熟背了大量的數學公式與定義，運算了大量的數學習題，做數學習題經常做到深夜，熄燈號響了，他就蹲在火堆旁繼續看書做題；火堆熄滅了，他就把題型牢記在腦海中，躺在被窩裡繼續思考運算，一直運算到夢鄉。皇天不負有心人，在期末考試中，傑克森的數學成績名列前茅，而且，其他科目的成績也全都是優等。從此，同學眼中的傑克森，再也不是著裝打扮非常土氣的傑克森了，再也不是言談舉止非常拘謹的傑克森了，他在同學心目中的形象一下子高大起來，他的一舉一動也倍受軍校全體師生的重視。在西點學習期間，傑克森還編了許多激勵自己奮鬥的座右銘，比如：只要你把決心落實在行動上，你就會成功；每一次失敗，都是讓你在迷惑中及時醒來的清醒劑；每一次跌跤，都是讓你重整旗鼓，奔向新征程的加油站。

所以，在人生奮鬥的征程上，請不斷地鞭策自己，時時地激勵自己，讓自己的目標明確，然後意志堅定地奔向理想的目標，最終成為人人敬佩的成功典範。

贏的定律 12

確定目標全力以赴

有才華不奮鬥就不能成功。只有堅定不移、持之以恆、永不鬆懈地奮鬥到底，才能夠實現成功。

—— 馬登

總有年輕人問我，自己是否已經具備了成功必備的才能。我告訴他們：「是的，你們的確具備了成功所需的才能，但我不能確定你們是否能夠成功，因為成功還必須有堅定的信念和持之以恆的毅力作為支撐。當你其他方面的條件具備了，你們能夠做到持之以恆嗎？」

才華出眾只是成功的一個先決條件，把自己的才華實踐，變成實際的力量才是最重要的。這就是為什麼很多人付出了行動卻沒有效果，本來他們可以事業亨通、生活富足，到頭來卻成了街頭行乞的流浪漢的原因。如果你有遠大理想，想讓自己的一生意義非凡，那就趕快行動起來吧！還猶豫什麼？是誰在拖你的後腿？好好考慮這些問題，就能找到失敗的癥結所在 —— 你自己。你為什麼失敗？是因為體質弱還是意志力薄弱？是因為受教育少，還是因為對自己的職業缺乏了解？

記住，沒有人能拖你的後腿，你也不缺少成功的機會，正是你生活中一些看似無足輕重的習慣和性格上的弱點，像捆綁在身上的鐵鐐一樣阻礙著前進的步伐。

所以，如果對現在的成績不滿意，那就好好自我反省，找出被你忽略的紕漏。一個木桶由許多塊木板組成，如果組成木桶的這些木板長短不一，那麼這個木桶的最大容量不取決於長的木板，而取決於最短的那塊木板。你要做的就是找出自己最短的那塊木板，增加它的高度。不要總找藉口說自己缺少機遇，沒人幫你、鼓勵你、資助你、指導你。如果你真的具備成功潛力，就算前方沒有路，也能靠自己的毅力開闢出一條路。

當初，美洲大陸的先驅者、開拓者們，面對那些虎視眈眈、非常欺生、不願接受外來人的土著人，他們沒有畏懼，沒有退縮。為了能開闢出一片新的天地，他們勇敢地穿越危機四伏的熱帶森林，機智巧妙地躲過毒蟲莽蛇的一次次侵咬，用聰明的智慧和過人的膽識，將一次次危機化險為夷，給後來人開闢出了一片新的天地。當初，若沒有他們的勇氣、膽量，就不會有這片富饒的美洲；沒有他們的聰明、智慧，就不會有這片充滿生機的美洲大陸，更不會有這無數個繁華喧鬧的大都市和四通八達的交通網。

一位開拓者們回憶起當年的親身經歷，感慨萬千，自言自語道：「我能活著回來，真算是命大啊！」有一次，密西西比河谷發生地震，大片土地被洪水淹沒變成沼澤，開拓者前進的道路被中斷了。沼澤地裡是又滑又黏的流沙，既不能走過去也不能游過去，想躲避土著人的追趕就必須開出條新路。可此刻時間緊迫，後面那些氣勢洶洶的土著人，手握長矛眼看就要追上來了，開拓者們急中生智，從旁邊一棵枯樹上扒下兩大塊樹皮拖到沼澤旁，把一塊樹皮鋪在沼澤上，站上去，再把第二塊樹皮放到前面，站到第二塊樹皮上去，回頭撿起第一塊再鋪在前面……樹皮的面積很大，正好能撐得住自己的體重，他們就這樣相互效仿地把樹皮一顛一倒踩在腳下，全都越過了沼澤。等到土著人來到沼澤邊時，他們已經藏身於對岸的樹林中，土著人找不到他，自然也不會知道他們是怎麼通過沼澤。

總是等待好條件、好機會到來後才採取行動的人永遠不可能成功。只有不懼怕逆境、屢遭否定仍執著前行的強者才能成功，因為困難能鍛鍊意志培養耐力，成功的力量就是在克服困難的一次次努力中激發出來的。西元 1574 年西班牙戰艦圍困荷蘭小城萊頓，荷蘭軍隊堅決不認輸，說一定要打退西班牙，西班牙司令聽後哈哈大笑，說：「荷蘭人如果四個月後還能堅守到底，那我就能上天摘星星了！」但是荷蘭司令威廉姆堅定的下達命令：「毀掉所有防護堤，我們寧可讓大海淹沒整個國家，也不能讓她淪陷！」荷蘭人民開始摧毀離岸十五英里遠的所有防護堤，這是個費力費時的工作，每天海岸警衛隊員們忍飢挨餓不分晝夜地工作，西班牙士兵在不遠處觀望，嘲笑他們是蚍蜉撼樹不自量力。但有志者事竟成，秋分時大海漲潮，海水朝內陸翻滾而來，幾乎淹沒了整個西班牙軍隊駐地。第二天風向改變，海水退了，荷蘭軍民出城迎擊西班牙艦隊，發現敵人早已倉皇逃跑。荷蘭人又重新修建了護堤，並在第二年春天，建立了一所大學來紀念萊頓城這次的抗敵成功。

任何力量都無法阻擋意志堅定，奮力進取的人。前進的路上遇到一塊絆腳石，他會把它當成向上奮進的墊腳石，他的腳步邁得更高；身無分文，他會自強不息，一切從零開始，在逆境中慢慢挺起那令人敬佩的剛強的臂膀，他的意志練就得更加堅強；身有殘疾，他就刻苦鍛鍊其餘正常器官的功能，讓它們達到或超過身體健全人的水準，他的能力超過了正常人。奮鬥中，他們能充分發揮自己的智慧，最大限度的運用自己的才華。他們所走過的人生路上，留下了一個又一個令人敬佩的、閃光的足跡，他們的成果是那樣碩大無比。

很多年輕人總想著條件如何困難，成功如何不易獲得，看到一點困難就悲觀洩氣。交給他一件不算困難的工作他也會說：「哎呀，我沒辦法，完成這種工作根本就不可能嘛。」結果他在任何領域都一事無成，將來也不可能有出息。

看不清成功之路，那就連一步也邁不出去。如果我們的目標僅僅是不費吹灰之力就可以取得成功，那人生就毫無意義。偉大的志向必須有毅力和決心的支撐才能實現，臨陣逃脫當逃兵，是永遠不能取得成功的。想開創一番事業，又對前方的重重障礙無計可施時，不要氣餒，勇敢走向那些貌似可怕的困難，只要心中充滿自信和勇氣，前方道路上的障礙就會在你面前越來越渺小。盯住目標堅持不懈地努力奮鬥，不論道路兩旁是的誘人的世外桃源，還是險象環生的叢林沙漠都不要左顧右盼，一旦偏離了目標，就再難找到既定的軌道疾病和殘疾也會阻礙成功。

塞謬爾·斯邁爾斯說：「僅僅懷有希望和意願只能產生嫉妒心，必須把願望實現。守株待兔沒用，一旦找對目標就要毫不猶豫的奮鬥到底。如果因為一個小小的理由就改變初衷，那你注定是要失敗的。」讓自己忙碌起來吧，對於意志堅定、雄心勃勃的人來說這個世界上沒有失敗。

只有透過工作，人的能力才能得到發揮，思想才能得到鍛鍊，人格才能得到提升。沒有工作，人類只能做沒有骨氣，沒有品德，沒有毅力的低等動物。愛默生說：「人們談論勝利時，像是在說件中大獎的事。其實，工作就是勝利，你能工作就是獲得了勝利。」

如果一個人能夠「克服天生的弱點，衝破外界的層層阻攔，抓住幸福時機的裙腳」，那他就比其他同儕偉大。歌德說：「人群裡擁有堅定信念和堅強毅力的人，就像是獅群中的獅王一樣魁梧。他能按照自己的凱撒大帝時，說他的成功源自於果斷的行動和堅定的決心而非軍事戰略。

如果年輕人創業之初就能眼觀六路耳聽八方，抓住身邊一切機遇，吸取一切教訓，用毅力職稱自己不斷前行，那麼他們的人生必定成功。

世界會屈服於意志堅定的人，意志能夠為人們打開每一條「不可能」的路。記住「再向前邁一步，你就會成為冠軍；再堅持五分鐘，你就會贏得戰鬥。」

贏的定律 13

鍛鍊出色的口才技巧

沒有任何一項才能能像口才一樣給人留下深刻的印象。交談技巧是藝術中的藝術，有了好口才就是有了一個無價之寶。

—— 馬登

不論做什麼工作，口才都十分重要。在工作中能言善辯、談吐幽默的人往往比知識廣博，但言語木訥的人更具說服力與號召力。比如：當公司裡某個重要職位空缺時，人們會說：「選 ×× 吧，在任何場合他都知道該說什麼該做什麼，選他做主管最合適了，因為在重要場合他能給人留下好印象，為公司爭光。」口才是成功的一個必備條件，它不但能幫自己塑造一個良好形象，還能讓別人敞開心扉快樂的與自己交談，所以不論貧窮還是富有你都會倍受歡迎。人們都喜歡邀請能說會道的人參加各式各樣的聚會來活躍氣氛，就算他有很多缺點，也無所謂，只要他說話動聽，人們就願意和他相處。

有個古老的傳說，講一個基督徒被教皇逐出教會後死去，在一個天使的引領下來到地獄接受判罰。這個教徒為人和藹、心地善良、還能說會道，所以朋友遍天下。很快，這個天使就成了他的好朋友，連天堂中的天使也不遠萬里來和他交朋友。這個基督徒雖然被打入地獄的萬丈深淵，可是他卻因心地善良、妙語連珠讓地獄變成了樂園。後來，因為實在是找不到合適的地方懲罰他，天使又帶著他離開了地獄。最後，這個教徒不但沒有受罰，還上了天堂成了聖人。

美國著名女作家漢娜·莫爾（Hannah More）是一個十分健談的人。一次醫師到家裡幫她看病，這位醫師發現與她談話感覺到是那樣的耐人尋味，由於聽得入神，以至於把看病的事都忘在腦後了，轉身下樓時才想起來還沒問漢娜的病情。於是，醫師這才匆匆轉身回去，問她：「孩子，今天感覺怎麼樣啊？」

我們必須承認，能言善辯的律師，若沒有一副好口才，就無法到法庭上替人辯護；人類靈魂的工程師——教師，若沒有一副好口才，就無法站在三尺講臺上答疑解惑；巧嘴利舌的政治家，若沒有一副好口才，就無法在大庭廣眾之下發表自己的演說。

好的口才，不經過刻苦努力的磨練、不付出一定的代價，是休想獲得的。一個著名作家說過這樣的話：「出口成章的人都是有思想的人，都是博覽群書的人，都是見多識博的人，都是有高深見解的人。」換句話說，在好口才裡面，還包含著善於思考的頭腦，廣博精深的文化知識，審時度勢的敏銳目光。相比之下，那些說話時信口開河，對問題隨便發表議論，不加思考，想怎麼說就怎麼說。結果，語言乏味，議論淺薄，缺乏個性，聽眾難於入耳，人們也就不愛聽。

賈斯特菲爾德說：「只要用心，每個人都能做到語言生動，出口成章，耐人尋味，打動人心。」儘管口才要透過不斷的練習才能獲得，但如果腦中空空如也，是說不出引人入勝的話來的，說話就像鸚鵡學舌，這純屬閒扯。而那些博覽群書、善於觀察、勤於思考的人就不同了，他們的頭腦思緒萬千，他們的語言生動感人，他們的觀點寓意深刻。

無論在商業貿易還是在社會來往中，只有知道如何恰當地使用語言才能吸引對方，讓自己受益。簡單地說，只要咬字清晰，言之有物，說話時大方得體，就可稱得上是個健談的人。想出口成章就得會看、會聽、會想；就得抓住一切機會學習知識，了解自然、了解人性。讀書很有用，但不要看那些平淡無味的內容，而應該多看些能讓人增長知識，能讓人產生思考力，能激勵人勤奮進取的書。良好的閱讀習慣可以擴展知識面、豐富頭腦，同時，它還能擴大詞彙量。許多人的頭腦裡因為沒有豐富的詞彙，心中有許多好的想法卻說不出來。詞彙豐富了，說話時也就不愁無法表達自己的觀點了。勤奮學習，博覽群書，善於表達，你的語言才會生動感人，風趣幽默，擲地有聲。養成多讀書、多和智者交談的習慣，那你就會擁有一副好口才，成為一個健談的人。

歷史上，很多人透過不斷的努力成了著名的演說家，他們的名字記載在歷史上，向世人昭示著語言的偉大力量。拿破崙驍勇善戰攻無不克，卻十分懼怕法國文學大師斯塔爾夫人（Madame de Stael），因為斯塔爾夫人能言善辯，感召力極強，她的言論往往能影響整個法國輿論界。拿破崙怕斯塔爾夫人擾亂民心，便銷毀了她的所有作品，禁止她進入法國。斯塔爾夫人並不漂亮，她的影響力完全來自敏捷的頭腦和魅力無窮的語言。

作家約翰．倫道夫．斯皮爾斯（John Randolph Spears）說他見過說話最感人的人是一個在黑奴拍賣市場裡從沒讀過書的黑奴母親。當時這位母親聲淚俱下地跟在場的人控訴人販子如何殘忍地把她和孩子分開，分別賣給兩個奴隸主，她的哭訴博得了在場所有人的同情。倫道夫說：「那個黑人母親的表述令人心碎，令人心寒；讓你聽到後，不能不深表同情，不能不前去幫助。」這個女奴不識字，也沒接受過口才方面的專門訓練。是當時的場合激發了她的潛能，也許她此後再也說不出那麼感人的話了。每個人都具有足夠的語言潛能，只要充分挖掘，就能做到。

與活生生的人面對面地交流，這是獲得知識的最好方法。著名詞典編撰者韋伯斯特說過：「在我接受過的所有教育中，與智者談話比看書更能給我啟迪，跟他們談話比看他們的書學到的東西還要多。在對話中他們的思想和我的思想相碰撞，讓我能領略到他們成功的奧祕，而這些東西在書本裡是學不到的。」一個雜誌編輯說：「亨利·克萊議員的語言來自生活，來自他所接觸的所有的人和事。他的詞彙中僅僅有一小部分來自書籍，其餘的全部是從交談中學到的。亨利接觸過的人三教九流，有好有壞。他既和西部牛仔握過手，也和東部學者談學術；既和俄亥俄州的車夫話家常，也和來自維吉尼亞的長官聊政治。從這些人身上，亨利搜集到了大量普通卻豐富多彩的詞彙。」

練就好口才的方法就是多聽、多看、多說。從容優雅的談話態度，可以首先透過使用簡單的詞語來練起。

經常練習表達自己很重要。如果不知道如何表達自己，就算你是個百科全書，說話也和普通人一樣平淡枯燥。也許你習慣於獨自生活不與人接觸，也許你沒有機會和有教養的人交談，但只要有決心，這些困難都可以克服。

德國皇后奧古斯塔·維多利亞（Auguste Viktoria）曾跟一個朋友說，他學習交談話禮儀時，每天都要對著幾張空椅子說話，想像每張椅子上坐著一位重要人物。如果對著真人說話不好意思，那你也像這位皇后一樣對著椅子練習吧。或者像美國議員亨利·克萊（Henry Clay）那樣背誦名人演講，然後在田地裡、樹林裡把牲口、小鳥當成聽眾大聲朗讀。

因此，不論身處何地、對誰說話，你都可以把所說的每一句話當成一次口才的鍛鍊。你讀過的每一本書，接觸過的每一個言談得體的人對都是一個很好的學習資源。經常練習清楚地發音、幽默地說話，就可以練就流暢精彩的口語。就像美國文學大師愛默生所說：「在交談這門藝術裡，要把所有人當成你的對話者。每一次談話都是一次練習。」

不學習表達的藝術，尤其是演講的藝術，就很難攀登到社會階梯的頂層。在古代，口才被視為衡量一個人成功與否最高標準。因此，年輕人不論今後想做什麼，都應該學習演講。演講使你具備在任何領域都能成為領袖的素養。柯里博士說：「演講能影響你的工作，培養你的思維能力和判斷力，鍛鍊你在與人面對面交談時仍能正常思考的能力。」在演講過程中你要牢牢掌握住自己的思維，全神貫注，時刻做好準備應對突發事件。一個好的演講者能吸引聽眾，傳遞感情。演講的意義在於讓演講人體會到自信和尊嚴，使他在今後任何場合都能談吐自如、落落大方。其實，演講中出現的失誤也有好處，它能堅定一個人戰勝挑戰的決心。英國著名政治家迪斯雷利的那句「諸位聽我指揮的時刻就要到了。」就是很好的例子。

青少年時代多讀好書多查字典就能掌握大量詞彙，這樣在今後的演講中就有足夠的詞語表達思想。讀好書、閱讀好的報刊，欣賞經典的歌劇或去聽音樂會，這些活動都能豐富你的頭腦，為談話儲備資料。學著說說你的所見所聞，說說有意思的新鮮事。對於一個敏銳的觀察著、一個聰明的傾聽者、一個敏捷的思考著來說，話題是無窮無盡的。鍛鍊出色演講技巧的方法是：頭腦中必須備有充足的語言資料加上不斷練習表達的功夫。威廉·尤爾特·格萊斯頓（William Ewart Gladstone）給年輕人提出如下建議，他自己就是用這些技巧訓練自己的口才的。

1. 語言平實、詞彙簡單。
2. 句子短小精悍。
3. 咬字清晰。
4. 發言前先反覆論證自己的論點，以免遭到質疑。
5. 充分理解演講的主題，選詞要切題。
6. 要想感動、說服聽眾，演講中就要始終目視聽眾。

法國人就十分善於表達，他們講話總是內容精彩、妙語連珠。據說法國上流社會的人在重要場合的談話做準備時的細心程度不亞於梳妝打扮。他們認為，不論穿的多講究，如果說話枯燥無味，自己的形象就毀於一旦了。語言一旦被謀殺，多少天賦、多少教育、多麼華麗的衣服都無法再把你裝扮得漂漂亮亮。一次聚會上我親身感受了這個道理。聚會中有一個儀表堂堂的人十分搶眼，我便找機會和他攀談起來。誰知他的談吐完全不像是個有教養的人，那美麗的泡影瞬間破滅，優雅外貌樹立的高大形象頃刻間倒塌。談吐能反映一個人是否受過良好的教育，洞察力敏銳的人常能透過別人的言談判斷出說話人的背景，勾畫出他的成長歷程，並推斷出他的來往人群。

談吐就是社會對人評判的依據。還有很多人因為找不到合適的話題而苦惱，就像美國作家阿蒂莫斯·沃德一次被邀請做即興演講時一樣：「實際上我口才不錯，但今天實在是沒有準備。」這些人覺得自己具備演講的能力，但就是不知道該說些什麼。詩人朗費羅給這些人的建議就是「每天欣賞一幅優秀畫作，走進大自然感受美景，聆聽一段優美旋律，讀一首好詩。不論多忙每天你總能抽出半個小時做其中的一項，一年以後就會發現，腦中存的東西已經像鑽石般耀眼的光芒，連你自己都會感到吃驚。」

還可以和鄰居創辦一個談話俱樂部，每週聚一兩次。身處現代社會，不讀書，不進步，不與人交談就會孤陋寡聞。在紐約，一個女孩子就創辦了一個專門訓練女子口才的俱樂部，在接受媒體採訪時，她說：「女子無才便是德的年代已經過去了，現代社會的生活需要人們思維更敏捷，美貌和身材已不再具有絕對優勢，如今的男人都想找一位與自己有共同興趣愛好的、有共同語言的伴侶，所以我找了周圍的一些女孩子，每週在辦公大樓裡聚會一次。我希望大家能對社會花邊新聞之外的其他話題也感興趣，但我不會說教似的命令她們說什麼，只是引導大家談些高層次人群關心的各行各業的新動向，來擴大視野增長見識。

有一次我們談論駐外領事館和大使館在處理外交事務時所採用的策略，大家都覺得這類話題很有意思。我們也喜歡談論海上貿易，這一話題也是國會開會時議員們經常討論的問題。很多女孩子在談論自己感興趣的話題時並沒有意識到自己同時也在接受教育。我們談話的目的不是教大家應該怎樣看待所談的話題，而是像古希臘演說家狄摩西尼（Demosthenes）說過的那樣『我希望你去思考』」、「我希望你去思考」。只要你做到這樣，只要你願意，不論是城裡人還是鄉下人，就能做這位女孩做的事。

優秀的談話者不必太嚴肅，也不必太在乎事實和資料，那樣會讓人感到疲憊。生動是最重要的。談話過於沉重令人乏味，過於輕浮讓人生厭，要掌握好兩者之間的分寸。有的人總把談話看成一件特別嚴肅的事，覺得不該說些瑣碎、沒有意義的話題。這種人認為去劇院就是一種學習，不該為了娛樂而去。他們把談話看成說教，總是一個人口若懸河。他們的談話單調乏味，給人的感覺就像是長時間看綠、紅這些單一的顏色一樣疲勞。

所以，談話時應該時常轉換話題，才能讓氣氛輕鬆活躍。一位在社交界非常活躍的女士說：「只要保證氣氛輕鬆愉快，說什麼都行。千萬別一言不發地坐在那裡等別人主動找自己說話，那種的人是最無聊的。」

儘管空洞的談話也不能算是成功的談話，但它有時也有用，起碼它能活躍氣氛，不至於讓大家都尷尬地坐在那裡一言不發。口才好的人在聚會中也時常走來走去閒話家常。另外，談論小的話題其實也需要智慧。比如談論做布丁，也就無非說些關於麵粉、雞蛋、糖和香料的比例和製作流程的問題，但想把這樣的話題說話也不容易，說話人不僅要懂得布丁的製作方法，還要有輕鬆的談話風格，要描述生動，聲音動聽，才能使這件小事引人入勝。

談話也不一定非得是「等價交換」，你告訴別人多少資訊，對方就一定要透露多少資訊給你。美國人說話時就習慣抖出一大堆奇聞軼事，以達到娛樂聽眾點明主題的目的。林肯就是一位運用奇聞軼事的大師，他清楚談話的氣氛必須輕鬆活躍，讓聽眾能發自內心的笑起來，所以他在講話時總愛講些笑話，這樣聽者就會感到輕鬆自在，就會毫不拘束地把自己的想法告訴林肯。

想吸引聽眾，就要進入他們的內心，透過談論對方感興趣的話題來感動他們。如果聽眾對話題不感興趣，知識多淵博也沒用。口才好的人說話講究策略，他的話題有趣還不冒犯人。他尊重聽眾，不會為顯示一時的小聰明而揭穿別人的祕密讓人尷尬。

給別人表達自己的機會，並禮貌地傾聽，也是好口才的重要因素。最受歡迎的談話者一定是個優秀的傾聽者。獨自滔滔不絕地說個不停不叫談話，如果一個人只顧自己說，不容別人插嘴，連他的好朋友也會不耐煩的。說話聲音也不能忽視。著名演講家亨利·薩摩賽特女士說：「我覺得，人類聲音在說話中的作用跟在唱歌中一樣重要，也要講究技巧。」刺耳尖利的嗓音聽起來不舒服，而清晰低沉的聲音代表良好的修養，會給人留下好印象。」

美國作家米娜·湯瑪斯·安特里姆在一本雜誌中寫過這樣的故事：命運之神對三個女人說：「我可以讓你們每個人實現一個願望。」

「我想要美貌。」最年輕的女人說。

「我想要權利。」第二個人說。

「我想擁有低沉的、具有感染力的嗓音。」第三個女人說。

故事的最終結局是，每個人的願望都實現了。第一個女人有了美貌，但因一場事故毀容了。第二個女人有了權利，但她的權勢只維持了短短幾個月。第三個女人一生都擁有迷人的嗓音，並因此而獲得了比美貌更好看的容顏，比權利更大的號召力。

贏的定律 14

展示美好的形象

華麗的服裝雖然不能成就一個人，但是，衣著整潔的人一定是個品行良好的人，這是一個普遍規律。

——亨利．惠勒．肖（Henry Wheeler Shaw）

著名英語散文大師休．布蘭德說：「我年紀越大，涉世越深，越重視外貌。」在社會來往中，良好的形象可以給別人留下深刻印象。

聰明的商人都明白大腦思維會受到眼光的巨大影響，所以，他們都非常注重對商品的包裝。人們在購物時，全憑雙眼來挑選商品，對於商家來說，商品要想銷路好，賣出個好價錢，就必須有精美的包裝。商人們為了賺得更高的利潤，千方百計，想盡辦法在商品的包裝上大做文章，商品吸引人，讓商品的包裝更吸引人。甚至把品質一般的商品，也包裝得華美靚麗來高價出售。超市的櫃檯裡，一顆顆五彩繽紛的糖果，裝在精美的糖盒裡，格外吸引人的目光，其實，糖果本身不值幾塊錢，可是，一包上這漂亮精美的外衣，價格就是它原來的好幾倍了，但人們仍然願意購買它，其原因也許就在那漂亮精美的外衣？

哈伊勒當初只是一個在街上兜售糖豆的窮孩子，後來一躍成了身價百萬的富翁，其成功的祕訣就是，他深知糖豆包裝起來賣所潛藏的巨大價值。因此，在後來的生意中，他從糖豆的包裝上大做文章。果然，他的生意越做越興隆，越做越成功，財源滾滾而來，終於成了富翁。

贏的定律 14　展示美好的形象

很多事實證明了，想讓你的商品銷路好，首先要把你的商品包裝好，包裝漂亮精美了，你的商品自然就受歡迎了。但是，要注意的是，你商品的品質與包裝要保持一致，否則你將前功盡棄。另外，還必須要有一個整潔優雅的購物環境，很多商家捨得花大筆資金裝飾自己的店鋪，把商店裝飾得像精品店，這樣，才會源源不斷地吸引眾多的顧客前來購買你的商品。反之，商場裡蚊蠅亂飛，櫥窗裡落滿灰塵，商品擺放亂七八糟，你還願意走進這家商場購物嗎？

同理，一個人的衣著外表，就像一個商品的包裝，人們會根據一個人的外表來衡量、判斷他能力的大小，水準的高低，價值的多少。以貌取人的確有些荒謬，但我們生活在一個快節奏的現代社會，想衡量、判斷一個人能力的大小，水準的高低，不可能像做科技研發那樣去深入徹底又全面地了解一個人。所以，第一印象十分重要。試想一下，如果一個人衣著不整，滿身邋遢，你看見他，能認為他是教師、醫生或歌唱家嗎？特別是在招聘面試時，面試官對應聘者的才華和能力不可能做到深入又全面的了解。因此，只能憑他的雙眼給應聘者打分，此時，考官大腦中的計分器快速運轉，不論應聘者手中握有多少份發明專利，獲得過多少次大賽金獎，考官都要以貌取人。此時，外貌就具有了決定性的作用，它相當於誠信的證明，是最具說服力的鑑定書。如果你是面試官，但衣著不整，滿身汙垢，你認為你會面試成功嗎？

我的一個大學同學約漢．吉普森，學業成績很好，參加學校組織的各項活動表現得也很出色，可就是在日常生活中，在整潔方面非常不檢點，不常修整打扮自己，出門在外的著裝總是邋邋遢遢，自從我認識他以來，從沒見他穿過乾淨漂亮的衣服，若素不相識的人見了他，誰也看不出他是一位才華出眾的大學生，可能以為他是街頭的流浪漢。正因為如此，大學畢業後，他一直沒找到自己理想的工作，只要一參加面試，就被拒之門外。不修邊幅，不愛整潔乾淨的習慣，拖累了他聰明的頭腦，浪費了他出色的才華，他的智慧無處發揮，他的能力無人賞識。是他那不體面的外表，毀滅了他出眾的才華。

相反，一年前，剛來紐約打拚的一個窮小子喬治·比傑，平時非常注意自己的著裝外表，平整的衣服、潔淨的領帶，筆直的褲線，黑亮的皮鞋，誰見了，誰也看不出他是一個才來紐約的窮小子。這個年輕人認為，人的衣著外表就是一個廣告，它時刻在向人們展示你的才華，說明你所擁有的價值。一定要讓要讓自己的穿戴提升、放大自己，絕不能讓自己的穿戴降低、貶損自己。後來，他在紐約終於打拚成功，在華爾街有了屬於自己的公司和辦公室，與那些世界有名的大公司平起平坐，不久，他也步入了富商之列。紐約有很多這樣的年輕人，有的人甚至借錢裝扮自己，為的就是給銀行、給交易夥伴留下良好的印象，為自己的事業打下了扎實的基礎。

對於一個企業來說，既有整潔優美的環境，又有緊張繁忙的生產場面。說明這個企業生產經營做得好，企業員工士氣高昂。企業的生產利潤一定會逐年遞增。倘若有這樣一個企業，環境修建不但整潔優美，甚至可以說是富麗堂皇。可生產線裡面卻冷冷清清，死氣沉沉。你能說這個企業生產經營做得好，企業員工士氣高昂嗎？如果有這樣一個企業，緊張繁忙的生產場面讓人看著眼花繚亂，生產線烏煙瘴氣，環境破爛不堪。你能說這個企業生產經營做得好，企業員工士氣高昂嗎？

同樣的道理，對於一個人來說也是如此，我們就要隨時修整打扮自己的外表。當然，注重外表不一定非要華麗高檔的衣服，只要穿著得體、整潔大方即可。雖然買不起名牌服裝，但不能穿得邋邋遢遢；雖然生活艱苦，但不能滿身汙垢。及時刮去腮上的鬍鬚，隨時拍掉身上的灰塵。這些愛整潔的好習慣，會給人生帶來的是巨大的變化。

贏的定律 14　展示美好的形象

想讓事業有成，就要用風度翩翩的外貌，去抓住每一次成功的機遇。因為，外表就是一個人最直觀的呈現，它時時在無聲地告訴人們你的身分、地位和你的志向。你看那些各國駐外大使，互相往來的賓客，哪一位不是儀表整潔、舉止大方、談吐有分寸？要知道，他們象徵著一個民族的尊嚴，代表著一個國家的形象，更影響著相互來往能否成功，最終達成協議。許多嘰嘰喳喳叫的小鳥，就是注重自己外表的好榜樣，看看站在枝頭上歌唱的小鳥們，哪個不是羽毛靚麗，五彩繽紛，色彩斑斕。牠們的整潔漂亮，給牠們的生活帶來了快樂。同樣，衣著整潔的人性格也一定開朗樂觀。

乾淨和骯髒不能共存，整齊和邋遢不能共生。請把自己打扮得漂漂亮亮，乾乾淨淨，讓自己有一個美好的形象，使自己的生活充滿陽光，充滿歡樂，充滿信心，一步步邁向理想的目標。

贏的定律 15

以最好的表現做事

我討厭做事不專心的人。如果你認為決定正確，把就放心大膽地去做，如果你認為決定不正確，那你就乾脆一點也不要做。

—— 吉卜林

第一次世界大戰時，一個並不支持德軍的著名作家說過這樣一段話：「從武器裝備、軍隊管理、後勤保障、交通運輸等方面看，德軍更具優勢。」

德軍的優勢從何而來呢？就是他們一絲不苟的精神。這種一絲不苟的認真精神是德國文化的基礎，也是世界各國成功人士的共同特點。正是因為一絲不苟的精神，德國人在科學、技術、音樂和軍事等領域取得了巨大的進步。

一個美國人對德國製造的精密儀器讚嘆不已。於是，他問一個德國朋友：「你們為什麼能做得這麼精細？」

德國人回答：「我們德國人做事從來都是嚴謹仔細，一絲不苟。」

這就是德國全體國民的性格，不論做什麼，他們關心的是最終結果，而不是進程、速度、成本。為了生產製造出合格免檢產品，就算耗費再多的精力，花費再多的時間，投入再多的資金，他們認為也是值得的。這種嚴謹仔細，一絲不苟的工作作風，深深扎根在德國人的骨髓裡，而且世代相傳。他們在工作中從不敷衍了事，得過且過。德國人在孩子很小的時候就教育他們做事要嚴謹仔細，一絲不苟，有始有終。對德國人來說，隨隨便便、馬馬虎虎的工作態度是令人厭惡，不受人尊敬的。他們的認真精神在一則招聘廣告中就可見一斑：「如果沒有軍事化的嚴明自律性，沒有實驗工作的謹慎態度，請勿前來應聘。」

在戰爭期間，德國人一絲不苟性格的優勢便充分展現出來。德國的軍隊就像是一臺性能優良、系統嚴密的機器。做事嚴謹認真、堅持到底的態度讓他們能夠帶著幾個弱小的盟友一次次打敗盟軍的強大攻勢。他們甚至連後勤保障的小細節都不放過，比如：德軍士兵的褲子都是雙排鈕扣的，這樣，萬一有一個鈕扣掉了，戰士們就可以直接用備用鈕扣，以便用更多的精力投入戰鬥。

在戰爭期間，許多美國工廠因為無法購買到戰爭前一直從德國進口的一種染料而被迫停產，其實，他們不是買不到用來生產這種染料的原料，而是因為美國人沒那個耐性對原料進行更精細的加工，做不到像德國人那樣對產品精益求精的態度。

一切科學尖端、一切研究發明都建立在極其精確的基礎上。計算上一個小小的錯誤就會導致最終結果的錯誤。化學實驗中的一個小小的疏忽，就會導致整個實驗的前功盡棄。能夠讓人敬佩的人，包括天才在內，無一不是對工作嚴謹仔細的人。因為他們很清楚的知道，除了一絲不苟的工作態度，沒有什麼才能能夠彌補先天不足的缺陷。

有一次，我到於維吉尼亞拜訪園藝大師路德．貝本先生，我被他嚴肅認真的工作態度折服了。具體的情形是，當時他正在研發培育黑莓和西伯利亞草莓的新品種——公主莓。為了找到一株理想的幼苗，貝本先生不惜扔掉四萬株實驗幼苗。他說：「為了這一株公主莓，我的大部分植株都成了垃圾。」在他的培養箱中每年栽培近萬棵植株，其中僅有幾株最終能夠存活下來，其餘全為實驗而成了垃圾。

貝本收集了世界各地超過一萬五千種仙人掌，花了十年時間進行實驗，培育出了無刺仙人掌，這樣，動物就可以以它為食了。貝本先生告訴我，他在培育著名的白色黑莓時，為了挑選出成熟後不太黑的黑莓，搜尋了各地兩萬五千個黑莓灌木叢，再透過實驗把挑選出的黑莓的綠葉變白。經過耐心的努力和研究，貝本先生研發培育出了很多水果和花卉新品種，在園藝史上創造了前所未有的成績。

和這位園藝大師一樣，那些留下傳世之作的大作家們扔掉的手稿也不計其數。一位作家在書籍出版之前不僅對原稿一遍又一遍地反覆修改，還寫出三四種版本供自己選擇。他說：「想寫出一本好書，就要先準備出足夠寫好幾本書的資料。」他建議那些夢想成為作家的年輕人：別怕寫得多，刪減比寫作更容易。儘管扔掉的部分讓人心痛，但讀者沒見過就不會想念。留下的精華、章節足以抵過扔掉的那部分。

不斷進取向更高層次邁進是人類美好生活的主旋律。人生最偉大的事情就是能讓你親手做的工作產生巨大的價值。誰在最不起眼的事情上有突出的表現，誰的生活水準將會有大幅度提升。當一個人盡最大努力把自己的能力發揮到最高水準，把工作都做到最好時，他的業績就會震撼人心，他的名聲就會響徹四海，他的整個人生就會得到昇華。

一絲不苟的工作態度是塑造高尚品格的基礎，在不斷奮鬥的過程中，我們為此付出了巨大的努力，把一切才能發揮到極致，展示出了最真實最高貴的自我。

希望做得更好的願望，能夠產生一種神奇的力量，能夠推動人們不斷前進。不論一個人外表看起來多落魄、寒酸，只要他渴望改變生活，並付諸行動，他就有希望過上美好的生活。

一個雕塑家對青年藝術家說：「奮鬥吧！努力做得更好，不要滿足於現狀而放鬆了對自己的要求，這就是成功法則。」想取得巨大的成就，在事業起步階段就不能允許自己的成績低人一等，要保證點滴的工作都很優秀，不要讓任何不好的業績玷汙了你的聲譽，給你的事業摸黑。否則，就算是付出更大的代價，做出更多的努力也很難挽回損失。一切敷衍了事、得過且過的工作態度都會使你的工作半途而廢，前功盡棄。

人們都信任工作一絲不苟的人，信任他們的工作態度，信任他們的工作成績。這樣的人會因為工作業績突出，而贏得了別人的讚譽。人們會說：「看那個人，他的工作多麼優秀，將來一定有出息。」查爾斯·羅伯特·施瓦布在紐約為孩子們演講時說：「只要做得好，你就會受到關心。不論你在什麼行業從事什麼工作，成功的秘訣就是你在工作中做得比別人好。每個人都盡職盡責，但只要你比別人做得稍微好一點，你就會得到重用和提拔。」可見，工作一絲不苟的人一定能成功，嚴謹認真，一絲不苟的工作態度，能帶動出其他優秀的素養共同幫助人們出色地完成任務，而馬馬虎虎，粗心大意的態度只能使你的工作做得一塌糊塗，兩手空空，最終碌碌無為。所以請記住，無論做什麼樣工作，只要有一個嚴謹認真的工作態度、勤奮刻苦的工作作風、有始有終的工作性格，就永遠不用怕做不好工作，更不愁找不到工作。

每個人天生都愛欣賞、讚美自己出色的工作業績的品性。面對圓滿完成的工作，我們會感到欣慰，會重新審視自我的價值。這時，身體的每一個細胞都在為自己慶賀，自豪和驕傲在我們心中激起一股新的動力，讓我們更加自信，更加努力地去投入新的工作。

一個人一旦品嘗到了認真工作後的樂歡與快活，就不會再去馬馬虎虎地工作了。商業家維布倫說過：「員工的惰性，來自於員工馬馬虎虎的工作習慣。」而那些有遠大志向、把工作當成像攀登藝術顛峰一樣、認真刻苦地努力工作的員工，從來就與惰性，馬馬虎虎無任何關聯，只要經他們的雙手完成的每一項工作都會被素養檢查員刻上優質產品的標籤。

無論是什麼工作，每個人都可以成為一個完美精湛的藝術家，每個人的生活和事業都可以成為一部傑作。史特拉第瓦里（Stradivarius）小提琴因品質精良而聞名於世，一把小提琴就價值幾百萬美金。為什麼他的小提琴那麼值錢呢？因為史特拉第瓦里在製作每一把小提琴時都傾注了自己的全部心血，投入了自己獨特的創造力，世界也因此給予了他至高無上的榮譽與回報。

大多數人的缺點就是重量不重質、貪大求全。人們覺得成功就是得作一番大事業，但漸漸就會發現，因為一些小細節上的疏忽，他們的大業並不成功。年輕人總說：「已經很好了。花那麼多時間在這樣的小事上認真值得嗎？」這句話害了無數人，它是倒退的前兆，是失敗的第一步。

幾個商場服務員下班的途中閒聊說：自己不能全心全意地為顧客服務，不能任勞任怨、盡心盡力地工作，是因為薪資太少，工作待遇太差。她們的想法正是上千萬個服務員業績平平，當一天和尚撞一天鐘的主要原因。一個人良好品格的培養和鍛鍊，全在你每天所從事的工作和事業中。不能單單考慮工作報酬的多少，工作待遇的好壞。因為薪資少就馬馬虎虎地工作，因為待遇差就自甘墮落，到頭來毀掉的還是自己。

很多學習音樂的人總認為只要每天堅持刻苦練習，就算對音樂不是特別熱愛，天長日久也會成為音樂家的。很多從事其他行業的人也這麼想，只要功夫深，鐵杵定會磨成針。但是，人們往往忽略了一點，那就是興趣與愛好。對所從事的工作，所鑽研的業務，必須建立在興趣與愛好基礎之上，因為你刻苦磨練的動力來自興趣與愛，你刻苦磨練的毅力來自興趣與愛好，你刻苦磨練的可喜效果也來自興趣與愛好。

若是沒有興趣與愛好為基礎，那麼，你的練習將是心不在焉的練習，馬馬虎虎的練習，得過且過的練習。不但如此，還養成了做事不認真，粗心大意的壞習慣，最終半途而廢，一事無成。一個很勤奮用功的乖孩子，若不考慮他的興趣與愛好，只是一味地讓他刻苦讀書學習，一旦養成了敷衍了事的習慣，就將被馬馬虎虎、粗心大意的壞習主宰，一切優秀素養將全部消失，他思想的指南針將在啟航時就被毀掉了。

細心觀察那些事業成功的人士，就會發現他們有一個共同特點：那就是不論做什麼事情，只要做了，一定要做到有始有終。這也許就是眾多成功人士的座右銘。奮鬥中能夠做到嚴謹認真，一絲不苟的人，奮鬥後都會得到理想的回報。而那些雖然有遠大志向，但做起事來總是馬馬虎虎、粗心大意的人，儘管也奮鬥了，但是志向總是不能如願，理想總是落空，奮鬥總是以半途而廢來收場。

美國詩人埃德溫·馬卡姆說：「工作和人親密無間，它將伴隨人至地老天荒。要清楚地了解到自己的工作態度在自己人生中的分量，因為工作承載著每個人的命運。人們透過工作改造世界，而工作也會反過來改變了人自己。當石匠用心打磨一塊大理石時，大理石也在打磨石匠的心。將心靈投入了工作的人，工作也投入了他的心靈中。」

一個製造商說過：「如果你工作認真，就算生產出的是小小的別針，也比品質低劣的蒸汽機值錢。」回報和投入成正比，所有馬馬虎虎，粗心大意的工作態度都是你人生的汙點，一切粗製濫造的作品在未來的生活中會隨時跳出來打擊你、羞辱你。把工作做好，做得很出色，沒有什麼祕訣，只要你有一個遠大的目標，有一個良好的道德素養，有一個勤奮刻苦，嚴謹認真，一絲不苟的工作態度，你的工作一定會給你帶來可喜的回報，最終實現你那遠大的目標。

贏的定律 16

做一個積極主動的人

人生奮鬥中，態度積極熱情主動的人，總能找到自己理想的位置。不要害怕與眾不同，勇於大膽走出屬於自己道路的人才不會走上失敗之路。

—— 馬登

當今社會，想取得特殊的成就，就必須有積極主動的精神，就必須自強不息。

勇於擁有自己的思想，善於運用適合自己奮鬥方法的人才是最有希望實現成功的人。

過去，十萬大軍跟著統帥走，是為了能打贏一場戰爭。現在，億萬民眾聽從領袖的指揮，是為了能過上幸福美好的生活。現代社會就需要像英明領袖那樣，勇於走在人群的前列，開創出一片與眾不同、輝煌事業的人。

美國作家阿爾伯特·哈伯德（Elbert Green Hubbard）曾說過：「積極主動精神指的就是在沒人指揮的情況下，仍然知道自己應該怎樣做，應該做些什麼。」

同理，合格優秀的員工就是那些在沒有經理監督命令的情況下，仍能積極主動，自覺自律工作的員工。時時刻刻等待別人發號施令、等待別人指點江山的習慣是你取得大功績的死敵。

這個世界總是把最好的獎項賞賜給那些積極主動進取的人。朋友們，讓我們趕緊行動起來吧！使出我們全部的力量，發揮出我們全部的聰明才智，用積極主動進取的精神，早日把成功的碩果收入自己的囊中。

許多人憑他的能力本來可以出色地完成一項工作，但他由於他缺乏自信心，做事猶猶豫豫，前怕狼後怕虎，不敢越雷池一步，總習慣於接受別人的操縱和指使，離開了指揮，自己就迷失了前進的方向，不知該往哪裡走了。這些人就像是鳥群中眾多的盲從者，只會跟在領頭鳥後面，成群結隊地飛行，很少單獨行動，一旦離開了鳥群，就迷失了飛行的方向，牠們的翅膀即使再矯健，飛行的速度再快，因為不習慣於單獨飛行，最終被困死在鳥巢裡。如果一個人也像一隻盲從的鳥兒，那他注定是要失敗的。

其實人類社會中還是有很多人不願意盲目從眾的。這樣的人有足夠的智慧制定自己的奮鬥計畫，並付諸具體的行動中。美國著名軍醫李奧納多·伍德年輕時在波士頓一個醫院當實習醫師。一次，一個生命垂危的孩子被送進醫院，情況十分危急，必須馬上手術，此時，醫院裡能做手術的醫師都已下班，等他們次日來做手術已經來不及，伍德想親自做手術，可是醫院有規定，實習醫師不經醫院辦公室批准是不能擅自做手術的。當時伍德想了很多：一邊是必須手術的孩子，一邊是能做手術的醫師都已下班了；一邊是自己違反規定親自做手術，有可能挽救了孩子的生命；一邊是自己違反規定親自做手術，有可能被醫院開除。想來想去，伍德決定，還是以孩子的生命為重。於是，他沒理會那套死板的規章制度，馬上為生命垂危的孩子實施了手術。結果，孩子的生命保住了，可是，伍德卻遭到了院方的嚴厲批評，並被醫院開除。

現在看來，伍德的決定是正確的，理智的。他用自己大膽的行為舉止去打破醫院的陳規陋習，用自己失去的工作換回了一條寶貴生命，實際的是值得的。正是由於伍德不落窠臼，一切從實際出發，大膽走別人不敢走的路，他在後來的人生旅途中，從一個西部軍區的外科醫師做起，一步步被羅斯福總統破格提拔為能指揮百萬大軍的將領。

一個不稱職的員工總能為自己一塌糊塗的工作業績找到藉口。比如：效率不高是因為工具不好。沒完成任務是因為人手不夠。可是，一旦工具好了，人手夠了，他們就會又有新的理由。

真正懂技術、有能力的人，就是那些能夠在危機中找到出路人，能夠在別人都目瞪口呆、手足無措時想出辦法解決的人，未來的社會中永遠有他們的立足之地，人們一定會佩服他，讚賞他，相信他，跟隨他。許多人都認為，那些卓越的領袖，天生就具有一種能在關鍵時刻果斷做出正確判斷的能力，但實際上，每個偉大的決策者、每個優秀的領導者、每個在某一領域有過卓越貢獻的人，他們都曾失過誤、犯過錯，只是他們比普通人更善於改正錯誤，勇於選擇正確的方法繼續行動。

一個頗有成就的商人朋友告訴我，如果他嘗試了 7 次，8 次都失敗，但只要有 1 次成功，他就認為自己進步了。許多人一生都不願嘗試新的方法、新的思路，他們永遠停留在原來的起跑線上，永遠把自己桎梏在早已鏽跡斑斑的鐵籠子裡，久而久之，他們與生俱來的積極主動性、創造性就喪失了，麻木得不敢再做任何出格的事，最終將自消自滅在鐵籠子中。

人一旦缺少了積極主動精神，就成了一臺沒有引擎的汽車，不管外表多耀眼華麗，只能停留在原地。若是在隆重的汽車展覽會上，你願意購買這樣的車嗎？許多人一輩子就像鳥群中只會從眾的一隻鳥，一生中只會隨聲附和，只會隨波逐流，他們的特殊才能、奇思妙想從未得到過運用與發掘。他們終生過得孤陋寡聞，無所事事，碌碌無為。

年輕人若想活出一個真正的自我，就必須學會自己設計自己，自己鞭策自己，自己開發自己，自己創造自己，把自己體內巨大的潛能充分發掘出來，使自己在不平凡的、坎坷的人生道路上，沒有積極主動的進取精神，一切宏偉的理想都是紙上談兵。大批青年在成功之門前掂起腳尖，一雙渴求的眼睛向門裡張望著，可是他們大部分人只會躲在光輝的榜樣的身後，畏首畏尾地等待著門內機遇的召喚，只有少數幾個人有勇氣邁進門檻，開創自己的一條新路。

現代教育體系很少培養學生的建構性思維。學生們不了解創造力的重要作用，更不知道如何去獨立執行一個具體的專案。結果，很多辦公室裡做雜事的年輕人都比大學畢業生工作出色，因為他們一直都在實踐中學習如何工作、如何承擔一項任務，在這個過程中他們的主動性得到了鍛鍊。而大學生們只會機械被動地吸收知識，只是在循環往復地鍛鍊著自己的記憶，很少在實際中體驗過該如何把理論應用於工作。那些靠打工賺學費的大學生們，就算學業成績不突出，進入職場後的表現也強過那些只會學習的優等生。如果一個學生利用暑假兜售商品，那他就用這個假期學到了在大學裡四年都學不到的經營的實踐知識，知道了應該如何靠自己的能力去賺錢。當這個學生走出校門去兜售商品時，他面對著的是一個全新的世界，這時，他沒有老師去請教，一切全得靠自己。他必須想盡辦法成功，否則就連學費都拿不出來。漸漸地，他的做事能力得到鍛鍊，自信心得到加強，同時也具備了積極主動的進取精神。

消極等待的習慣源於消極軟弱的思想意志。如果老師和家長從孩子小時候就培養他們的建構性思維，教他們用積極主動的態度投入到一切活動中，那孩子們長大後自然也會把這種精神投入到工作之中。如果我是一名大學校長，我要做的第一項改革就是選一名教授專門教授學生創業之道，教他們如何發揮出自己的全部才能努力取得勝利。像美國著名鐵路公司的總裁詹姆士·傑羅姆·希爾（James Jerome Hill）、美國著名零售商馬歇爾·菲爾德（Marshall Field）或約翰·沃納梅克（John Wanamaker）這樣的成功人士最適合這個工作，他們可以言傳身教，告訴學生如何積極進取，如何掌握住自己的事業。

想擁有積極主動的工作態度，就必須行動起來，不能搖擺不定，顧慮重重。積極主動就意味著強大的行動和果斷的決策，一旦養成做事果斷的風格，今後就再也不會拖拖拉拉、猶豫不決。

我有一個在紐約打拚的朋友，他頭腦靈活、知識淵博，大家都覺得他的工作肯定特別出色，而且每次碰面他都說自己正打算開家大公司。可幾年過去了，也未見他兌現自己的誓言，因為他有一個致命的弱點 —— 不敢開始。儘管他相信自己能創出好成績，但就是不敢邁出第一步，就算大家都鼓勵他，說他在開局階段肯定能取得高效益，他還是裹足不前。這個人缺少的就是主動進取的精神，他總怕遭遇困難挫折，怕別人的冷嘲熱諷。如果此時有人能在背後推他一把，或逼迫他前進，那他就一定能成功。很多人都像他一樣，缺少主動精神，也許他們今天打算做一件事，並要馬上開始，但很快就因為害怕承擔責任而動搖猶豫，之後，便迷失了方向，直到哪天突然又心血來潮，計劃重新出發。他們的日子就這樣一天天流逝了，直到有一天他們老得已經不能再嘗試任何新事物。這些人就像一艘永遠處在即將出發狀態的巨輪，儘管準備多年，生命之舟仍停留在枯港中，從未見過大海。

伍爾沃斯在美國各地成功開辦了上百家連鎖五元商店和十元商店，可是他得到的唯一幫助只是他創業之初從朋友那裡借來的 300 美元。伍爾沃斯年輕時在別人的店裡當售貨員時，就問老闆，能否讓自己把貨架上五元和十元的商品收集到一起出售，用這種銷售方式吸引更多的顧客，後來他就用這種自己獨創的銷售方式開始了自己的創業之路。

著名作家愛默生說：「在自然的法則中行動就有力量，靜止則毫無動力。」膽怯是積極主動的死敵，克服它，就能取得意想不到的成功。自我肯定和無畏的氣概是領袖人物的特質，但每一個人透過鍛鍊都可以具備這些素養。每一個在歷史上留下腳印的人都是從自身找到動力的，在人的內心沉睡著巨大的爆發力，足以把每個人送到自己的目的地。別指望其他人能推你一把，你的力量就在自己身體中，你的價值要靠你自己去實現。

如果感到自己受到膽怯和憂鬱的困擾，就一定要消滅這些缺點。對此，你可以每天早起後發誓絕不允許自己在這一天之內動搖，不允許自己坐等別人的援助，下決心做一個開拓者、一個領袖，絕不磨磨蹭蹭跟在別人後面聽人指揮，要保持一個積極主動的姿態。你應該清楚，一個天生具有領袖頭腦的人一生都在被人指揮是件多麼悲哀的事！他其實完全能夠自己做主，卻要凡事徵求別人的意見，才能、自信一直在他體內冬眠。本是一個巨人，卻要做個侏儒。這想起來都讓人覺得遺憾。

當今社會的成功者，可以不必是才華橫溢的大才子，但他必須是一個持之以恆、信念堅定、從不畏縮的人。他的力量不會被削弱，他的信心不會動搖，因為他有著積極主動的精神。此外，要想事業有成，要想力量無窮，那就把自己想像成被遺棄在孤島上的魯賓遜，島上物產豐富，但是沒有工具，沒有機器，也沒有人能幫你，要想生存下去，就必須依靠自己的雙手和頭腦。每個人在事業起步階段都是生活在小島上的魯賓遜，只有依靠自己的力量才能建造出屬於自己的美好的世界。能勇敢開拓、不聽天由命的人才能突破萬難，開創出一片新天地。這個世界需要無畏的人，需要就算不敢說「我做得到！」也至少會說出「我要試一試！」的人。

贏的定律 17

不斷地奮鬥打拚

不向上看的人只能向下看，不能邁起腳步前行的人只能停留在原地，不願開創輝煌事業的人只能一生默默無聞。

—— 馬登

一個美國高官在談到他成功的祕訣時說：「我還沒有成功，其實，任何人都尚未成功。因為，在我們面前永遠還有更偉大的目標要去實現。」

只有目光短淺的人才認為自己已經取得了成功，真正的偉人可不會有一勞永逸的念頭，他們不斷地取得成功，又不斷地把眼光放遠、不斷把志向擴大、不斷把自己成功的尺規向上推移。

一個人要想長得高就必須不斷伸手向上跳躍，同樣，一個人想要取得進步，就得不斷奮力向上奮鬥。因此，切勿把目標定的太低，否則我們與生俱來的鬥志就會被扼殺。如果限制住了自己的目標，年老體弱回首往昔時，就會對所走過的一生感到遺憾，因為你完全還有可能創造更輝煌的業績，結果卻一直是一名默默無聞的小職員。如果現在各位覺得自己收入穩定生活富足，已經沒有必要再繼續奮鬥了，那你就危險了，因為你們正在放大自己的成就。

除了自身原因，人們也容易受到周圍人的影響而喪失鬥志。朋友和同事們也許會出於禮貌而褒獎你工作成績，可是久而久之，你自己就會真的覺得做的不錯。或者當你準備進軍一個新領域時，家人和朋友會出於好意勸告你：「新工作成功的把握不大，既然現在你已經有了一個穩定的工作和不錯的收入，何必還冒險？如果輕易就放棄現在的工作，今後萬一失敗了，你就後悔了啊！」

奮鬥的精神是人性中一種十分神祕的力量，它和自保能力一樣，也是與生俱來的。正是因為每個人都有奮鬥的精神，渴望不斷改善周圍的物質環境和提升自身的學識修養，人類才能從茹毛飲血的原始人類創建出今日高度發達的社會體系，才會擁有高樓林立的城市、技術先進的工廠、四通八達的鐵路航運、浩如煙海的書籍和美輪美奐的藝術形式。

奮鬥的力量是上天賜予我們的禮物，它既不是人們憑空捏造的也不是後天鍛鍊習得的，這種力量流淌在我們每個人的血液裡，扎根於我們每個人的骨髓中。正是因為有了奮進的力量，我們才能夠忍受各種痛苦和磨難，才能為心中的理想做出巨大的犧牲。這個動力存在於身體的每一個神經中，推動著身體的所有細胞向前奮鬥。

人生最大的奮鬥動力莫過於對非凡成就的強烈渴望，這個渴望推動著無數的偉人不斷前進。正是因為有了奮鬥的動力，一屆貧民林肯才能入主白宮；正是出於對北極的強烈嚮往，羅伯特·皮里（Robert Peary）才能在經歷無數次失敗後終於來到世界之端。

朋友，你可曾想過人為什麼要為榮譽、財富或權利而奮鬥？究竟是什麼支撐著人們每天不辭辛勞努力工作？為什麼人們一生都要不斷奮鬥進取？奮鬥的力量究竟從何而來？雄心壯志究竟指的是什麼？所有這些問題其實都有同一個含義——為什麼每個人可以為了崇高的目標而不停地奮鬥？如果上天僅僅想讓我們像低等動物一樣生存，為什麼不乾脆讓樹上結滿現成的果實？為什麼不讓人們住在氣候溫暖、不需要建造房屋躲風避雨的星球上？為什麼不讓土地自己長出莊稼，省得人類去辛勤耕耘？

所以，人活一世肯定有更高、更深遠的意義，那就是要調動出所有的能力，透過自身的努力創造出屬於自己的一片天地。

人們孜孜不倦誠實奮鬥所取得的可不僅僅是物質上的成就，更有偉大的人格和高尚的情操。想必你知道運動才能長高，努力才能進步的道理。人一旦滿足於口腹之欲，享樂安逸停止奮鬥，那身體、精神、道德就開始墮落。

動機不純就會走彎路，就會偏離原定的目標。忠於自己的目標，摒除一切自私自利的念頭，保持一個健康平和的心態，我們就將獲得最大的滿足。雖然，沒人能確切地說出我們的努力奮鬥究竟會取得什麼樣的成績，也沒人知道奮鬥的力量下一步會把我們帶向何處。但有一點可以肯定的是，它會帶我們走向一個更加光明自由、一個充滿希望和無限價值的未來。沒人明白電究竟是什麼東西，它屬於哪一類物質，但人類依靠自己的智慧，遵守了自然法則，充分利用了電能，從中獲得了巨大的利益，使人類有了今天這排山倒海、上天攬月之力。同理，儘管不明白人究竟是為了什麼而奮鬥，但是要清楚，堅持不懈地努力奮鬥不僅能過上好日子，也能讓自己的人格更加高尚。奮鬥的力量和電能一樣，都能產生巨大的推動力。

和那些工作毫無熱情的人相比，雄心勃勃的人在工作中能發揮出要大的作用。這兩種人之間的差距就好比奔騰的大江和淺淺的小溪。當然，要想實現自己的理想還得看人們是否能夠持之以恆。光做白日夢不行，要讓夢想變成行動。只有意志堅定、不斷奮鬥的人才能實現自己的理想。

如果一個年輕人年復一年地工作懶惰、逃避責任，那他就越來越沒有上進的欲望，那種催他奮進的聲音最後會小得連他自己都聽不到了。一些雄心勃勃的大學生，念書時憧憬著美好未來，以為自己畢業後能做一番大事業，可是工作後他們的熱情漸漸消退、野心不復存在，開始懷疑大學時代的夢想是否現實。慢慢地他們開始聽天由命，任憑平庸和失敗的擺布。

不管年輕時代的目標有多麼崇高，這個目標都十分脆弱，經不起現實社會中風雨的摧打。

孩子沒有母親的管教便會無法無天，人沒有了奮進聲音的鞭策，就會隨波逐流、逐漸墮落。人類的奮鬥精神與落後的惰性不斷進行著抗爭，即使最優秀的人也難免常常受到惰性的誘惑。但只要抵擋住這些誘惑，人們就會不斷取得進步。

那些富家子弟之所以很少取得輝煌的成績，是因為他們缺少實現目標的動力。前進的動力來自奮鬥的過程，而非來自達到目標後的滿足感。只有胸懷著理想和信念的開拓者們才能清除一切障礙勇往直前。

人類社會的發展永無止境，人類的雄心和夙願永遠不可能得到滿足。一旦達到了那曾經看似遙不可及的高度，我們就會又有了新的期待、新的夢想，此時耳邊就會響起催人奮進的號聲，陣陣嘹亮的號聲激勵我們繼續前進，不允許我們有絲毫的懈怠。不論取得了多大的成就，總有一個聲音在前方不斷對我們說：「前進！要走的更遠！」

沒有任何一場戰鬥有如人類偉大理想和本能欲望之間的戰鬥那樣永無休止。因此，我們必須時刻保持警醒，不能讓惰性趁虛而入，不能讓事業的宏圖土崩瓦解。威廉·詹姆士教授（William James）說：「如果人生不是一場為收穫而戰的奮鬥，那它就連一齣戲劇都不如。在人生的戰場上，人們懷著崇高的理想和堅定的信念改造著世界，宇宙的一切都為之瘋狂。」

沒有遠大目標的激勵，沒有堅定信念的支撐，就不會在世界上留下任何印記。成功源於奮鬥，源於宏偉的志向和堅定的決心。志氣一旦鬆懈，鞭策我們前進的動力就會消失；動力一旦消失，我們只能隨著時代的洪流淹沒在茫茫的歷史長河之中。

贏的定律 18

熱情—奇蹟的締造者

用心做事就能獲得成功。每一被歷史記載的偉大事件都是一次熱情的勝利。沒有熱情便一事無成。

—— 馬登

法國巴黎巴斯德學會會長、著名科學家路易·巴斯德（Louis Pasteur）十分熱愛自己的科研工作，每天都工作至深夜。一天夜裡他離開實驗室時嘆著氣說：「唉！還得等七個小時我才能回來繼續工作。」正是這種對工作強烈的熱愛和孜孜不倦的執著精神，讓原本繁重的研究工作在巴斯德眼中成了一種享受和樂趣，所以他才能在科學領域取得舉世矚目的成就。

幾個月之前，我讀到這樣一個故事：一個農夫懶洋洋地坐在樹蔭下，鋤頭撇在一旁，菜地裡雜草叢生。鄰居問他是不是做務農累了想休息休息，他卻說：「沒有，我不累。就是覺得工作太沒意思，坐在這裡等著太陽下山好收工回家。」如果每個人都像農夫那樣整天懶洋洋地待在辦公室，百無聊賴、毫無熱情地度過每一天，那誰也別想成功。

不同的工作態度決定了不同的人生道路。朋友，你是否想把自己的一生打造成一部傑作？你是否帶著滿腔的熱情投入到每天的工作中？你是否覺得每一天的工作漫長無聊？你是否把現在的工作視為獲得成功的一次機遇，而非僅僅把它當成賺錢的工具？

如果一個人能夠以自己的工作為傲，每天早晨迫不及待地衝出家門奔向公司，以飽滿的熱情開始一天的工作，那他就是把工作當成了一種有意義的事業、一個人生的追求目標，而不是糊口的營生。這種人在工作中的狀態就像是一位熱情四射的畫家，把畢生的靈感都鋪灑在畫布上，不顧一切地追求藝術、追求美。如果諸位也能把自己看成一個渴望創造美的藝術家，把工作看成一張可以在上面盡情揮灑的畫布，那你們的工作也一定會像一件完美的藝術品一樣令人嘆服。

美國前總統西奧多·羅斯福的一大特點就是工作時熱情四射，他不論做什麼工作，教師、牧童、員警、職員、士兵、哈佛校長還是非洲叢林狩獵者，都帶著極大的熱情，真誠地投入到工作中。沒有堅定的信念、無謂的勇氣及能融化一切障礙的熱情，是不可能成功的。熱情能產生一股巨大力量，向世界宣告，你將衝破萬難，取得成功。

美國議員詹姆士·韋納爾德說：「要想克服前進中的困難必須擁有巨大的熱情、堅定的信念和無畏的勇氣。」學識、天賦都不能取代一顆熾熱的心靈。因為擁有熱情，拿破崙指揮上百萬人的軍隊用兩個星期就完成了別人至少要一年才能完成的行軍計畫；因為擁有熱情，少年林肯不顧路途遙遠，徒步走到離家幾英里外的圖書館借書學習；因為擁有熱情，又聾又啞的海倫·凱勒學會了聽說讀寫創造了人類歷史上的奇蹟。可是大多數人一生都未體會過堅定的信念和似火的熱情所產生的巨大力量。

有人分析，二戰之初，盟軍在歐洲戰場節節敗退的原因就是槍枝彈藥的動力不足導致射程太近。而德軍的武器卻在這方面占盡優勢，他們的子彈可射中二十英里外的目標。職場上，就因為動力不足，就因為沒把足夠的熱情帶入工作，上千人在生活的戰場上打了敗仗。

熱情是成功後盾，而且只有當一個人全身心地投入到工作中，把工作當成畢生追求的事業時，才能擁有如火的熱情。我曾見過一個熱情洋溢的推銷員，無論他遭到怎樣的冷落，從開口介紹自己產品的那一刻起，他都全情地投入，不受外界的絲毫影響。他從不催促顧客趕快購買自己的商品，他只是非常愉快地跟人交談，用自己生動的語言勾畫出一副誘人的商品畫冊，讓人覺得能買到他的商品簡直就是一種特權，不買的話就是個損失。這個推銷員用自己如火的熱情不斷感染著每一位顧客，有的顧客甚至還把他介紹給自己的親朋好友。可見，只要有熱情，不論是發明家、探險家、商人、律師、推銷員還是教師，都會發現成功的大門正神奇地朝自己打開。

許多人都奇怪，為什麼有人與他們一起起步，卻轉眼間已經大步流星地把他們遠遠甩在後面？原因其實很簡單，因為事業有成的人在工作中更有熱情。許多人年過半百，事業卻仍停留在大學剛畢業的階段上，他們的熱情早已消失殆盡，工作對他們來說成了永無休止的負擔，沒有絲毫進展，有的甚至在退步，但他們自己卻不明白其中的原因。

諸位尚未成功的朋友們，也許你把失敗歸咎於上天的不公，歸咎於老闆的歧視。但要知道，老闆不喜歡那些工作態度馬馬虎虎的人，他們需要的是熱情四射、熱愛工作的員工。如果你不具備這一素養，憑什麼希望別人重用你呢？現代社會是個競爭的社會，要麼你擠掉別人，要麼別人擠掉你。每天原地踏步毫無熱情的人注定沒有晉升的希望。對於心不在焉的員工來說，即使是充滿樂趣的工作也是乏味無聊的低級工作，一旦遭遇經濟危機，這種人將是第一個被裁掉的。前幾天，我碰巧聽到一個商人說，如果他發現手下哪個員工對工作感到厭煩了，那這個員工的職業生涯就到盡頭了。大概這位商人的雇員做夢都不會想到有一天自己會因為工作沒有熱情而失業。老闆把員工的熱情看成一筆非常重要資產，一旦失去熱情將後患無窮。

唯有熱情四射的人才能取得成功，因為他們積極、勇敢、自信，還有富有創造力。如果工作不帶一絲一毫的熱情，不以自己的工作為傲，不把工作當成畢生追求的事業，那就休想登上成功的頂峰。有一個普普通通的修鞋匠，他就是一個以工作為傲的人，他對工作熱愛絕不亞於畫家對藝術的熱情。就因為他手藝精湛、工作認真，儘管是個小小的鞋匠，他卻受到了周圍人的尊敬，在其他鞋匠為攬不來顧客而煩惱時，這個鞋匠面前需要修理的鞋卻早已堆積如山。他是個真正的「藝術家」，而其他的鞋匠終其一生也只是個匠人。

約翰·巴勒斯（John Burroughs）在一次訪問中說：「能夠享受忙碌的工作，並且不浪費時間的人是最幸福的。」在工作中保持快樂和熱情是這位曾服兵役的美國自然主義作家保持快樂和活力的祕訣。工作之餘，他還做家事、擦窗戶、劈柴、掃院子。無論做什麼事，他都精力充沛、熱情洋溢，讓許多年輕人都自愧不如。

熱情可以傳遞的。一個熱情洋溢的人能感染周圍的人，喚起他人的鬥志，令那些的碌碌無為的人感到羞恥。傳教士的感染力就來自於他的蓬勃的熱情，他的熱情像一股強大的電流，傳遍聽眾全身，把聽眾的情感從沉睡中喚醒，跟隨自己的思緒前行。拿破崙把自己的熱情傳遞給部隊中的每一位戰士，在拿破崙的鼓舞下，戰士們個個驍勇善戰，在戰場上奮勇殺敵，無論遭遇何種不利的環境下都能保持昂揚的鬥志，屢建戰功。在拿破崙的帶領下，大家大步向前，毫不畏懼，視死如歸。還有聖女貞德（聖讓娜·達爾克，Jeanne d'Arc），她堅信自己生來就肩負著帶領混亂的法國走出危難取得勝利的使命。憑著火熱的熱情和堅定的信念，這個從未接觸過兵器，更不懂任何策略戰術的平凡的農村女孩滿腔熱血地投入戰鬥，取得了令戰功赫赫的將軍們都望塵莫及的輝煌戰績，創造了歷史上的一個奇蹟。

熱情是奇蹟的創造者，它幫助哥倫布橫渡大洋，幫助凱撒大帝渡過盧比孔河，幫助拿破崙翻越阿爾卑斯山。從古代聖人蘇格拉底、亞里斯多德、狄摩西尼（Demosthenes），到歷史名人華盛頓、林肯，再到今天的偉人愛迪生、萊特兄弟、約翰·沃納梅克（John Wanamaker）、卡雷爾博士，哪一個不是熱情洋溢、熱情四射？美國報界菁英賀拉斯說最優秀的員工是即有頭腦又熱愛工作的人，在這種人眼前有生活、有希望、還有無限的前途，他們腳下踏著的永遠是通衢大道。憑藉火熱的熱情，他們能突破萬難，一切的羈絆和障礙只能讓他更加奮進，就算每天只能前進一小步，他們也毫不氣餒。

如果每個人都懷著熱情去工作，世界的面貌將大不一樣。如果每個員工都能充滿熱情和活力，滿懷期待地開始一天的工作，那用不了多久，他們的名字都將會出現在自己公司的門牌上，到那時，繁榮的商業盛世就會到來。

「不論你的工作是什麼，」愛默生說，「都要讓它成為你生命的一部分。不論你是個鐵匠、是哲人還是總統，請讓工作深入骨髓，這樣你就打開了流淌著瓊漿玉液的天堂之門。」

這是一個屬於年輕人的時代，只要有熱情，今天的青年所面臨的大好機遇絕對是史無前例的。對他們來說，熱情就是皇冠，一切懶惰和被動都將在這皇冠面前臣服。世界期待著他們發掘更多的真理，創造出更多的價值。大自然忠誠地守護著自己奧祕的大門，等待著有志氣、有才華的熱血青年前來打開大門，還有更多的發明、創造正期待著他們去探索開發。未來的美好世界正期盼著充滿熱情的有志青年去實現。

贏的定律 19

選擇一條座右銘

想成功嗎？那就選一個震撼靈魂的座右銘，把它牢記心間。一個振奮人心的座右銘是許多偉大事業的推動力。

—— 馬登

一個年輕的推銷員在完成一次推銷旅行後寫信給我，在信中他說：「我邊旅行邊推銷五金產品，曾被很多人拒之門外。一次我走進波士頓一家大型批發市場推銷商品，在經理辦公室的牆上看見了這樣一句話：『機會的大門十分寬敞，沒試過就別說自己進不去！』這句話深深觸動了我，於是我鼓足勇氣，終於說服了那位經理，獲得了一大筆訂單。」

一個菲律賓高官說：「我 27 歲時已經在紐約的紡織廠工作了 18 年，我沒念過書，能夠取得今天的成就，完全靠自己的努力以及靠書本和座右銘的激勵。現在我仍然記得激勵我的第一個座右銘：『偉人的成功不是一蹴而就的。當人們安然入睡進入夢鄉時，成功者仍在挑燈夜戰。』另一句讓我受益匪淺的箴言是：『天才等於 1%的天賦加上 99%的努力。』」

一句振奮人心的座右銘能給人無窮的力量，許多成功人士都曾用座右銘激勵自己不斷前進。座右銘是崇高理想濃縮成的一句話，銘刻在人們心中，產生無窮的力量，決定著一個人的命運。它能在人們受到誘惑時停下腳步督促人們繼續專注於自己的目標，展翅翱翔。因此，我們完全有必要認真的選擇一個座右銘，病把它牢記心中，讓這句話時刻提醒自己、修正自己，那樣就會離心中理想光輝的形象越來越近。

有句話說的好：「一個人夢想成為什麼樣的人，他最終就會成為什麼樣的人。」口號展現出一個人的目標，激勵他不斷前進。它比萬貫家產更有價值，因為它能煥發出體內的潛能，這種能力對任何人來說都是最有營養的食糧。

這裡就有幾條曾指引許多人取得成功的座右銘：「把每個時刻都當成一個重要的時刻，也許有人正在考察你是否能勝任重要工作。」還有德萊登的名言：「自信者能征服一切。」愛默生的：「不努力就毫無所得。」和法蘭西斯·威爾沃德的：「成功並非偶然，它是人們經過周密計畫和準備，全力以赴努力取得的。」

許多成功人士都用座右銘來規範自己的日常行為，以防自己禁不住誘惑而浪費了寶貴的生命。拉斯金在書桌上立了塊牌子，上面只寫了一個詞：「今天」。喬書亞·雷諾茲（Joshua Reynolds）和大衛·威爾基（David Wilkie）面前擺放的座右銘一直是：「工作、工作、再工作。」伏爾泰則從「永遠工作」這四個字中獲得力量，華特·司各特的座右銘則是：「永遠不要無所事事。」很多成功人士都說自己的成功要感謝一本書、一句偶然間看到的話或是一次演說。一個英國皮匠技藝精湛，聲名遠揚，他說要不是因為看了卡萊爾的書，自己現在仍是默默無聞。

每年，成千上萬的人因為一句座右銘而堅守住了自己的信念，擺脫了失敗的陰影。不久前我收到了一個年輕人的來信，他說自己把大學時在我書裡看到的一句話當作了自己的座右銘：「才華橫溢，卻目光短淺滿足於平凡的成績，真是人生的一大悲哀。」這個青年現在已經成為一個成功的作家和演說家，他說：「這句話讓我從一個全新的視角去看待人生。如今，我也努力把這句箴言傳遞給其他人，讓這句使我奮進的話發揮更大的影響力。」

座右銘不僅能喚醒沉睡的潛能，還能讓潛能隨時保持清醒。如果一個人性格懦弱、進取心不強，他就應該選擇這樣的座右銘：「要隨時隨地保持鬥志。」如果能時刻記住這句話，那每次他想偷懶或浪費時間時，這句話就會從他腦中蹦出來，提醒他不能隨心所欲，要今日事今日畢。

著名數學家、天文學家弗朗索瓦．阿拉戈（Francois Jean Dominique Arago），在自傳中說他年輕時在一次實驗中遇到了難題一籌莫展時，一句舊教材上的話令他茅塞頓開，這句話是數學家達朗貝爾（Jean le Rond d'Alembert）鼓勵和阿拉戈一樣遭遇挫折的年輕人的：「前進！別停下腳步！現在遇到的困難自會迎刃而解。前進吧，陽光自然會照亮前途，靈感自然會降臨於身。」阿拉戈說：「這個座右銘是我數學領域的良師。」

我收到過很多讀者來信，說在人生低谷時受到座右銘的鼓勵和鞭策而度過難關。一個著名牧師來信說：「我這一生經歷過三次低谷，每次都是一句座右銘讓我重拾信心。第一次我還是個學生，因為承擔了太多超出我能力的責任而感到力不從心、緊張不安，那時我鼓勵自己的座右銘是——要駕馭任務，不要讓任務駕馭你。」第二次低谷時期，我每天工作 18 個小時，整日睏倦無力，我就用「神給他最心愛的子民以重任」這句話激勵自己。第三次遭遇低谷時，我剛 30 歲，那時我養成了愛開玩笑的毛病，結果我每次說話或給出版社寫信，都引得人們哈哈大笑，我一直以此為傲，直到有一天我看到了這樣一句話：「搞怪的語言也許可以令人大笑，但它永遠也不能得到別人的尊重。」我不知道這句話是誰說的，但它深深觸動了我，讓我了解到了自己的缺陷。」

還有一封信是這樣的：「小時候，我常在放學後幫一位醫生打掃房間，每週兩次，能賺 25 美分。在醫生的書架上掛著一個橫幅，上面的話一直深深銘記在我腦海裡，推動我進步，這句話就是：『生活是一面鏡子，既屬於國王也屬於奴隸。它既能折射出我們的外貌，也照出我們的一言一行。向世界展現出自己最好的一面吧，因為最終它還是落入你自己的眼中。』」

贏的定律 19　選擇一條座右銘

美國知名商人約翰·沃納梅克在家鄉費城師範學院為一千名女學生演講，以激發學生們的進取心。在演講中他把自己在路上偶然學到的一句格言送給這些將為人師的孩子們：「為下一步做好準備。」30 年後，其中一個學生在給我的信中提到了這件事，說自己一直牢記著這句話，它幫助自己規劃了一個充實的人生。

一個南方優秀的外科醫師在信中寫道：「我相信座右銘是推動人們前進的一種重要力量，下面這些話在近 20 年裡一直激勵著我：

- 在任何情況下都不要慌亂、不要擔心。
- 做就做最好，要麼就別做。
- 真理之船將載著你平安穿過波濤洶湧的生活之洋。
- 把愛源源不斷地灑向世界，無論敵人還是朋友，你享受到的將是幾倍的回報。
- 怒火，哪怕只有一點點，也是一劑毒藥，自制則是解毒的萬靈藥。
- 為世界而活，全世界就會為你而活。這是一種明智的投資，投入一分，回報百萬。
- 自私是魔鬼，無私最珍貴。

著名畫家拉斐爾·聖齊奧（Raffaello Sanzio da Urbino）在談到他是如何創作出一幅幅令人讚嘆的畫作時這樣說道：「我盡情地釋放自己的想像力，然後就用畫筆把它們都畫出來。」同樣，人生的每一幅畫作背後都閃爍著夢想的光芒、創作的靈感。而座右銘則是人生路上一條堅守的原則，決定了我們是能實現人生夙願的成功者還是一個在人生之海上轉瞬即逝的浪花。

英國歷史最悠久的私立學校溫徹斯特的創辦人送給學校這樣一句話：「態度決定人生。」許多美國大學的校訓同樣振奮人心。比如耶魯大學的校訓「真理和光明」，威爾斯利學院的是「寧照顧他人，勿當被照顧者。」康乃爾大學門口有一塊美國著名教育家、作家安德魯·懷特（Andrew White）立題詞的紀念碑，上面寫著：「走進這個校門，你將變得更有學問、更有思想。走出這個校門，你將成為對國家、對世界更有用的人才。」

座右銘在教室中的作用最大，許多老師每天都在黑板一角寫一句座右銘讓學生們背誦。以下這些座右銘十分適合學生們：

有了淵博的知識和堅定的信念，誰還能阻擋你前進的腳步？

充分利用時間是至高無上的美德。

善待別人就是善待自己。

人生中的第一步決定了整個一生。

弱者相信運氣，強者相信因果。

做一百件半途而廢的事還不如做一件有始有終的事。

別感嘆過去，別幻想未來，抓住眼前的每一分每一秒。

目標要崇高，毅力須堅強。

有德為君子，無德為小人。

堅守自己的理想，輝煌就會到來。

生活不是緊握幸運之手，而是用不幸之手彈奏出優美的旋律。

越來越多的人了解到了座右銘的重要作用，人們用它來裝飾辦公室、住家的牆壁，敦促員工們工作勤奮、生活節儉、禮貌待人。在紐約一家報社編輯室的牆上有這樣一句話：「簡潔、準確、再簡潔。」許多商人的辦公桌上都放著這樣的牌子：「現在就行動！」還有人甚至把自己的座右銘印在他使用的所有印刷品上，名片、海報、筆記本……。

「大膽地行動吧！」是著名編輯詹妮特·吉爾德的座右銘。大作家哈姆林·加蘭（Hamlin Hannibal Garland）則把自己的座右銘總結為一個詞「專心」。前美國政府發言人卡農的人生準則則是一句可以讓所有人受益的話：「我要面朝東方，看向朝陽，不去理會那些關於人類命運的悲觀論調。」另一個適合所有人的座右銘是作家愛德華．埃弗里特．黑爾（Edward Everett Hale）的話：「向上看，別向下看，向外看，別向裡看，向前看，別向後看。此外還要樂於助人。」

費城裡的成功商人吉拉德（Joe Girard）先生說他剛剛踏上美國這片土地時既沒有錢也沒有朋友。我問一個碼頭上的老人該怎麼辦。老人說：「找個工作吧，年輕人。你有座右銘嗎？」

「沒有，什麼是座右銘？」

「每個人都應該有個座右銘，現在就想一個吧，然後出去工作。」老人說道。

之後我就開始想自己的座右銘。當我走在街上，我看見一扇門上寫著『推』，於是就對自己說：「就拿這個字當我的座右銘吧！」

我推開門，走進了那家公司。裡面的人問我需要些什麼，我說：「我想要份工作。您門上的那個推字不僅讓我有了座右銘，更讓我有了自信，所以我敢走進來找工作。」我的態度贏得了老闆的讚賞，他問了我許多問題，最後他說：「我就想僱用一個有勇氣推動自己前進的人，既然那是你的座右銘，我就用你了。」

從此，我的人生發生了翻天覆地的變化，成功接踵而至。「推」這個使我成功的座右銘也可以讓其他人成功。

一個記者從高中時代就養成了記錄名言警句的習慣，他寫信給我推薦了下面這些座右銘：

每天都是一個嶄新的開始。
疑惑了就繼續前進。
進步的終點就是墮落的起點。

這位記者說，這幾句話中讓他受益最大的就是第二句話，「每當我不知如何抉擇時，就想起這句話，然後問自己：「哪條路通向前方？」

不同的座右銘適用於不同的目的，不同的心情。有的座右銘激勵人們不斷前進，有的座右銘告誡人們不能無所事事，還有的提醒人們工作應保持高效。請記住以下這些錦言妙句：

堅持到底才完美。

正直是個無價之寶，它比紅寶石、金子和王位更值錢。它是窮人的資本，帶給人榮譽、安全感和力量。

人生要隨時撒下芬芳的花朵，因為我們永遠不能再走回頭路。

機會不能靠等待，要去開創。

信守諾言。

確定目標、奮勇前行。

品德比任何事業都重要。

面對困難，不要退縮。

不要擴大自己的弱點。

不論從事什麼職業，有個令自己振作的座右銘就會鬥志昂揚、精力充沛，就能抓住前方的機遇取得成功。如果現在還沒有座右銘，那就選一個吧。別選擇那些只能鼓勵人賺錢的座右銘，要選一個能讓人雄心勃勃實現夢想的話。不要認為現在選擇座右銘，努力改變命運為時已晚，要知道，成千上萬個失敗大軍中的成員如果在半年內能專心努力地做一件事，就會發生意想不到的變化。只要能保持鬥志毫不鬆懈，就可以改變現狀。許多人本來已經失去了信心，就因為一句鼓舞人心的話、一本書或一個突然要承擔的責任而變改頭換面奮發圖強。

想成功嗎？那就選一個震撼靈魂的座右銘，把它牢記心間，這樣就可以信念永存，鬥志永在。

贏的定律 20

保持甜美的微笑

微笑是推動萬事發展的唯一動力。要善於發現快樂，每天起床有個愉快的心情，那一天都會快樂無比。

—— 馬登

美國西部快遞公司的每部客服電話下都放著一張「保持業績的訣竅」，上面寫著：「電話另一頭重複著你的聲音，所以聲音中一定要帶著微笑，這不會多花多少時間，也不會浪費任何錢財，卻能交到朋友。」

如果上百萬人每天在電話中都帶著微笑說話；如果電話線中流淌的所有怒氣沖沖的不滿都變成和諧輕柔的聲音；如果每個人在任何場合都能面帶微笑，那生活的負擔和壓力將大大減輕。

把陽光撒入周圍人的生活，不僅能廣結善緣還能造福人類。傳遞陽光心情和快樂情緒的能力比僅僅擁有美貌或才智更為重要。為此，我想送給那些剛剛開始挑起生活重任的年輕人一句忠告：面帶微笑地去發掘生活中的樂趣。不論身處何處、不論做什麼，一定不能讓不愉快的遭遇給生活抹上陰影，讓心情變得沮喪。

那些對待生活極其嚴肅的人、把生活看成一種沉重負擔的人、認為人生苦短應及時行樂的人，都是在以一種消極的態度消耗生命。這些人不明白，其實愉快的心情也是一種巨大的力量。玫瑰天生就要傳播美麗和芬芳，人生來就應該學會傳遞快樂、陽光和愛心。悲觀憂鬱的生活是一種失衡的生活。美國幽默作家喬許 · 比林斯（Josh Billings）說：「如果一個人不會笑，那就是他臉部構造有問題。可如果一個人不願意笑，那就是心理有問題，他就像一頭掉入陷阱裡的黑熊，拚命掙扎卻仍無法逃脫。」

能夠保持微笑並讓別人也微笑的人總能在世界中找到自己的位置。有的人甚至不惜花錢請言語幽默的人和自己交談，為的就是擺脫憂傷煩惱。已故好萊塢電影演員約翰 · 邦尼（John Bunny）就是個能給眾人帶來歡樂的人。邦尼先生本是一名出色的舞臺喜劇演員，但他想贏得更多的觀眾，於是 1910 年轉戰電影界。開始他每週僅有 40 美元的報酬，可三年後他每週的薪資已漲到 1,000 美元，因為能幫觀眾趕走生活中的苦惱和乏味。

邦尼在世界各地倍受歡迎，每天都有數不清的觀眾來信表達對他的仰慕之情。一次邦尼在環球旅行，從登陸英國南安普頓到返回美國舊金山，不論在人群擁擠的火車站月臺，還是在偏僻的英國鄉村，不論在風光旖旎的海濱勝地，還是在繁華的都市大街，到處都有歡呼的人群迎接他的到來。在倫敦，一個陌生人走到他面前對他說：「邦尼先生，我在離開南非之前的幾週看過您的電影，南非的黑人朋友們也十分喜歡您。」

所有人都喜歡陽光般快樂的人，因為他們能像太陽一樣驅散生活中的陰霾和烏雲。燦爛的笑臉是治癒一切疾病的良方，早一天學會保持甜美的微笑，就能早一天擁有勇氣在黎明尚未到來之前去迎接前方的曙光。

一個樂觀的生活態度和面對災難時保持微笑的勇氣使我們安全度過了生活中的一切大風大浪，任何艱難困苦都不能傷害我們。如果所有人，尤其是愛發牢騷、悲觀失落的人，懂得用微笑去治癒一切疾病、彌補一切失誤，那世界將更加美好。任何人都不可能對一個面帶微笑心情愉悅的人動怒，也許，你本來對他有諸多的不滿，可一看見那張友善的笑臉就怒氣頓消。一次，我看見兩個人吵得非常凶，眼看就要打起來了，這時一個表情和善面帶微笑的人走了過來把兩個人勸開，五分鐘內就平息了爭端。

在戰亂地區，很多勇敢善良的人用自己的微笑減輕了戰火帶給人的創傷和痛苦。「真慶幸自己還能保持樂觀的心態，我還可以用自己開朗樂觀的心情讓簡和海倫忘記傷痛，帶給她們一絲希望。」這是一個法國勞恩的女孩給她遠在美國的姐姐寫的一封信中的一句話。二戰時，她和爸爸、哥哥被困在歐洲戰場，家已經成了傷患臨時救助站，這個小女孩用自己的笑容幫周圍飽受戰火摧殘的人重拾希望。鎮定樂觀的人永遠都是世界傷口的一劑鎮痛藥，他們身上發出的藥香不僅撫慰心靈的創傷，還能凝聚前進的力量。

曾有個商人認為一個朋友深深傷害了自己，就與朋友大打了一架，從此兩人再也不來往。可是後來他生意失敗資金短缺，卻又求助無門，無奈之下，他又找到了這個昔日的朋友，想請他幫幫自己。沒想到朋友居然爽快地答應借他一大筆錢，商人頓時目瞪口呆。在生死危急的關頭，在其他朋友都拒絕幫助自己時，一個曾經被自己視做敵人的人卻伸出了援手，把他從毀滅的邊緣拉了回來。這個故事說明了這樣一個道理：要善待周圍的每一個人，才能在悲劇和災難降臨時找到度過難關的辦法。

心情愉悅的人看到的總是萬事萬物光明的一面，這樣的人即使失敗了也能找到東山再起的力量。因為他們不僅使自己快樂，也給其他人一種難以描述的快樂幸福感覺，所以他們在哪裡都是最受歡迎的。笑對生活，困難和失望將在你面前倒下。緊鎖眉頭、陰沉著臉只能讓別人遠離自己。

在一次嚴重的經濟危機中，一家商店的貨架上堆滿了滯銷商品，員工們一個個垂頭喪氣站在櫃檯前。一天老闆無意中瞥了一眼鏡子，被鏡中的自己嚇了一跳。「鏡子中的我十分悲傷，我覺得不能再繼續消沉下去了，就對自己說：「其實店裡的生意還算不錯，人們還沒有失去購買力。但如果員工們整天這樣灰頭土臉，像待在垃圾堆裡似的，就算在經濟繁榮的時代，顧客也全都給嚇跑了。後來，我幫員工們開會，告訴他們必須馬上打起精神。我要求每個人上班時必須面帶微笑，絕對不能讓外人看出來我們生意不景氣，誰不微笑我就炒誰魷魚。從那以後，店裡的生意興隆起來，效益甚至比經濟危機前還好，這都是因為微笑吸引了大批的顧客。看來，面對蕭條的經濟，擺著一張撲克臉，還真會把顧客趕跑。」

的確，「沒有微笑就沒有顧客」，誰願意和一張酸溜溜、怒氣沖沖的臉談生意呢？歡笑能吸引更多的顧客，讓生意更興隆。微笑是經商的妙計，是商場上的贏家，悲觀憂鬱只能毀掉微笑創造的基業。朋友，你可曾想過，一張悲傷的苦瓜臉和無禮的舉止會把親朋好友嚇跑嗎？每個人都願意遠離黑暗和寒冷，走近光明和溫暖，走進和諧融洽的環境。

笑容是給朋友的最好禮物。美國著名作家愛默生在康科特的圖書館著火時，好友路易莎．奧爾科特（Louisa May Alcott）前去探望。她回憶說：「我看見愛默生站在大火旁，火光映照在他堅強的臉上，我想上前安慰安慰他，但他卻回過頭來，笑著對我說：『沒事，路易莎。你看，這圖書燒出來的火焰多麼漂亮！好好欣賞吧，以後很難有機會看見這樣的景色了。』我永遠也忘不了這件事，從此以後，每當我遭遇什麼損失時也學著像愛默生那樣從中發現美麗快樂的一面。」

跟愛默生一樣，主教菲力浦．布魯克斯（Phillips Brooks）在他所到之處也給人以陽光般的溫暖。一家波士頓報紙曾刊登過這樣一句話：「昨天陰雨連綿，報社所在的整條街都死氣沉沉，可是菲力浦主教一走過，馬上雨過天晴。」菲力浦主教像太陽一樣散發著光和熱，他走到哪裡，陽光就照耀到哪裡。我曾在波士頓和他見過兩次面，他的臉龐的確能鼓舞人心。看過他的人都說，菲力浦主教就像是上天派來的使者，和宇宙的源頭相通，給人帶來無盡的力量。在波士頓，菲力浦所在的教堂每天來訪者無數，還有很多人還特意搬到菲力浦的教堂附近居住，就為了能永遠感受到他帶來的快樂和溫暖。因為菲力浦的教堂周圍的土地、民宅的價錢都大大上漲。

面帶微笑的人就是一個太陽，這個太陽沒有偏見、沒有仇恨也沒有憎惡。他不分美醜善惡，一視同仁，他的溫暖能照進國王的殿堂，也能照進百姓的陋室。他的光線能穿過汙穢之地，讓淤泥中開出潔白的百合和鮮豔的玫瑰，讓每一件事物放射出耀眼的光彩。看到愉快的笑臉，沒有一個人不會感到神清氣爽、精神振作。我腦海中就一直有一張朋友的笑臉，每當我忙碌不堪或面臨艱難抉擇時，這張臉就浮現出來，給我鼓勵。不論多忙，只要一接到這位朋友的電話，我都願意和他聊天，因為他能使我的生活輕鬆愉快。這個朋友心態平和樂觀豁達，從來不把地位、金錢看得很重，他認為，榮譽和品德才是生活的意義。他充滿溫情、熱愛生命、感謝生活，所以很有人緣。

光芒四射的人能使生活之水變成佳釀，他們微笑的問候能魔術般地驅走人們心中的憂思，讓所到之處擺脫黑暗迎來白晝。他們是免費的公共健康服務隊。一個紐約報童說他有一個女顧客，每天賣報紙時總是面帶微笑和自己打招呼，單調乏味的賣報生涯也因她的微笑而變得輕鬆愉快。金錢的富翁只能給自己帶來好處，而歡笑的富翁卻能造福周圍所有人。帶給別人的歡樂越多，自己收穫的快樂就越多，就像放入土壤中的種子，種的越多，收穫越多。

樂觀創建生活，悲觀毀滅生活。歡樂具有很強的治癒能力，每個人都能在歡樂的笑聲中重整旗鼓。歡笑是社會的主旋律，正是因為歡笑的存在人生才值得一活。和憂心忡忡的人相比樂觀向上的人很少得病，因為歡樂能使人身心健康，遠離疾病和衰弱的困擾。意志消沉則會削弱抵抗力，是疾病的元凶。

鋼鐵大王安德魯·卡內基說：「沒有歡笑就沒有成功。人們應該從工作中發現快樂，面對愉快的工作，任何疲憊都會煙消雲散。」然而，很多老闆卻不鼓勵員工在工作中保持歡樂的氣氛，認為這不夠嚴肅，還浪費時間，會讓工作秩序混亂。但也有很多人同意卡內基的觀點，覺得讓綁緊的神經暫時放鬆反而能提升工作效率，還能使員工身心健康。

笑對困難的能力比所羅門寶藏更珍貴，有勇氣突破黎明前的黑暗微笑地面對朝陽的人手中永遠握有一筆巨大的財富。人們從孩提時代起就應學會將生活看成上天賜予我們的一個美麗的禮物，所以每一天都應該像得到禮物一樣開心快樂，每個人都是一個國王，生來就有得到成功幸福的權利，沒什麼事值得我們傷心失望。

有一個老婦人每天都非常快樂，別人問她為什麼能那麼開心，她說：「小時候大人就教育我要保持愉快的心情，尤其是吃飯的時候。我爸爸是個律師，腦子裡整天裝的全是枯燥嚴肅的法律條文，可一到吃飯的時候，他就會面帶微笑地跟每個人聊天，我家的餐桌總是充滿歡聲笑語。如果哪個孩子吃飯時哭喪著臉，大人就命令他離開餐桌，什麼時候心情好了什麼時候再回來吃飯。家長告訴我們，所有雞毛蒜皮的小事和抱怨都得在吃飯時忘得一乾二淨。現在想想，那時父母的教育真是讓我受益匪淺。」

整日板著臉、悲觀憂鬱、亂發脾氣的人遲早會被周圍的人視為無法容忍的另類。整天繃著張臭臉生活在一個充滿歡樂的世界裡不僅是對朋友的無禮，也是對上天的不敬。保持快樂的笑臉是種義務，每個人都應該滿懷希望地笑對世界，這樣，整個人類社會才會健康蓬勃地發展下去。

我十分反感畫廊中展出的一些面露憂傷的基督教教徒的肖像畫。憂鬱的表情代表軟弱和失敗，可教徒應該是光明的使者，是傳遞快樂和希望的人，所以他們的表情應該是充滿勝利的喜悅。他們應該個像凱旋的國王般陽光四射，而不是受氣的奴隸般滿臉陰影。

美國作家比徹說過這樣的話：「滾開！這些哭哭啼啼的傢伙！此刻鳥兒正在天堂歡唱，你們這些不懂快樂的人好好反省吧！趕快祈禱自己能早日走出昏暗進入光明吧！」面由心生，心中的每一絲怒氣和仇恨都會在臉上表露出來，擁有甜美笑容的人一定擁有善良寬厚的內心。所以，一定有保持快樂的心情，時刻提醒自己：「今天我不能對任何人動怒。」無論遇到什麼煩心事，都要保持平和的心態。想做快樂的承載者，就要讓腦中充滿快樂美麗的圖景，讓這美麗的圖景趕走悲傷和失落。

想吸引朋友、想工作優秀，就讓腦中充滿陽光吧。在紛爭和怒火埋葬你之前，先把他們消滅掉。要學做一個日晷 —— 「只記錄陽光的時間」。

想在社會中大做一番嗎？那就首先學會保持快樂的笑容去享受生活中的點點滴滴吧！不論遭遇什麼困難，一定要從每天的生活中找到樂趣，讓所到之處充滿陽光，充滿朝氣！

贏的定律 21

培養自己的勇氣和自信

我喜歡步伐堅定、目標專一、不顧一切、勇於成功的人。揭去包裹在外表的甜言蜜語，懦夫將逃之夭夭，勇者將繼續前進。勇敢地打拚出屬於自己的一片天地，世界萬物都在為勇敢的菁英服務。要勇敢地按照自己的準則生活。不必去計較、理會那些無助於你成功的侮辱和誹謗。如果有一種信仰能夠移動高山，那就是自信。自信能助你實現一切。

—— 威佩爾

「想知道一個人成功的機率有多大，那就看看他的眼神，如果他的眼神晃動不定，那這個可憐蟲就缺乏勇氣和自信，需要鼓勵。」

成績和才能不成正比例的主要原因就是缺乏自信，仔細觀察那些失敗者就會發現，儘管他們有足夠的才能，但性格懦弱，缺乏勇氣、信心和毅力。這些人的潛能一旦得不到挖掘、才能一旦得不到發揮，便自暴自棄了，於是便落後於他人。

總想著失敗的人，萎靡不振將伴隨他，黑暗的未來將籠罩他。莎士比亞說：「懦夫在死亡之前，其實已經死過很多次了；但是，勇敢者一生只能死亡一次。」生活中膽小怕事的人，奮鬥中怯懦退縮的人不可能成功，他們在行動之中總是思前想後，是向左、還是向右？是向前、還是向後？凡事都需要別人來替他拿主意，為他拍板定案。如果一個人連自己都不能相信自己，別人怎麼會相信自己呢？缺乏勇氣和自信，就缺少奮鬥之力，也就沒有了創造力，一生只能聽從別人的擺布與指揮，人生將失去輝煌。

缺乏勇氣和自信的人，就只能作命運的玩物、時代的奴隸。就算一個人的各項能力都十分出色，但只要缺乏勇氣和自信，在奮鬥中他必將遭受失敗。唯有自信能消滅恐懼和疑慮，給人以無窮的力量，助人實現夢寐以求的目標。只有具備了足夠的勇氣和信心，各項才能才會充分發揮出來。而驕傲感和自豪感會推動人們再接再厲，創造更加的輝煌的業績。

在古希臘斯巴達地區，母親在孩子很小的時候就培養他們驍勇善戰，勇往直前的性格。所以斯巴達的將士們，個個都是敢打敢拚，不怕死的勇士。想成為王者，就必須像勇士們那樣，無所畏懼，勇往直前。只有相信自己的實力，才能應對各種緊急情況，以勢不可擋之勢突破各種艱難險阻，出色的完成任務。一個充滿自信的人往往能取得令世界矚目的成就，聖女貞德的故事給我們的啟示是，在日常生活中，每個人的能力只發揮出了一小部分，要想成就偉業，必須要有崇高的理想，用無畏的勇氣和堅定的信念，將自己的潛能和才能全部激發出來。創造出令人矚目的豐功偉業。

天有陰晴冷暖，月有盈虧圓缺。人無完人，事也沒有時時都順利的事。充滿勇氣和自信的人也要走彎路，也要犯錯誤。但從他們整個一生來看，用他們的成績來衡量，這段彎路，這點錯誤又算得了什麼！他們走過的人生之路，遠遠輝煌於膽小懦弱者的人生之路。他們取得的成就，遠遠大於膽小懦弱者的成就。

成功永遠屬於勇敢無畏、自信自強的人。只要你自信、勇往直前，就沒有你辦不成的事，完成不了的任務。據說，格拉德斯頓在第一次議會競選失敗後，仍然每天堅守在自己的辦公室裡，一如既往地勤奮工作。他相信自己的能力與才華，相信自己選擇的人生之路，相信自己總有一天會取得勝利。

一個偉大的靈魂勇於承認失敗，但他們不屈服於失敗。失敗使他們奮鬥的目標更加明確，勇氣倍增，信心十足。每一次失敗都使他們離成功更近了一步。塞勒斯·韋斯特·菲爾德（Cyrus West Field）在 36 歲時就退出了商業圈，他想做些價值更大、業績更輝煌的事情。當時，人們為了通訊更加方便快捷，想在大西洋底下鋪設電纜，幾乎所有的科研人員都認為此舉是天方夜譚，但菲爾德卻不這麼認為，在與支持他的專家們經過周密思考，仔細測算後，一致認為此舉可行。於是，他動用了自己大部分積蓄，橫渡大西洋 50 多次，規劃、設計、鋪設。就在大功即將告成時，海底的電纜突然斷裂，前功盡棄。但是，他們不灰心，不喪氣，找出斷裂原因，把它修好繼續鋪設。再斷、再修、再鋪設……一次次失敗，一次次修復，一次次再鋪設。終於，電纜將大西洋兩岸連接起來了，將兩岸人的心也連在了一起。人們為這一成功的壯舉而歡呼跳躍，可此時此刻會誰知道，塞勒斯·韋斯特·菲爾德與合作的專家們，為這一成功時刻，付出了多少艱辛和汗水。他們的成功來自於那宏偉的目標；他們的成功來自於那不向失敗屈服的鬥志；他們的成功更來自於那充滿勇氣和自信的力量。

一些年輕人在人生道路上，從不敢奢望這一生會取得什麼巨大的成就，對美好的願望只是想想而已。沒有勇氣，缺乏自信。因此，在學習工作中，社會競爭中，常常表現為人云亦云，隨彎就彎，順水推舟，當一天和尚撞一天鐘的做法。最終，這些年輕人真就一事無成，美好的願望全都破滅在沒有勇氣，缺乏自信的泡影中。

而那些學業有成，事業有功的人則恰恰相反。他們勇於把自己那美好的願望變成現實，他們有勇氣去奮鬥，有能力去爭取，有信心、相信自己一定能夠做到夢想成真。不過，勇氣和信心一定要建立在理智、切實可行的基礎之上，否則，這種勇氣和信心將會變得狂妄自大，目空一切。最終，理想也將破滅。由此可見，理智基礎上的勇敢、自信，不會使你的奮鬥變得魯莽、困惑、驚慌失措。也不會讓你走錯奮鬥的方向。成功者需要理智基礎上的勇敢、自信。領袖級的人物更需要理智基礎上的勇敢、自信。

安德魯·傑克森（Andrew Jackson）年輕時曾在田納西州當法官，一次開庭審判，一個暴徒突然闖進法庭，干擾了正常的審判程序，傑克森命令法警將此人逮捕，暴徒突然掏出一支手槍指向法警，面對眾人怒吼道：「誰敢往前走一步，我就開槍！」法庭外的警衛們也都來了，可是暴徒仍然窮凶極惡，根本就沒有懼怕、屈服的意思。暴徒雙手握槍，繼續與法警對峙著，僵持著。此時，法庭內死一般寂靜，只能聽到人們急促的呼吸聲，一分鐘、兩分鐘、三分鐘……傑克森冷靜、果敢、堅定地說：「現在休庭 3 分鐘，請大家暫時離開法庭。」接著，他走下法官席，眼神堅定、毫無懼色，徒手走向了那個暴徒，暴徒頓時被他威嚴的氣勢所屈服，像小雞見了老鷹一樣堆坐在那裡。俯首哀憐，請求法官大人寬恕他，饒恕他。原來，他就想透過暴力闖入法庭，發洩對社會的不滿，在社會上造成一定的影響，以減輕生活中的壓力，沒想到碰上了傑克森這位不怕死的法官。事後回想起來，當時，若沒有傑克森的冷靜、果敢、堅定，法庭上很可能發生槍擊命案，那慘案真的就成為了現實。

生活中，工作中，為什麼不學學傑克森呢？在社會競爭中，在成功的關鍵時刻，人們總是缺少傑克森的那種氣質、勇氣和力量。勇氣其實也分很多種。人們總習慣把勇氣理解為英雄主義，比如在遭遇火災、沉船、地震、交通事故等災難時，一些人能勇敢、冷靜、果敢地救出被困人員；在戰場上，戰士們那勇往直前、奮勇殺敵的氣勢。這些英雄人物的勇氣來自於面對危難時，體內產生的一種巨大的暴發力、衝動力，每個人天生就具備這種勇氣。而面對嘲笑、譏諷和誹謗時，仍能做到沉著、鎮定、自若，堅守住自己的主張與冷靜的意識，這比面對災難所表現出的勇氣更偉大、更崇高。因為，這種氣質不是人人都具備的，更不是人人都能表現出來的。

在舊金山，飛行員約翰·弗里斯比要試飛一架新型飛機，他聽說這種飛機在設計上有點缺陷，但自己是老飛行員，若是因為這點缺陷，就猶猶豫豫地不敢上飛機，怕別人會恥笑，說自己膽小如鼠，所以只好硬著頭皮上了飛機，結果飛了不到半個小時，事故發生了，飛機一個倒栽蔥直衝地面，儘管約翰·弗里斯快速把自己彈出艙外，但為時已晚，還是命喪黃泉。當初，他明知道這架飛機在設計上有缺陷，試飛有危險，但他礙於自己是老飛行員的面子，不敢去試飛怕別人恥笑，被他人嘲笑，結果被面子奪去了生命。許多年輕人一走進酒吧，就要喝上幾杯酒，或是明知道有些事情自己不能做，但是，為了爭強好勝，為了不丟臉，為了顯示自己別樣的才華，不顧一切地去拚爭，結果一個個喝得東倒西歪，又打又砸，最終，被員警帶進了拘留所。有的還因發生了人身傷害或命案被判了刑。僅僅為了不丟臉，為了顯示自己別樣的才華，就付出了這樣大的代價，值得嗎？

在現實生活中，能做到堅持住自己的準則，不盲目從眾，按部就班地走自己堅信的道路，又絕非輕而易舉之事。也有這樣一些人，語言優美，舉止優雅。從不公然嘲笑、誹謗他人；更不四處招搖撞騙。看似彬彬有禮、誠實守信的有識之事之人，實際上卻是個懦夫。他們沒有勇氣，不敢表白自己的想法，更是不敢拒絕別人的要求，別人讓他低頭，他不敢抬頭；別人讓他往西走，他不敢往東走。時時刻刻聽從別人的指揮擺布，跟在別人後面。遇到點難題難處，他們就不知所措了，一點自己的主見、想法也沒有。你能崇尚、讚揚這樣人的特質嗎？精神上的勇氣和自信，是一個人昂揚向上，真正活出自我的強大支柱，它使你能夠禁受住各種艱難的考驗與迷人的誘惑，讓你目標明確，一心一意地走在屬於自己的人生之路上。沒有這種精神的支撐，在困難面前總是思前想後，面露懼色、退縮不前。那麼，你將成為下一個沒有主見的懦夫。

贏的定律 21　培養自己的勇氣和自信

找工作時、推銷商品時、或尋求幫助時，一定要毫不畏懼地走向對方，直視對方的雙眼，充滿自信地告訴他們你想做什麼，那樣願望實現的機率將大得多。情緒可以感染人，充滿勇氣和自信的人身上有一種無法推託、不可回絕的氣勢。如果一個唯唯諾諾的人走到別人面前占用人家寶貴的時間，那他得到的多半是回絕。想在社會上取得成功，想讓別人相信你你很重要，而在這一點上有著關鍵作用的正是你對自己的態度。

世界只幫助勇敢自信的人。只要你懷著一顆定能成功的熱心去工作，馬上就會獲得無往不勝的聲譽，這個聲譽往往能幫你進一步化解前方的危機。成功的信念帶動出不可抗拒的力量，助人突破萬難，奮鬥到底，直至勝利。具有這種信念的人，在任何時間、任何地點，都是領軍人物。無論前方有多少失敗、多少困難，只要牢牢抓住自信、不懈努力，就能成功。永遠保持勝利的表情，只要一息尚存就不舉手投降。戰爭中多少舉旗手身負重傷，仍把紅旗舉得高高，即使自己倒下了，旗也不能倒下，只要還活著，就必須讓紅旗飄揚在空中。美國內戰時，一個指揮官命令鼓手敲撤退鼓，鼓手說：「我不會敲撤退的鼓點，我只會敲前進的鼓點。」於是，他起勁地敲響了前進的鼓聲，那英勇頑強的戰鬥情緒很快傳遍全軍將士，激勵著部隊最終轉敗為勝。生活中我們必須像鼓手那樣，永遠不打退堂鼓，高舉前進的戰鬥旗幟，一直奮戰到生命最後一刻。

記住，當你允許自己洩氣，當你感到自己一蹶不振時，你就正在放倒前進的紅旗，舉手投降。失敗的第一步就是開始懷疑自己。要想成功，就得相信自己生來就具有成功的素養，相信自己能夠出人頭地。貧窮算什麼！逆境算什麼！惡劣的環境更能激發我們前進的勇氣和力量。

勇敢地否定一切不利因素吧！相信自己生來就是能夠統攝自己命運的人。要像守住財富一樣牢牢地守住自信，丟掉了自信就丟掉了根基，沒有了根基人就不可能立穩腳跟。

這個世界上最值得憐憫的人就是懷疑自己的人，當今社會許多失敗大軍中的人都還在感嘆，要是能重新找回自信，那自己也許還能再打一次漂亮的翻身仗。自信是一切勇氣的泉源，要利用一切機會改造自己，不斷提醒自己能夠成功。相信自己，我可以，就能獲得創造成功的巨大力量。

贏的定律 22

懂得堅持

每個人都必須奮鬥，制定並堅持自己的決心，戰勝自身的弱點和缺陷，沒人能為我們做這些事情。

—— 馬登

我們都有兩種天性，其中之一是向後倒退，走下坡路，除非我們一直保持警惕且不斷受到激勵。這就好比讓一個小孩子自己待著，沒有大人的約束和指導，他們會變得怠惰懶散，沒有出息，甚至會道德敗壞。我們把自己的父母或者老師當作榜樣，因為他們與我們在一起生活的時間最長。他們總是鼓勵、啟發我們，試圖挖掘出我們的另一種天性，他們的力量不容忽視。

人如果能透過意志力去努力，試圖全心全意地使自己變得完美，很多事情便會魔法般的發生轉變。比如：當發現自己曾處於邪惡或可恥的狀態時，會使一個人震驚，使他重新審視自己，並立即決心改變自己的生活。要做到這點，每個人都是可以的，如只要他願意，願意轉過身向正確的方向走去。因為，這只是一個意志力的問題，一個自我訓練的問題，一個養成新習慣去代替舊習慣的問題。

許多人在生活中，透過閱讀一本勵志書籍，或者得到某個信任自己的朋友的鼓勵，就追尋到了自我發現的轉捩點。這說明，即便沒有經過長年累月的磨練，人的性格也有可能發生徹底的改變。這種改變僅僅是簡單的一個轉身，轉身面向另一個方向，一個與敵人對峙的方向，這才是原本應該走的正確的道路。

我們經常聽見那些性格令人討厭，或者壞脾氣的人抱怨他們生來就是那樣。他們不知道自己的一生都被遺傳的過錯給毀掉了。在這裡有一個問題，就是我們怎樣解釋那些悲劇發生後性格的瞬間轉變？怎樣理解下決心戒酒，告別糟糕的生活的行為，或者突然地決定改掉散漫懶惰等不良習慣的做法？我們怎樣解釋一個被認為一輩子都會無所作為的年輕人突然改變自己的性格？

一場意外，面臨突如其來的災難，至親的離世，財產的遺失，一場火車事故或沉船事件，在火災中面臨死亡，宗教復興，對於自我或者生命真正意義的發現……這些都是導致很多人生活改變的原因。

所有這些事例都證明，我們的思維和習慣會改變，並且可以塑造一種全新的性格和素養。即使在晚年，這也是完全有可能的。

成千上萬的人都利用新年計畫完全改變了自己的性格和生活。我了解一些人，他們被社會遺棄，被自己的家庭當作難以忍受的人排擠在外。然而，透過某件事或某個人，他們突然間奇蹟般地找到了自我，不僅改變了原來的行為和生活態度，並且脫胎換骨，從此生活在陽光下。

如果我們非常想做好一件事，那麼，無論如何都會找到辦法。但是，對於我們大多數人而言，問題是我們不願為自己想要得到的東西做出犧牲，我們不願以非此不可的態度去追求。事實上，只有這種態度才能帶領我們翻山越嶺，跨過海洋，到達目的地。如果我們只想輕鬆上路，而不是以有力的行動來支持自己的願望，如果不積極、不盡力爭取，我們是不會得到機遇眷顧的。

我們總是輕易給自己找藉口，稱缺少機會。但是按照規律來說，如果強烈渴望一件事，無論如何都能成功地抓住它，至少有這種可能。

機會的大門會為頑強的意志力和堅定的決心而開。在別人退縮的時候還堅持努力，只有這樣的人才能打開機遇的大門。機會就存在於人們自身，存在於敏銳的大腦，存在於毅然決然的思維，存在於勇敢的素養，存在於堅持不懈的精神和持之以恆的努力。然而，讓人痛心的是，無論在何處我們都會看到因誤入歧途而導致破滅了的希望。那些因為等待太久而喪失了行動能力的人們，慢慢地再也看不到機會，更無力把握機會。

我親愛的青年朋友們，你是否曾抱怨比起別人你的生活缺少機會，抱怨自己一事無成是因為無人幫忙或者無人督促？那麼，看看周圍的人吧，他們與你一樣念完了大學，正在從你認為毫無價值的環境中創造輝煌；殘疾、健康狀況很差或者是低能孩子中的傑出代表是否讓年輕且身心健康卻毫無作為的你而感到羞愧？當一個失明或者聾啞的女孩可以完成高等教育，寫書，成就更多非凡事情的時候，那些家境貧寒的年輕人又怎可為自己的碌碌無為和平庸找藉口呢？

我知道一個紐奧良州的女孩，她雙腿殘疾，卻一直堅持在一所夜校讀書，並且堅持了好多年。「堅定的毅力終會找到出路。」你缺少的並不是機會，而是精神、勇氣和毅力，正是這些區分了生活中的失敗者和無視困難、奮力達到目標的勝利者。

「一些人說那是不可能完成的事，
他輕聲笑著回答，
『也許不可能』，但是，他是那個
沒有嘗試不會說不的人。
「他專心地做，帶著平靜的微笑。
擔心了，他會掩飾。
他唱著歌，做著那不可能完成的事，
那件不可能完成的事，那件他做成的事。

「有人嘲笑道：『啊，你永遠不會成功；

至少還沒有人成功。

他脫掉外套，摘下帽子，

我們知道的第一件事，是他已經開始做了。

「他微揚起下巴，輕輕咧嘴笑，

沒有疑問，沒有爭論；

他唱著歌，做著那不可能完成的事，

那件不可能完成的事，那件他做成的事。

為什麼不記下由愛德華·蓋斯特寫的這些句子呢？有些時候，當你面對困難的時候，它們可能是一種鼓勵。

記住，在這個世界上，任何需要完成的事情都可以完成，且都將被某人完成。如果你缺少能力、勇氣或者決心去完成，很可能離你不遠的人能夠，也願意去完成它。也許你無法找到方法，但是，你的周圍總會有人能夠找到方法。在他努力完成這件事的時候，意志力會使他充滿力量，為他找到突破之處。

如果把貧窮的男孩和女孩取得的成就從歷史中提取出來，誰會去關心，去閱讀？但是要不是這些貧窮的男孩女孩的不屈決心，今天的我們可能還在乘坐馬車，我們不會有電、汽車，甚至是縫紉機。需求不僅僅是發明之母，更是文明之母。

所以，貧窮的孩子並不真的需要如此多的同情。與富裕的孩子比起來，他們有一些難以比擬的優勢。當然，他們也有缺點，和我們大多數人一樣，他們有時也會懶惰。對於大多數人來說，世界上最難克服的就是天生的惰性。普通人不去抵抗這種惰性，對我們來說，它如同呼吸一樣自然，需要各種刺激使自己保持前進，向目標靠近。

你的餘生怎樣度過，完全取決於你自己和你決定怎樣利用時間，這點我想不用經常重複，也不需特意強調。你的時間 —— 每天，每小時，每分鐘 —— 都是你購買生活的貨幣。除了自我激勵、自我啟發，沒人能幫助你。只有自己腦中的思想和意志能夠在隨後的年月為你做任何事。

知識永遠寶貴，決心和勇氣永遠不會向機會乞求。擁有這些，你的生命便不會虛度；擁有這些，在你得到第一份工作之後，永遠不需尋找下一個職位。反之，如果僅僅是願意去做，而沒有能力去做的話，也不會有適合的工作。當今世界從未像今天這樣需要傑出的年輕人，從未像今天這樣強烈需要有頭腦和健康體魄的年輕人。我知道有些年輕人，他們在一個固定的職位上做的很好，然而別的地方仍然需要他們，有各式各樣的職位向他們發出邀請，以至於他們的雇主不得不支付高薪，努力挽留。因為，他們以良好才識和優秀的品格為自己贏得了好名聲。這樣的人哪裡都受歡迎。

年輕人意識不到他人創造的氛圍對自己道德的影響，也意識不到來自他人的希望和美好祝願的價值。有進取心的年輕人在受到別人的鼓勵時，會產生一種巨大的自我推動力。被人稱讚有前途是一種不錯的激勵和一劑受益終身的滋補良藥。如果認識我們的每個人都在思想上鼓勵我們，希望我們成功，為我們前進的每一步感到欣喜，這比擁有一個巨額銀行帳戶好得多。而那些能被人記住的年輕人，能夠在周圍環境中留下印記的年輕人，世界都會傾聽他的故事。我們每個人都會仰慕那些奮勇爭先的年輕人，會不可避免地支持他，在力所能及的時候不自覺的幫他一把。

一個無名小卒，一個虛度年華、沒有骨氣、沒有出息的人，就像一堵死牆或深不見底的山谷。人人都會遠離這樣不求上進、浪費機會的人。如果他想改邪歸正，必須先使曾經熟知他的人對他改觀。但是這樣一來，他把本來應該用於追求自己目標的大部分精力都消耗在消除別人對自己的譴責中。想想，這真的不划算啊！

我們不妨每隔一段時間就坐下來評價自己，問自己：「我在成長嗎？在進步嗎？我在千方百計完善自己嗎？我在充實自己的生活嗎？還是已經停止努力，停止前進了？」

每一次軟弱的逃離生活都是對自尊的背叛。生活號召我們勇敢地加入建設世界的工人行列，賜予我們服務於同胞的神聖工作。如果我們怕任務艱巨而退縮，如果我們嫌辛苦勞累而退縮，如果我們因為味道苦而拒絕品嘗困難這副藥，我們就失去了自尊以及他人對我們的尊重。

源於自我改善的自我充實像是放大鏡。增加鏡頭，提升放大倍數，便可以看得更遠，更清晰。因此，我們應不斷地擴充知識，提升能力，為成為偉大的人不懈地努力；開拓思維，使視野更加廣闊，對於一個堅定而有抱負的靈魂來說，這才是偉大的人生大學。

僅僅保持現狀是不夠的。這只是粗劣的沒有價值的心胸，一個年輕人能夠成功，其中一個永恆的因素就是胸懷抱負並且積極向上。那些實際上注定會成功的年輕人，總是野心勃勃地不僅要做，還要向上做，總是心胸敞開，時刻準備獲得更多的知識，享有更高的地位，總是盡力創造量變及質變，提升自己的能力。

會賺錢或者擁有財富並不是衡量一個人真實能力的唯一標準。大多數情況下，最好的能力不是從金錢或名利中得來的。那些與生活抗爭的失敗者，較之那些碰巧在勝利到來時活著的人，通常是更好的戰士。

哪裡都需要有能力的人。那些做事充滿活力、有氣概、有勇氣、有決心，不離不棄並懂得抓住機遇的人，總是在緊要關頭衝到最前線。因此，正是那些辛勤工作，為自己贏取聲譽的人占據著擔負責任與權力的位置，而不是那些膽怯的，不可靠的，懶散的人。無論在哪個團體，當巨大的危機出現時，人們總是希望那些做過大事，有成就有威望，總能出色完成任務的人來領導他們度過難關。

我認識一個年輕人，他出自一個勤奮謙虛的家庭，大學畢業後不久，就在最近，他得到了來自多家公司提供的萬元薪水的工作邀請。他不是天才，也沒有特殊的天分，但是他懂得堅持自己的主張，懂得堅持就是勝利。他知道奮鬥的力量，清楚勤奮可以帶來奇蹟，願意為升遷付出代價。這就是他抓住「好機遇」的全部祕密。這個年輕人的進步，並不神祕，也沒有特別的運氣，他沒有顯赫的家世，有的只是抓住並應用了傑出天分的最好替代品 —— 努力。他知道成功需要堅持，需要自我挖掘、自我敦促，他知道生存之道。他不去等待需要別人確定的事情。這就是他成功的祕密。

喬治·艾略特（George Eliot）說過：「沒有什麼大事是由總是躊躇不決的人完成的。」那些凡事都要猶豫人不會在世界上做出任何卓越的成就。要改變這種狀態，就必須要有勇氣去做那些值得做的事情，不去理會事情負面的可能性。如果想勝出，你的性格裡必須要有膽識存在。

一些對世界歷史有突出貢獻，給人類生活留下深遠影響的人，曾經也是窮困潦倒的失敗者。某些事觸動了他們，喚醒了他們心中的美好，使他們從失望走向希望，從灰心喪氣變得雄心勃勃。可能是因為讀過的某本書，聽到的某句鼓勵的話，或者來自別人的一點善意的行為啟發了他們，使他們想在自己的生命中做出一些什麼。無論是什麼，恰恰就是這造就了成功與失敗。他們開始走上正確的道路，從醜陋變得美麗，從錯誤轉向正確，從陰鬱的生活中走出來，開始做有意義的事。對於社會來說，正是這樣的人、這樣的事造成了痛苦的負擔和榮耀的資本之間的區別。

實用心理學這門新學科就是要與眾多失敗抗爭，創造生活的奇蹟。那些作為浪費的資源被送進監獄和貧民院的人，加入了社會垃圾的行列。現在有許多這樣的所謂的窮人，他們富有能力和天賦，但是卻因為喪失了對自己的信心而暫時失敗了。他們放任自己意志的薄弱。他們中的很多人在某個經濟危機中失去了財產和地位，變得垂頭喪氣。

其實，他們身上還保留著大量的潛在力量，他們需要的是被喚醒。當他們意識到能夠再次獲得來自於生命這個萬能之源的幫助，並且身上擁有可以帶領自己走出貧窮和失敗的東西時，他們一定會拒絕繼續沉淪下去。他們會站起來證明自己。正如菲力浦·布魯克斯說的：「當人類瞥見更好的自我，更完善、更有天賦的自我時，他不會滿足於現在，直到變成他看到的那個更好的人。」

因此，每個人都必須奮鬥，制定並堅持自己的決心，戰勝自身的弱點和缺陷。沒人能為我們做這些事情，儘管他們可以幫助我們，鼓勵我們。如果想真正的提升，獲得物質回報，我們每個人最好還是成為荒島上唯一的生存者，只有周圍的水和頭頂的天空陪伴。

如果性格有缺陷，或者很貧窮；如果沒錢上大學，沒有資金做生意；如果缺乏影響力，那麼，你更有理由喚醒最好的自己，堅信沒有障礙能夠削弱、妨礙你的進步。克服障礙並不是一件很困難的事情。那只是決心、勇氣和意志力的問題。這是財產和美貌的最好替代品。

你也許很窮，也許沒人推動你、鼓勵你，但是只要有意志力和決心，你就可以反抗整個世界。你可以把意志力和決心置於財產和影響力的位置之上。當朋友背叛你甚至拋棄你的時候，意志力和決心會幫助你。

歷史告訴我們，那些為世界做出貢獻最多的人都是在冷淡、充滿敵意的環境中將自己鍛鍊出來的。偉大的發明家們為提升人們生活而進行的研究，都是在長年物資缺乏和他人恐怖的阻攔下進行的。他們被親人指責，被朋友誤解。比起他們堅定的決心，那些隨遇而安，沒有骨氣的年輕人只會多愁善感。有的也是一些淡而無味的小願望，他們只會去做那些不花時間，不需太多努力和太多犧牲的事情。可見，僅僅想著要做某事與咬緊牙關、握緊拳頭、以堅定的決心去做事有著天壤之別。

文明與奇蹟都是被這樣的人鍛造出來的，他們把心思全部傾注在目標上，什麼也不能阻擋他們奮力前進的腳步。面對這樣的人，你能做些什麼呢？他們對內心渴望的事情滿懷熱情，勇敢地跨越了不計其數的危險、飢餓，甚至是死亡，從沒想過放棄。

當一個人願意拿財產、名譽和他所擁有的任何財產，哪怕是人做賭注，去完成他內心的渴望時，對此，你是無法阻攔的，只能任由他向前衝。

障礙的大小與克服它的力量和決心成正比。小人物會覺得眼前的障礙看起來很巨大，但是對於大人物來說，困難比起他所追求的東西要渺小得很。事情越艱難，障礙就越大，而消除障礙需要的勇氣也就越大。

有的人把每一次挫折都當成終點，或者將它看作自己不能成功的象徵。那種坐下來哀嘆、抱怨因為運氣不好而導致失敗的人很軟弱，不會成就大事。

「什麼是勇敢，什麼是高貴，讓我們一切依照最莊嚴、最高貴的羅馬儀式，死神以帶走我們為傲。」

對於那些注定會勝利的人來說，失敗只是暫時的。失敗從不是最終結果。他們只會把失敗當做一次小失誤，然後帶著重建的決心，比以前更堅定的決心站起來，繼續走下去。

贏的定律 23

拋棄壞習慣

我們目前是什麼樣子，習慣將使我們永遠保持這個樣子。

教育的重點之一就是教會我們如何與自己的神經系統成為朋友而不是敵人。

為此，我們必須盡快養成良好的習慣，做更多有用的事，並要小心防範，不誤入歧途。

在培養新習慣丟棄舊習慣的過程中，我們必須用心將自己變的更強，而且要盡快下定決心。

在新的習慣在心中根深蒂固之前，永遠不許任何例外發生。

抓住任何可能的機會去執行你制定的每一個計畫，接受可能遇到的情感激勵，向著你希望養成的好習慣前進。

—— 威廉・詹姆士（William James）

「將軍，真的很奇怪，您經歷了所有的戰亂與前線生活，卻從未有人要求你去宣誓。我從未聽說您講過什麼誓言或發過什麼詛咒。」

「哦，不知什麼原因，我從來就不會宣誓。」他回答道，「我小的時候，就對宣誓感到厭惡，當我長大了，更是覺得宣誓很愚蠢。我注意到宣誓容易引起一個人的怒火，當他因發怒而情緒高漲的時候，一直冷靜的對手便會勝過他。事實上，我從來不覺得宣誓有什麼作用。」

「我認為大多數人頻繁的宣誓僅僅是出於習慣，他們並不是想褻瀆誓言。在我看來，他們是在浪費時間。」

以上是一本雜誌中，關於格蘭特將軍的一個朋友講述了的故事。這是他本人和將軍在戰友都已入睡後的深夜，坐在營火邊展開的對話。

每個出生在這世界上的孩子都是一個「由肉體、精神和道德組成的機器」，即一個「由習慣產生的機器」，它不同於那些只能重複做一件事的堅硬的鋼鐵或銅質機器。這主要是因為身為這個奇妙機器的監管者，使得它擁有無法衡量的力量，可以實現幾乎所有的夢想。需要說明的是，人類這個機器在幼年時期是可塑的、溫柔的、易受影響的，而在這個時期的生產模式則組成了監管「這個機器的程式」。透過成千上萬次重複同一個動作，在大腦裡，我們建立思維定勢，養成習慣。因此，比起未知的路途，走多年的老路會容易得多。

在這裡，可以精細化一下，人體這個機器的某些部件是基於以下標準建造的：

首先它是由另外一種人體內部的真實性、精確性、敏捷性、和勇氣等等組建而成的。

其次，如果監管者堅持以一種精確、辛勤、小心的態度工作，從青澀的描摹父母和老師為它設定的工作模式到深深把這種模式刻入柔軟的大腦神經組織中，又從不間斷的重複中獲得了力量和其他元件，那麼，要想成為理想的一個人，鍛鍊出良好的性格對他來說會簡單得多。

但是，如果遵循的不是精確和嚴謹的秩序而是混亂和邋遢；如果任意說謊推諉，不誠實不守信；如果膽怯懦弱沒有勇氣；如果處事躲閃狡猾不正直；如果用冷漠代替熱情；如果偷偷摸摸自我貶低，沒自尊、沒自信 —— 很快你就會發現壞習慣已經悄悄侵入你的身體，你能做的只有不斷重複地做壞事。

「如果一個年輕人能夠意識到他會變成習慣的奴隸，」威廉・詹姆士教授說，「那麼他在習慣養成的階段就會留心自己的行為。」可見，每一個——哪怕是一個很小的精神上或不道德的行為對他的打擊都會留下傷疤。對此，傑佛遜戲劇裡喝醉的里普．萬．溫克爾，每次怠忽職守後都為自己辯解道：「這次不算數。」好，我們姑且同意他這樣的辯解，他也許不把這當回事。但是，神經細胞，神經纖維，甚至任何分子都知道他做錯了，他們會記錄並儲存起來。當下次面臨誘惑時，這些記憶就會站出來反對他。這些都是事實，不會因為你的辯解而不存在。

只有透過痛苦的、被監管的、細心的重複，在每個動作中都特別地傾注意志的力量，才能在神經和腦組織中形成與原來相反的慣例。舉個例子來說，通常你都會因為突然發現別人都認為自己是個謊話連篇的人時，做夢都不想不到自己居然養成了這樣一個習慣。在意識到這點之前，為了某些暫時的目的而稍加扭曲事實的意識行為，已經在你的神經和腦組織中形成了慣例，長此以往，撒謊幾乎變成了你的一個生理需求，並牢牢受制於自己的這個習慣。比如：我們經常為那些看起來正直誠實的人所犯下的罪行感到震驚。但是，如果檢查一下他們的神經機制和習慣，會發現正是一些他們認為平常的舉動，引導其走上了犯罪的道路。這是因為，習慣會使人們對於激勵越來越敏感，越來越容易做出反應。關於這個觀點，所有的專家、學者和教育界的權威人士都是同意的。

每重複一個動作都會使我們更加傾向於做這個動作，並在神奇的身體機制中產生一種無休無止重複的趨勢，這大大提升了重複動作的比例。最終這個動作將會由自然的一個反應變成一種自覺的反應。但是，我們總容易忽視習慣的生理作用。為了說明這一點，我們來看這樣一個例子：一個音樂家能用鋼琴在一秒鐘內彈奏出 24 個音符。每個音符需要三個手指動作——彎下，抬起和至少一個側指的運動，即每秒鐘不少於 72 個動作，每個動作都需要單獨的一部分意志力控制，要有準確無誤的指揮，精確的速度和力度，才能點到正確的位置。對於按下的每個音符，腦電波必須先從大腦傳到手指，再從手指傳到大腦。我們從中可以看到一個固定習慣所帶來的巨大好處，就是可以使我們自覺的做出困難動作，但是這需要早期的刻苦練習。

縱觀人的一生，大腦一直在鍛鍊身體的不同部位形成習慣，使反應動作變成自覺性的動作，從而把維持生命的大部分職責分配給神經系統。它為我們解決了如此多的負擔，並且不求回報地完成了我們的諸多需求。這是大自然奇妙的法則，把大腦從單個苦役中解放出來，使它可以自由調動身體各部分，全力行使高級行為。然而，為這種習慣的力量都付出了什麼，對此人們意識到的太少。

一個著名的心理學家說過：「二十五歲時，你已經可以看出年輕的旅行推銷員、醫生、外交官或者法律顧問身上的職業品德。你能看出他們的性格、思維方式、偏見、消費方式中存在的差異。一個人不能馬上從壞習慣中逃離，就像他的外衣袖子不可能突然變皺褶一樣。」這說明，在人生的每一個動作過後，都與之前的自己不同。你正在快速地、準確地朝好的方向或壞的方向前進，身後是由習慣累積的推動力。透過一直重複某個動作而獲得的推動力，它一直帶你向前衝，速度越來越快，越來越難以停止，越來越不可能停止，即使我們試圖去停止，也毫無用處。

許多人只是由於習慣而長年待在不適合自己的位置。比如：早上起床時，你會沿著習慣的方向下床，做你多年習慣了的事情，當然，這是再自然不過。一些人的習慣非常強大，甚至他們把它當作了天職。也就是說，他們處於不合適的位置太久了，即便本能告訴自己處於錯誤的位置，但習慣卻牢牢地抓住他們，使其無法擺脫。

那些受制於習慣的人讓我想起了之前不知在哪裡讀到的一則關於乳牛的趣聞。「這件事」作者寫道，「發生在奧克拉荷馬州伊尼德市一家自來水廠的抽水站。房子外邊立著一個總是裝滿水的水罐，為路過的人和周圍的居民提供用水。一頭乳牛在早上過來喝水，牠已經習慣在這個水罐裡喝水。這天，山谷裡到處是昨夜積的雨水，比水罐還高出兩到三英寸。但是這頭乳牛淌過混水，徑直走向水罐。途中牠兩次陷在泥裡，差點淹死。但是牠堅持不懈，終於到達了目的地。在喝了好久，喝了很飽之後，牠四處走走，慢慢回到了岸上。」很明顯，牠很滿足，因為牠完成了今天唯一的一件事，喝到了水。

儘管透過堅定不移地練習，在任何時候養成或是改掉一個習慣都是可能的，但是人們在 25 歲或者 30 歲以後除了在原來的路上走得更遠一些，還是很少做出改變。很多沒有找對自己位置的人在某個方面其實有著非常優秀的能力，但是他們在原來的位置上艱苦地做了太久，以至於即使機會來臨，他們還是埋頭在原來的老路上緩慢前進，不去想做任何的改變。一個小丑的故事很好地說明這一事實。這個有經驗的小丑看到一名退伍老兵把晚餐帶回家，突然大叫起來：「立正！」那名老兵立刻把手放下來，蘑菇和馬鈴薯都掉到汙水溝裡去了。軍事訓練的影響根深蒂固，已經深深植入這名老兵的神經系統了。

威靈頓公爵說過這樣一句話：「習慣是人的第二天性？習慣是人的天性的十倍！」實際上，對於一個中年人來說習慣就是他的命運。我在今天重複之前已經重複了 20 年的事情難道說不通嗎？可是一個一輩子都懶散怠惰的人一夜之間變得勤奮，這有多大的可能？揮金如土的人變得勤儉節約呢？或是放蕩不羈變得品行端正？世俗、滿口髒話的人變得文明又純真？要是你足夠努力，可以改掉壞習慣，如果不努力，機會就只有百分之一。

菲力浦·邁耶爾（Philip Meyer）在強調兒童觀眾養成好習慣的重要性時，也闡明了改掉已經養成的壞習慣會很難，就像下面這個放蕩不羈的年輕人與牧師的故事：

一個牧師做了長長的打了結的線，把年輕人全身都綁了起來，最開始用的是細棉線，之後用細繩，然後是麻繩，接著細電纜，粗繩，最後用了鐵索和枷鎖。當被捆起來的年輕人嘗試掙脫時，他發現自己可以輕易掙斷棉線，然後是細繩，用力掙脫也可以將麻繩弄鬆，直到最後被鐵索與枷鎖束縛。這時，他才明白自己儼然成了一個囚犯，被習慣的鎖鏈束縛著，掙脫不掉。

一個自由人與一個奴隸，一個有理想有抱負的靈魂與一個懦弱無能的靈魂，他們之間的區別完全在於習慣開始形成時的那根細若游絲的線。

小時候在學校裡，華特·斯科特先生特別想要在班級裡名列前茅。然而，他發現自己的努力全部都是徒勞，直到有一天他注意到總是回答問題的那個男孩，經常摸著馬甲上的一個特別的扣子。於是這位未來的小說家想到，如果那個男孩在不知不覺的情況下把那個扣子弄掉了，那麼扣子的突然失蹤會不會使他疑惑自己不能好好的回答問題。為了證實自己的這個想法，斯科特決定一試，結果事實證明自己的想法是對的——這個男孩不能好好的回答問題。

「提問時間到了」，斯科特回憶說：「然後，那個男生被提問了。和往常一樣，他把手伸向那個扣子，但是沒有找到它。他神色不安地往下看，發現他的護身符不見了，他疑惑了，不知怎樣回答問題。我抓住了這個機會，回答了問題，從而取代了他的位置。此後他再也沒有搶回來。」

「長大後我倆偶爾會碰面，」這個善良的作家補充道，「每次我的良心都受到譴責。我總是決心要為他效勞一次作為補償。但總是沒有機會，而且我也害怕沒有了那時在學校企圖替代他的熱情。」

在生活和工作中，我們總是傾向於認為那些看起來並不重要的習慣沒什麼要緊，處理小事的方式並不重要，這都是我們稱之為無所謂的東西。然而，恰恰是這些無所謂使得世界大為不同。因為，我們處理小事的方式已經融入了生活框架。事實上世界上沒有小事，生活中做的大多都是小事瑣事，但是它們經多年的累積便不是小事，它們決定我們的命運。

年輕人經常有些小習慣，或是小怪癖，這些都阻礙了我們的工作或是社交生活。這些小習慣本身或許不是重大的錯誤，可正是這些小習慣、小怪癖惹到自己的雇主不悅，儘管雇主並沒有完全意識到是因此而至。這也是為什麼許多年輕人有很大的社會價值，受過良好教育，有能力，但是卻沒有找到好工作，或是找到了好位子卻沒有保住的原因之一。換句話說，這都是因為他們一些不起眼的習慣或怪癖造成的，從而讓別人對他們產生了偏見，而這些小毛病要是在小時候就被指出的話，原本是可以改掉的。

好習慣的養成其實也是有意於自身性格的培養。比如：早上定時起床，準時赴約，彬彬有禮，真心善良，樂於助人，有條不紊，井然有序，準確地敘述事情，做事有始有終、小心誠實，永不怠惰，這些好習慣都會給生活帶來不可估量的好處。這些習慣會在神經和腦組織中變成常規，深深融入在心中。

無論是培養性格還是拋棄壞習慣，我們可以讓自己的意志聽從吩咐，做任何樂意做的事，特別是在年輕的時候。意志可以用來培養真心誠實的習慣或者虛偽可恥的習慣。它能培養出一個人或者一頭野獸，一位英雄或者一個懦夫。它會堅定決心直到一個人創造奇蹟，也可以使人猶豫不決在無為中浪蕩，直到生活支離破碎。它能使你堅持不懈直到養成了勤奮努力的好習慣，也能帶領你變得好逸惡勞無精打采，對所有的努力都感到厭煩，覺得成功遙不可及。

好習慣很大程度上依賴於自律和自我肯定，而壞習慣像野草一樣不需播種便自己鑽出來，像絲路薊（Cirsium arvense）一樣，在任何地方都能生長。自古便有：「一朝播種，十年除草」的說法。

鑑於上述原因，最好時不時駐足回顧一下，看看我們正在養成哪些習慣，可以試著從別人的角度看自己，這能使我們從中獲益。

多少原本可以大有作為的人卻被早期養成的懶惰、無序的壞習慣給毀掉了啊！他們對壞習慣不做任何的抵抗，任其發展，直到最後所有的努力都毀於一旦。太多的女孩都被懶洋洋的習慣深深毀掉，她們衣衫不整的躺在房間裡，讀愚蠢的小說，整天無所事事。

隨便，懶散，講話語句混亂，馬馬虎虎，不修邊幅，表達囉嗦，所有這些壞習慣都可能影響一個人的命運。無論在哪裡都可以看到掙扎著想要擺脫早期養成的壞習慣的人們。

誰能計算出自卑，或者不經好好盥洗、穿戴整齊就出門的習慣給人帶來多少傷害？如果養成了做小事粗心大意，不修邊幅的習慣，你會把這種習慣帶到所有重要的事情中，帶到生活中。

我知道有的人削的鉛筆就像是被某種動物啃的一樣。即使這種小事也是一種性格的暗示，且將影響你其他的生活習慣。洗手、整理頭髮的方式也會展現在生活中其他重要的事情上。我們認為微不足道的習慣最終會影響到整個生活。

人類是由習慣累加起來的生物。習慣的好壞決定了我們的生活是在祝福還是詛咒中度過，是得到幫助還是受到阻礙。

人一旦成年後，就有很多習慣難以改變，最糟糕的就是一個人已經習慣了失敗，習慣了不是事事都能贏。對此，我們應該給予足夠的重視，否則成功永遠與你背道而馳。具體來說，失敗先是令人感到尷尬，你會對成功感覺到是一種可怕的嘗試，除非我們把曾經擋路的絆腳石當做踏腳石。如果我們不能把失敗變成重建的、更堅定的信心去爭取成功的話，一段時間後，失敗會使我們越來越尷尬與氣惱，直到最後我們習慣於被打敗。自信不見了，我們輕易就進入了龐大的失敗大軍。

成功還是失敗，取決於主導的習慣。正如卡萊爾說過：「習慣是人類最深刻的法律。它是至上的力量，而在某些情況下，也是使我們最痛苦的弱點。走自己的路，沿著自己的腳步尋找光明與成功，我留下的腳印將指引我再次來到這裡，因為這是我最熟悉的一條路。習慣是我們在生活中遵守的最主要最基本的規則 —— 習慣和模仿 —— 沒有什麼比這兩點在生活中更經常出現。它們是世界上所有工作、所有實踐和學習的源頭。」

想一想年輕時養成提升自我修養的習慣，多讀一些有益的、擴充知識的書籍所帶來的巨大好處吧；與讀那些膚淺、過度激進、使人產生邪念的書比起來，它們更能啟發你、鼓勵你。

千方百計獲取知識，細心研究，對有價值的問題追根究柢，思考，聯想，這些習慣是多麼棒的自我教育和自我推動啊！細緻地觀察，不僅僅要看事物的表面，更要從各個角度去了解事物的本質，這種習慣的價值誰又能估出呢？

「我什麼時候開始教導我的孩子呢？」一位年輕的母親向一名傑出的物理學家問道。

「您的孩子幾歲了？」物理學家問。

「兩歲了，先生。」

「那麼你已經失去了兩年。」

「你應該從他的祖母開始。」奧利佛·溫德爾·霍爾姆斯，這位物理學家在被問到同一個問題時如是說道。

如果你具有約翰·羅斯金（John Ruskin）看待事物的習慣，便能時刻提升自己。他能在看到的任何事物中尋找學習的資料。每次室外散步，每次訪問一個國家，看到的每顆星星，每隻鳥，每棵樹與每叢灌木，對他來說都是有價值的一課。

正是小時候養成的觀察習慣賦予了羅斯金身為作家的傑出描寫能力。他的父親，一個酒商，每年夏天都會到全國經商。而他和媽媽便陪伴父親在馬車上旅行。

「他們總是在他父親的生日，5月10日這個家庭紀念日過後啟程，」科林伍德先生在他為羅斯金寫的傳記中提道，「乘坐簡易馬車穿過英格蘭南部，從西到北，再從東幹道回家，從一個省會曲曲折折到另一個，訪問每一個郡政府所在地，他的父親從不落下任何一名顧客或潛在的顧客。生意間隙，他們欣賞每個經過的地方的風景——大學、教堂、畫廊、公園、遺址、城堡、洞穴、湖泊和山峰——他們有計畫的欣賞每處景物，帶著濃厚的興趣去觀察每件事物，訪古問今，查閱書籍，做好紀錄，就好像打算寫一本英國指南書和地圖冊一樣。羅斯金剛學會寫字，他們就開始這樣做了，他模仿父親記錄下旅途日誌，父親的知識留在了他的身上，就這樣，善於描寫的習慣便養成了，」

如果我們早期都接受過訓練養成了良好的習慣，那麼社會也將革新。從每次的經歷或機遇中總結經驗，從閒暇的時間中找可以自我提升的機會。自力更生，誠實守信，勤儉節約，胸懷抱負，這些習慣構成你良好的性格，建立你完整的家庭。如果年輕時可以養成這些好習慣，那麼只需要幾代人的時間就足以將整個世界改頭換面。

成功者與平庸者的區別在於他們是否僅僅看事物的表面，這也是為什麼成功者會擁有舒適的生活而平庸的人卻過著貧窮、飢餓生活的原因。如果在自我控制方面受過訓練，那麼我們將會像說「是」一樣容易地說出「不」，這將會帶來多麼大的不同啊！我們將抵得住任何誘惑；我們將逃出種種危機。如果能早點養成自力更生、自我批評和果斷決策的習慣，我們的性格與能力將會更強。

如果養成正視生活，永遠向著光明，將影子甩在身後的習慣，我們的命運將會產生巨大的不同。如果養成積極向上、精神高漲的性格；如果擁有心地善良、謙恭有禮的美德，而不是愚昧無知和用令人不快、叛逆的想法與行為給自己的大腦套上枷鎖。想一想，要是小時候就養成科學衛生的好習慣，即使都逃脫不了小病小災，但是僅僅一個好的習慣就可以徹底改變我們的生活。

如果絕大多數人早早養成了自覺地進行完善自我的習慣，那生活將會多麼的不同！要是習慣地認為我們是幸運的而不是不幸的；要是總是期望遇到最好的而不是不幸和糟糕至極；要是談話的內容總是積極向上而不是消沉的；要是經常談論快樂的時光而不是艱難的歲月；要是總是看到他人身上最好的一面，總說別人的好處或者乾脆什麼都不說，那麼，我們的生活定會充滿陽光。那麼，自然地，我們對自己的影響將始終偏向於對人類有益的一面。

紐約公立學校的負責人威廉·馬克思威爾博士在最近向教師們強調學生養成好習慣的重要性時說到：「難道我們沒有看到養成好習慣的迫切需求嗎？難道雇主們沒有抱怨我們的學生工作不認真、東西隨便亂放嗎？難道應該將人們的名字大聲念出來搞笑嗎？我們不是一直在尋找那些能夠專心做事並且有始有終的人嗎？在國會上持久的辯論是否該在十字路口設立百貨商店難道不是在浪費時間嗎？這個世界難道滿是那些不能努力改掉自己錯誤的弱小動物？不計其數的失敗不正是由於人們不能用正確的方法解決問題嗎？比如大學畢業生不能一看到拉丁文就讀出來，應從句子裡領會含義；農夫不能準確了解作物耕種，施肥和選種的方法；牧師不知道如何解決道德問題；教師不能解決學生的紀律問題；倉管不知如何出貨進貨。不正是由於缺少自力更生的習慣，社會和政治生活中才有了如此多的罪惡嗎？貧民需要公共或私人的慈善，法律系統中的賄賂給紐約的公平之名抹黑，政客們的統治破壞了政治秩序並一直威脅我們的公立學校？

如果想讓下一代變得更強、更好、更有能力、更優秀，不僅需要從嬰兒時期開始培養好習慣，還要在學校裡繼續下去。「唯一確定可行並且可以阻止這些罪惡傳播的辦法，就是讓那些進入我們學校的孩子們，養成道德和素養上良好的習慣。」

我們的國家，乃至整個世界需要的正是這樣的人：我們不想要更多的金錢、財富、名聲，我們需要的是更加卓越的男性，更加高尚的女性。將美德、榮譽、誠實、忠誠、愛情，所有這些優秀的素養統統融入到他們的身體中、意志中，去創造大自然最偉大的作品——完美的男人和女人。

贏的定律 24

明確自己放棄的底線

微笑著面對自己投下的賭注，無疑，這是英雄。但是，真正的榮耀是遭遇煉獄般的磨難後，獲得新生。承擔起責任，任憑熊熊的火焰燃遍全身——這才是英雄主義。

——羅伯茲

「探索、抗爭、追尋、不屈」這是豎立在偉大的南極探險隊長斯科特和他勇敢的同伴們墓前的碑銘。

這是多動人的一段頌詞啊！它向我們充分展現了勇敢的、近乎神奇的南極探險隊隊員不屈不撓、自我犧牲的精神、堅強的毅力，以及他們取得的人類偉大的成就。這段碑銘對即將出發進行自我探索之旅的青年們來說，是多麼宏偉的一句箴言啊！

在生活中，獲得成功的大小極大程度地取決於如何去面對種種挫折、批評、指責、中傷與失敗。所以請你不妨想一下，在放棄之前，你會堅持多久？你會在哪裡放棄，哪裡是你的終點？

馬克·吐溫說過，除了失望他可以抵擋任何事。許多人可以承受很多，卻承受不了挫折與失敗。當厄運降臨到頭上，他們的勇氣就消失了。挫折使他們變得暗淡無光。看一個人承受失敗和挫折的能力是對他性格很好的檢驗。

當一切順利時，做好一件事不用費什麼腦筋就行。但是，當遇到棘手的事情時，你還能積極面對，解決問題，這便非同尋常了。要知道，這是對你意志的檢驗，是對一個人性格及能力的檢驗。

最近，我與一個人交談，他的事業被歐洲戰爭和財政窘迫搞垮了。他說他失去了這個世界上所擁有的一切，但是幸好他的頑強意志還在，他的決心還在，他絕不允許任何困難和災難將他的生活摧毀。對此，我印象深刻。

對於物質造就出的男人和女人，讓他們擁有決心、耐力、勇氣和精神，這些都是成功的主要因素。無論你多麼傑出，如果缺少這些素養，永遠不會贏得生活。

如果一支錶的主發條變得無力，那麼無論其他部件多麼完好，也不能帶動這個機器，因為它失去了原動力，這支錶也就沒有用處了。同理，當一個人的勇氣消失了，不管其他的能力多麼出色，也無濟於事，因為他再也扮演不了決策者的角色。

一個人人都知道的事實是，無論多優秀的賽馬，如果輸掉幾場比賽就會失去鬥志，失去勇氣，再也不會取得牠曾經的輝煌了。據說一名優秀的職業拳擊手在被打昏幾次後，就會輸掉這回合，之後便更容易被擊倒。

一個人如果失去了勇氣，所有的事都會從他身邊溜走。沒有人會支持他。不久前，我問一個大型機構的經營者是否會為他曾經的雇員推薦職位，他是這樣回答的：「不會，我不會推薦。因為他已經失去了在這裡做事的勇氣。」

紐約的一幢商務大樓上有一條這樣的箴言，「當其他人放棄的時候，我們只是休息一會。」

對於你的老闆來說，他對你的忍耐極限會很感興趣。他希望知道你爆發之前能忍耐多久，在艱難的環境中你的信心會保持多久，你會堅持多久。他希望在提升你之前對你的耐力有一個衡量的標準。他知道一名見習水手可以在風平浪靜的海面上掌舵，但是面對颶風，只有老練的水手才能與之搏鬥，挽救自己的生命。

那麼，哪裡是你的極限？一切都取決於這個臨界點。每種木材都有它的斷裂點。關鍵是在這一時刻，誰能堅持住，不會斷裂。一片柔軟的、海綿一樣的鐵杉不會像雲杉那樣挺立。雲杉不會像樺樹、山毛櫸或者楓樹那樣挺拔。而這些樹木都不如長在山坡上的橡樹堅毅。在造船的季節，工人們常常為船板挑選材料，他們要求硬度、強度最好的木材，因為這樣的木材才能抵擋駭人的暴風雨所帶來的重壓與撞擊。用松木和雲杉作成的船板在平靜的海面上與橡樹船板沒什麼兩樣，但是在強烈颶風的包圍下，情況就截然不同了。

可見，老闆想知道你是一株柔軟的松樹還是一棵挺拔的橡樹。他想要的是一個在面對風暴可以站得穩的人。他需要的是一個面對狂風暴雨毫不退縮的人，一個能夠克服困難的人，一個可以跨越障礙的人，一個不會逃跑的人，一個具備勝利素養的人，一個注定可以贏的人。

有些人總是徘徊在成功的邊緣，他們中有許多人的目標其實就在眼前，但是，他們因為缺少足夠的耐力，足夠的堅持以及足夠的勇氣，從而使得他們無法認清自己的雄心壯志。於是，曾經擁有的雄心壯志就這樣被泯滅了。

由此可見，耐力是對一個人成功能力的最後一項檢驗。任何一個普通商人在市場繁榮的階段都能做賺錢的生意，但是在艱難時期，人人恐慌、資金短缺的情況下就不是這樣了。只有那些偉大的商業家才能操縱生意，只有持久的耐性和冷靜、清晰的頭腦，才能度過巨大的經濟危機。

勇氣是連接一個人智力的橋梁，沒有了勇氣整個智力結構就會倒塌。任何事都依賴於勇氣，同時它又是一個領導者，只有勇氣當引領了方向，其他的能力才能得以施展。如果缺乏了勇氣的帶路，第一步就會軟弱無力。

有人說勇氣是結果之父，是成功之母。沒有勇氣的人，虛弱得就像是壞了的捲尺一樣垂在外面。他也許有公牛般的力量，他也許頭腦聰明絕頂，但是卻沒有勇氣縮回捲尺裡，當他再次探出頭測量另外的尺寸時，他會認定自己只能躺在架子上慢慢得生鏽，最後被扔進垃圾桶裡。

有些人非常專注，他們似乎在世界上投入的全部力氣都是為了事業的成功。如果獲得成功和升遷，說明他們足智多謀，有創造力。但是，如果一旦不幸、厄運、損失或失敗來臨，影響到事業與受人尊敬的地位時，他們就失去信心，失去勇氣。此外，很多這樣的人雖然能承受得住個人感情上的傷痛，甚至失去至親的悲痛，但是，事業上的失敗卻讓他們完全喪失勇氣。這是因為在他們的意識裡自我榮譽感時刻緊繃著，他們對任何影響到自己聲望的事都非常敏感，認為事業上的成功可以證明自己具有能力和冷靜的頭腦。對他們來說，失敗或部分失敗會將自己排斥在成功的大門外，如同一個印第安人失去了氏族地位一樣。

為什麼你認為自己的幸福，舒適生活和滿足感都是純粹的偶然？那是因為你選擇了為這樣的生活而努力，難道不是你在操縱自己的命運嗎？對你來說沒有什麼事比這更重要，不是嗎？你為什麼要對著自己的下屬灰心喪氣、難過、傷感？就是因為你的一個小小失誤或者失控的局勢，致使你遭到了經濟損失？有什麼原因使你非要以這樣陰鬱的面容示人，就是為自己的不夠精明、缺乏遠見而感到惋惜？

所以，更重要也更有意義的事是你應該高昂起頭，面對整個世界，無論發生什麼，不管盈利還是虧損，時刻都要準備獲得成功或遭受失敗。在這過程中，有一件事世界會贊同你，那就是身為一個人，你需要尊重。有很多事比你賺大錢更重要更偉大，那就是，無論走到哪裡，身上都散發著崇高的氣概，勇敢的表現自己的力量，這樣你就會贏得尊重。如果你的行為受到欽佩，人們不會在乎你是貧窮還是富有。

如果你是受尊敬的，如果你是盡職盡責的，清白坦蕩的，而且已經竭盡全力；如果你是誠實的，友善的，樂於助人的，那麼這些你性格中的特點都會顯著地表現出來，會令世界對你在生活中的每一個小事件都印象深刻。失敗，在你人生的歷程中，會被單獨擱置在一邊，根本不算什麼。

有誰曾經問過林肯貧窮還是富有？世界不會關心他有沒有積蓄？他人格的偉大和人品的高尚，會令詢問林肯有多少遺產的人感到慚愧。如果一個人足夠偉大，那麼，他不懂得精明計算花錢的這個缺點跟他輝煌的一生相比就顯得非常渺小，比起他性格的高貴，人格魅力，這點失敗的地方在他個人傳記裡幾乎不值得一提。只有那些渺小的人，才會感到失去了金錢就等於失去了一切，才會認為自己的好運已逝，霉運當頭。如果生命本身是富有的，口袋裡或者銀行裡的東西簡直不值得一提。對一個小氣、狹隘、吝嗇、自私、貪婪的人來說，失去了金錢就是最大的損失。對一個真正具有高尚人格、寬廣胸懷的人來說，這沒什麼大不了。對他們來說，失去了一些舒適、安逸，並不是不可彌補或者舉足輕重的事。相比金子般的人格，美妙人生對他們更為重要。

希臘神話的大力士海克力斯的形象是由一個爪子交叉放在下頜的獅身所代表，表示我們可以征服自己的命運，眾神會成為我們的助威者。海克力斯就是我們的偶像。

一個人的成就不能衡量它是否成功，衡量成功的尺規是他在遭遇眾多反對，面對阻礙時，堅持奮鬥的勇氣，就像亞歷山大從失敗中學會了戰爭的藝術。

有的人在實現宏偉目標的過程中，慢慢地變得開始可憐自己，抱怨不斷，滿腹牢騷，到處挑錯，試圖為自己找藉口，這樣的人最終會一敗塗地。人只有真正放棄了自己生活的目標才會被打倒。一直朝向自己目標努力的人無論他現在是否到達目標，是不會被打倒的。

堅強的靈魂只會做一件事，那就是無論遭遇怎樣的不幸，都會朝著自己的目標前進，絕不左顧右盼。儘管有伊甸園裡夏娃的誘惑，也不允許自己被失敗或可怕的災難嚇到。當一個人開始不斷的說起自己是多麼失敗、多麼倒楣不幸時，他就已經將自己的臉轉向目標的另一邊了。多少人能真正的認知到當他們認為自己一文不名，一事無成時，他們正在放縱自己的灰心喪氣、憂鬱低落。又有多少人能認知到，認為自己的錯誤是不可磨滅的這種念頭正在產生新的失落，誘導自己停止前進，走向放棄。

有人說勇敢的戰士最害怕自己背對著敵人死亡或者受傷，因為對一名真正的戰士而言，背部受傷被認為是一種恥辱。同樣的道理，當你將臉轉過去，不再朝向目標；當你灰心喪氣；當你談起自己的遭遇和不幸，我的朋友，你就是背部受了重傷。

一個人如果沒有毅力就無法超越自己。這就意味著，留給他的只有失敗。他們不知道在抱怨退出，勇氣溜走，希望渺茫時，堅毅才剛剛開始進入狀態。大多數的人都具有勇氣，但只有真正的勇者現在和未來都永遠不會屈服。那麼，你不妨問一下自己，你有多勇敢？這是一個很好的問題，你可以每天早上這樣問自己。「我帶上自己的勇氣了嗎？這意味著你在問自己，我做好這樣的決定了嗎？即使被打敗，無論何時會被打敗，也要堅定不移，永不放棄。

毅力是大多數人最缺乏的素養，也是非常難能可貴的一個優點，特別是伴著旁人的指責、評價還能堅持下去，尤其如此。不過需要加以說明的是，如果一個人缺乏最基本的常識，還一味堅持著，我認為這樣的人是在做愚蠢的冒險，這不是我談到的毅力。

毅力和勇氣是一對雙胞胎，他們經常跟隨積極努力的人。他們從不屈其膝下，從不抱怨，不找藉口，不徒自哀嘆；他們從不低頭彎腰，他們堅定，充滿希望和自信；他們身體裡流淌著剛強的血，擁有大理石般堅硬的脊梁。

我曾經在一個大城市看到一家銀行的門上寫著這樣的話：「發生在這個銀行的任何事都可能在任何銀行發生。」我知道有這樣的人，他們幾乎被奪走了所擁有的一切：財產、家庭，所有一切都被奪去，但是，我很確定，無論發生什麼，這些人都會朝向目標，雄心勃勃。我想像不到他們面對挫折會選擇放棄。

不久前，一夥人在談論一個成功的商人，一個人強調說，「這個人不可戰勝。我曾經親眼目睹他在商戰中經歷可怕的經濟危機，未出售的貨物堆積如山，當時他的現金非常短缺，所有的資金都投資到其他項目，幾乎不可能從銀行貸到一分錢。銀行裡與他站在一排手裡拿著很多現金的人垂頭喪氣的退到牆角，可是我看到他腦袋都不偏一下，一點都沒畏縮，沒失去勇氣。」現在，世界在尋找像他這樣的人，不能被打倒的人；在任何情況下都不會畏首畏尾、失去勇氣的人。你可以依賴的就是這種人。試圖挫敗他們想都不用想。

我們喜歡這樣的人，面對失敗，輕鬆的報以：「讓暴風雨來的更猛烈些吧！我不會放棄的！我也許會失去財產、存款、現金或者朋友，但是我的信仰，我的自信，我的毅力將永遠屬於我。」

內戰時期，在最激烈的夏伊洛戰場上，隨著唐奈爾森堡的投降，比爾將軍詢問格蘭特要準備什麼作為戰敗的俘獲品。

「我有六艘船。」格蘭特說。

比爾將軍說：「這些船隻能載 1 萬人。」

「我回來的時候就不會有這麼多人。」格蘭特回答。可是後來，整軍歸來的竟然有 5 萬人。

其實，格蘭特的意思是，如果他失敗，他的軍隊是不會帶著大量的交通工具逃走的。南方聯盟統帥說過格蘭特的成功基於一個事實，就是他從不知自己何時會被打敗。正是這種從不知自己何時會戰敗的人推動了文明的進步，從霍屯督人（Hottentots）到林肯、格蘭特，從威靈頓到威廉・尤爾特・格萊斯頓（William Ewart Gladstone）。

贏的定律 24　明確自己放棄的底線

在現代競爭日益激烈重重壓力的環境下，人必須要有耐力——很好的耐力和堅強的毅力。必須要挺直腰桿，還必須學會堅強、堅持，不然只會被擁擠的人群拋在一邊，像浮木般隨波逐流。要明確自己放棄的底線，不要幻想，要確定目標。你永遠不會超越自己勇氣的極點，因為耐力在左右著你。當勇氣、耐力都用盡了，其他的能力也就隨之消失。這時，堅定的目標就是你的嚮導。

堅定與否決定你是勝者還是敗者。意志堅定的人實現目標，猶豫不決的人慘遭失敗。其他人放棄、退出的時候，勝出者只是為再次出發調整呼吸而已。

面對生活中各種悲歡離合時的精神狀態可以衡量我們的意志，考驗我們的能力。一個還是孩子的哨兵在法國的一個小鎮遇到德國人，德國人問他是否有法國軍隊埋伏在附近的城鎮，並聲稱如果他不說，就要射死他。這個孩子沒有絲毫的退縮，徑直走向電線桿，背靠著它，直到步槍向他瞄準。據說，這個男孩在面對死亡時，不僅沒有一點膽怯，而且在被射中的瞬間，他稚嫩的臉上還帶著蔑視的微笑。勇敢的男孩面對自己的命運做出的驚人舉動，將永遠留在射死他的士兵的腦海中。對此，我只想說，人們在面對不可避免的事情發生時表現出巨大的不同，面對命運的殘忍，要以怎樣的精神去面對？是接受還是是做膽小的懦夫，抑或無畏的英雄？

最近在墨西哥，一名普通的士兵——撒母耳·帕克斯的屍體在墨西哥邊境被發現。墨西哥陸軍中尉在對他死亡報告中這樣寫道：「帕克斯勇敢地死去，面對熊熊大火，目光堅定剛毅，沒有絲毫的畏懼。」

海軍准將佩里年僅 27 歲，之前他從未親眼目睹過海軍戰役。那天他帶著自己僅有 51 門大炮、9 艘船的小艦隊在伊利湖上與英國擁有 64 門大炮的艦隊交戰。

早上很早，佩里升起了自己的旗幟，那一整天在奄奄一息的勞倫斯上空飄揚著，上面寫著「不要輕言放棄。」

英國人的大炮都對準了率領小型艦隊的佩里，幾個小時的連續炮轟，他的旗幟燃燒著捲了起來，直到剩下最後一顆炮彈，他也沒有離開勞倫斯，22 人死亡，61 人重傷，只有 13 人倖存下來。佩里絕不投降。當他的船完全被摧毀，他才拉下戰旗，乘著一條小船向尼亞加拉河（Niagara River）撤退，邊撤邊與英國艦隊用手槍對射。到了尼亞加拉河，他在一封舊信的背面留下了後來作為給哈里森將軍的歷史性報告：「我們遇見了敵人，他們屬於我們。」

當腓特烈大帝年輕時，非常膽小。第一次在戰場上，因為非常害怕，他竟逃跑了。留下他忠誠的將士，奮力保住了西里西亞省，那場戰鬥意外取得了勝利。

戰鬥結束後，人們發現他在一個昏暗的農舍裡哭泣得像一個傷心的小孩。「完了，一切都完了，」他抽泣著，「我什麼都沒有了，所有的一切。我的國家不會原諒我，永別了」。之後，他考慮過自殺。但是哭過之後，他打定主意即使被打敗，即使王位受到侮辱也要重返戰場。他扣上自己的劍，回到了軍隊，他臉色憔悴，士兵們並不知道他剛才所想。「他的眼睛因流淌過滾燙絕望的淚水而布滿血絲。儘管只統治五百萬人民，他卻將弱小的普魯士扶上躋身歐洲第一強國的位置。

這個曾經的懦夫，曾經像害怕的孩子逃走的人，最後成了戰爭贏家。懦弱是他兒時的外衣，並沒觸及到他的靈魂。

即便是最能幹的人遇到挫折時，也會躲避困難和推卸責任。暫時的低迷和失望讓我們對自己產生懷疑，覺得自己很渺小。但畢竟，生活是有價值的，扮演一個懦夫或逃避責任的人是危險的；如果這樣做了，之後我們會覺得丟臉並且慚愧。經歷這樣時刻的時候，最好先不要邁出重要的一步或者做徹底的改變。

贏的定律24　明確自己放棄的底線

當前方灰暗、無法找到出路時，要暗下決心：「我想，現在是時候該我上場了；」咬緊牙關，大步向前，相信黑暗終會過去，無論前方烏雲密布，終會有撥雲見日的一天。你會驚喜的發現，儘管阻礙重重，自己不顧一切的堅持會使你充滿勇氣與力量。

征服屬於你的世界。記住，勇敢就是勝利，懦弱就是失敗，一切皆效力於勇敢的靈魂。

贏的定律 25

誠實對待生活

讓你內心的「本我」大聲地表達吧！

人的氣概能凌駕於一切財富和官銜之上，品格比任何職業都要偉大。

誠實是一種非常寶貴的素養，遠比鑽石、金子、皇冠甚至王國要珍貴，它是窮人的財富。它可以給人以信任、安全和力量。

品格是基礎，它支撐所有的事物，包括傳教、詩歌、繪畫以及戲劇。沒有它，這些東西都將變得一文不值。

—— 霍蘭

一個人如果有雄心被世人銘記，就不要做優秀的律師、醫生、商人、科學家、製片人或者學者，而是在自己的領域中做一名真正偉大的國王。

沒有什麼比一個人絕對的忠實於自己內心的「本我」更值得表揚的事情了！

一個人可能是個天才，也可能是個智力超群的人，但是聰明的才智永遠無法與平實、簡單、誠實的品格相媲美。因為，任何美德和品格與誠實相比都會大打折扣。

有一種才能，即使地位卑微，但只要忠於友情，忠於生活，忠於自己的職業，忠於生活中與我們相處的人，這樣的誠實能彌補一個人其他方面的缺點和不足，帶給我們心靈的平靜，得到大家的信任。

每個領域裡都有一些舉足輕重的人，他們憑藉自己的能力影響他人。

這是因為他們絕不沽名釣譽，有極高的道德標準，他們代表了思想的正確方向。

奉行率直原則的人在任何領域中都是一筆財富，這些素養會徹底地貫穿在他的做事原則之中。在自己的職責內踏踏實實做事，所有的人都為與他在同一隊伍而感到自豪，每個人都因為有他這個同鄉而感到高興。

那些正義的、誠實的、純淨的、真誠的人，那些盡情打開思想和心靈之門的人，他們無所隱藏，無所畏懼，他們才是真正推動世界前進的人。別人能切實感受到他們的力量，主動為其讓路。

出於本性，我們對誠實且信仰忠誠的人總是充滿敬佩之情。人的天性是真誠、正直的。這個我想每個人都深有體會。我們對那些故作姿態，不坦誠和喜歡隱藏的人總是持懷疑態度。因此，我們自然的對那些緊閉心靈之門的人，以及那些掩蓋自己的某些缺點而博取別人好感的人充滿了懷疑。另外，讓人們揣測不已，捉摸不透其其品性如何的人也在這其中。

不能誠實地、真實地做自己，會使一個人失去力量，摧毀這個人的品格，擊毀他的自尊和自信。當一個人帶著偽裝的面具走錯方向的時候，他連自己都不會相信怎麼會這樣。在他們內心深處的「本我」總是不停地說：「你是一個騙子！你總是故作姿態。」

當林肯還是一名在貧窮生活掙扎的律師時，處理案件卻從不顛倒黑白。他說：「我不能這樣做。否則，在法庭上辯護的時候我會一直在想：林肯，你是一個騙子，你是一個騙子。我認為我應該忘掉自己，把真相大膽說出來。」

「誠實的亞伯」這個外號與林肯後來能成為美國總統有很大的關係。每個認識他的人都非常信任他。人們在他身上看到了一種絕對的真誠，絕對的誠實和絕對坦誠的做事原則，以及沒有任何東西可以改變他的原則。當然，這主要是因為林肯誠實堅定的信仰給人們的內心和思想注入了信心，任何人對他都堅信不疑。

真誠最能塑造成功的人格。真誠是成就高貴品格的堅不可摧的奠基石。因此，做事坦誠、光明正大對年輕人的成長非常有益。特別是在開始職業生涯的時候，決心會讓你經得起考驗，而待人誠實、誠懇會讓你進步更快。

如果每個人都能像林肯那樣誠實，那麼我們的幸福生活會來得更快！如果我們能夠有效的處理那些現在司空見慣的種種騙局，那麼我們的生活將變得多麼的簡單啊！

在這個世界上，如果一個人想走的更遠或者取得更好的成績，那麼他就需要誠實。因為自然法則都是為了擊敗謊言，愚蠢和欺騙而存在。正直最終會勝利，誠實終將能勝出。

正直是透過法律的力量展現出來的。當真實說話的時候，世界都在傾聽。林肯之所以優於他的同輩而成為一個偉人是因為他有原則——能用正義支持這個原則。但是，並不是所有能使林肯成為偉人的偉大力量都可以在各人的心中產生。林肯能讓這種力量在他心中產生，這源自有一個原則在支撐他，正義的力量使其戰無不勝。

我們知道有一些人，他們的正直毋庸置疑。這些人活在誠實中，為誠實而活，且透過誠實而活。他們的行為處處可以重現誠實的影子：臉上的微笑，親切的話語，優雅的動作。他們腳踏實地的走出自己的路，他們渾身散發著正直的光芒。

在總結美國海軍陸戰隊總司令休·倫諾克斯·司各特與印度人打交道的成功經驗時，一位作家這樣說道：「當需要回答問題或者談論的時候，他往往告訴聽眾的是真相。印度人幾乎不怎麼使用委婉語，如果他們想知道對於一個殺人犯的懲罰，他們寧願直截了當的說『死』，而不是刻意措辭來緩解不可改變的事實或者壞消息帶來的打擊。他對印度人誠懇的態度，使自己成為印度人心目中『不會說謊的白人』。」

生活和工作中，我們可以透過一個人的信譽度來衡量他是否誠信。有些人是絕對信任的，無論何時何地都不改變，我們從不質疑他們的正直。而另外一些人，我們可以與他們共事 —— 但是我們警惕他們。

很多人對誠實的含義有錯誤的理解。比如我們太崇拜金錢了，總是把誠實的含義與金錢、與金錢相關的東西以及財產連繫到一起。其實，誠實是一個非常廣泛的概念，它意味著你要忠實於你的思想，對待工作盡職盡責，尤其是對待自己以及生活要誠實。它意味著心靈和目的的純潔，意味著在工作中幹勁十足，意味著對每個人都公平、公正。

誠實具有純粹的屬性，不能半真半假。如果你在償還賭債時謹小慎微，但是卻在服務品質上欺騙你的老闆，如果你在工作中逃避責任，如果你不真真正正地履行自己的工作職責，那麼你不是一個真正誠實的人。有很多人從來不騙取老闆一分錢，但是一有機會便怠忽職守、逃避責任，這也是欺騙。

很多光顧飯店的人其實是小偷。他們拿走用餐剩下的衛生用具：香皂，毛巾，餐巾甚至是湯匙，尤其是只剩下他一個人在房間的時候，更是如此。

一位在奧馬哈的朋友曾經向我吹噓說他們家有各式各樣的紀念品，都是他去世界各地旅遊時獲得的，如小的銀器，餐巾或者毛巾。

不少飯店客房裡之所以裝飾品非常少的原因之一，就是一些人喜歡偷偷摸摸的拿小東西，如小飾品，或者浴室用品等。

許多人覺得從閱覽室拿走報紙、雜誌是理所當然的事情，特別是那些暢銷的雜誌和吸引人的期刊經常消失不見，這在酒吧裡尤其明顯。事實上，當別人看不見的時候他們才把雜誌拿走，這本身就證明了他們認為這樣做是錯誤的。

不拿不屬於自己的東西，別人不在時也不要拿走你認為可以拿走的東西，要把這作為一種生活原則。如果有權利拿走一個東西，那麼在任何人面前，任何時候都可以拿走它。

在你看來，上述這些事可能不算什麼，但是這會傷害到你的。要知道，千里之堤，潰於蟻穴。

工作中，有多少員工會毫不猶豫的偷公司的時間呢？比如：早退，遲到，曠工，老闆不在時怠工，甚至對客戶敷衍了事，態度惡劣，趕客戶走或者不讓他們買東西。所有的這些事情都像拿別人的錢一樣不誠實。或許你會對此進行辯解，但是，我想告訴你，從皮夾裡拿出 25 美分，或者拿走一些商品，或者不擇手段的從老闆那裡竊取半小時或者一個小時，這些有什麼不同嗎？不誠實有很多表現方式，言行舉止和眼睛都可能會撒謊，甚至在該表達的時候保持沉默也是不誠實的表現。

一個餐館或者飯店的經營者會因經銷商應該付佣金卻沒給而感到被侮辱了，但是他卻對購買送貨上門的商品時沒有發票、抵押公司去還房貸、沒到付款日就發催交單這些事不以為然。

一個輪船公司的採購人，他的家裡有各式各樣的銀器，瓷器和禮物，都是別人在耶誕節時送給他求他買船的。還有大量沒有附帶帳單的燃料，也是向他介紹產品求他購買的。這些東西都是他榮譽毀滅的「熔點」。

許多有錢有勢，活躍在宗教圈子裡的商人，把他們只是從本土生產的產品宣傳為進口商品。他們在處理人與人之間的關係上小心翼翼，但是貼假商標時卻從不猶豫，以次充好。

如果走進那些表面看起來誠實的人所工作的營業所，會在那裡發現很多謊言。有不少這樣的人：他們雇用謊言專家編寫騙人的廣告愚弄大眾，給人提供欺騙的機會。這些人透過寫騙人的、冗長的廣告不知道賺了多少錢，也不知道愚弄了多少可憐的、容易上當的倒楣蛋。他們將種種優點誇大寫到藥物說明書中，其實這些優點只是他們騙人的腦袋編造出來的。他們把各種疾病的症狀描述的活靈活現，聲稱他們的藥物可以治療百病，並且把藥物療效說得聽起來非常可信，令這些可憐的受害者們否認了生命的自然規律，從銀行裡取出最後的一點點家底，甚至抵押房子、變賣財產去購買藥物。他們受到愚弄，相信這些藥物可以緩解他們的痛苦。

不久前，一名肺結核末期病人向一位著名的肺結核專家諮詢。她告訴專家，自己沒有錢，請不起專業的醫生為她治病。她的病情已經影響到了的聲帶，現在只能低聲說話。她的故事非常令人同情。於是，有一家醫療公司向她保證只收取 150 美元就能治癒她的病。她傾家蕩產終於籌夠了這筆錢，但是連續吃了三個月的藥，病情不但沒有好轉，反而更加惡化。隨著療程的增多，醫療公司「敲詐」走了她最後的一分錢。她來到醫療公司，訴說了自己的經濟狀況，希望他們可以按照約定繼續為她治療。醫療公司卻要求她簽署一個已經擬好的保證書，上面寫到：她曾經接受過三位著名醫生的治療，都沒有治癒。最終，是派特醫療公司為她治癒了疾病，她現在非常健康。這位女士因為她擔心自己在世上的時間已經不多了，最終拒絕了違背自己的靈魂去說謊。那位著名的肺結核專家在聽了這位女士的訴說後，把女士送進了自己的醫院，六週後，女病人辭世了。她用自己的實際行動捍衛了誠實，是我們應該學習的榜樣。

在商界的道德規範裡，有兩種類型的誠實：一種是以商業為目的，適時而變的；另一種是保持其素養不變，為家庭和社會服務的。商人和非商人處於兩個截然不同的團體中。用誠實的雙重標準看待他們，商界人士會毫不猶豫地尋求那些被社會譴責為「騙人的，不誠實的，不道德的」方法。如果商業操作時有疑慮或者不安，或者面對一種特殊的狀況，所有的問題都可以透過下面這個定律獲得答案 —— 這是慣例。每個人都這樣做，《聖經》裡也寫到：「跟隨眾人去作惡。」

如果可行的話，事實上許多商人喜歡家庭式的誠實。但是鑑於這個雙重標準被廣泛認知和接受，說明這是個做生意的好辦法，他們擔心，如果僅僅遵循「誠實是最好的政策」的單一標準，利益會受損，會被競爭對手超越。儘管從理論上講，他們奉行的是黃金準則，但其實在道德上，並不是這樣。

為什麼會這樣，主要是這些人還沒有意識到，任何利用正當協議購買到的物質利益，或者與同行一起欺詐得到的物質利益最終都會在他們手中變為虛幻。他們還沒有意識到那些不把誠實作為準則的人，無論聚斂了多少財富，捐助過多少大學和科研機構，最終的結局都是失敗。正如比徹所說：人們都祈禱奶油，其實要的是乳汁。

西奧多·羅斯福經常提到率真。其實，羅斯福自己本身就是誠實的代表。他的品格上有某些弱點，可能會犯錯誤，但是即使最恨他的人也從未控訴過他不誠實。對於羅斯福來說，主動的誠實使他充滿活力。因此，誠實和主動誠實有很大的區別。從來不騙人，從來不做壞事，並不是真正意義上的誠實。誠實不是被動的。主動的誠實是人的生活中是一種活力，不僅僅是杜絕做壞事。但是，在生活中就有數以千計的人是被動誠實而非主動誠實的而且，他們對誠實並不看重。只有當一個人真正的誠實時，誠實的品格才能成為他優秀品格中的一部分。否則，一切都無從談起。我們每個人要力爭在別人的眼裡是誠實的人，而且要努力做到忠實於自己的內心。

為獲得名譽而誠實與本質誠實同樣有很大的不同。人格屬於人與生俱來的東西，而名譽屬於外在的東西。人格代表的是這個人本身，而名譽是別人的評價。我們每個人都應該感到自己的內心有一種東西，這種東西不可賄賂，不可收買，也不可出賣，丟掉任何東西都不可以失去它，如果必要，不惜一切代價也要去換取它。

贏的定律25　誠實對待生活

誠實可以避免恐懼，爽快、純淨和率直的人無所畏懼，因為他沒有做任何丟人的事情。誠實的人試圖把每件事都做到正直、公正，以給人一個公平的交易。所以，他有什麼理由恐懼呢？如果他依據誠實的原則做事，沒有任何東西可以傷害到他。另外，率直的人比那些純粹誠實的人更有勇氣。在團隊裡率直、勤快、絕對真實的人與隨波逐流、人云亦云的人有很大的區別。

許多人還沒有足夠的實力輕視金錢，金錢在他們心目中依然重要，因此他們要仰視金錢，金錢可以引誘他們。總之，金錢具有一種力量，它在傳統思想裡指代的東西扭曲了許多人。有一些人，在通常的情況下都很誠實。他們認真工作，按時付帳，承諾了別人的事情就去做，一般的誘惑不能動搖他們。但是，當一種特殊情況 —— 絕對「安全」的機會出現時，他們會利用職務之便獲得好處，牟取一點私利。

你有沒有發現這種情況：一些人看起來很強大，不會輕易倒下，但是就是這樣的人卻經常被小利益，小事情，看似瑣碎的事情所擊倒。那些名聲掃地的名人開始並不是因為大的欺詐，而是一些小的欺騙使別人失去了對他的信任。比如：他們會有這樣的一種心理：「撒一個小謊就可以使我擺脫現在的困境，」一個人暗自說道，「我不會依賴這個，這僅僅是一點小賄賂，不會有人知道的。當需要的時候，我會把錢還給他們的。」

有些人在誘惑面前非常誠實，這僅是普通的誠實，在一定「強度」的誘惑面前，他們的誠實會被熔化。打個比方，金屬或者說所有的固體，都有一種被稱為熔點的屬性。當把它們加熱到一定程度，它們就會變為液體。這就好比我們檢驗一個人面對誘惑抵抗的誠實度。還有一種不誠實，他們在大多數人的眼裡看似誠實，這是由於一種奇怪的心裡法則造成的。持續的做一件事情，重複一種錯誤會逐漸剝奪了他的滔天罪行，使其變得越來越具有合法性。

「他們還沒有那麼不可饒恕」，我們經常透過這樣的方式原諒一些錯誤行為。我們中有多少人陷於這種「善意的謊言」之中啊！儘管我們或多或少會為侵犯了誠實這個法則而感到自責。但是，我們總以為那些我們認為害處不大的欺詐是可以得到原諒的。或許，有些人會說沒有狡詐的騙局這個社會將不能存在，如果每個人都說實話，每個人都會被激怒。對此，我想說，相信沒有人喜歡關於自己的真實的、但卻直白的資訊。

在正常的情況下，人類思維模式是為說出真相而構建的。在生活中鍛鍊真實自己，將真實的想法融入你的性格中，你將變得更堅定，更強大。因此，「真相從來不排斥機智。畢竟，機智可以使我們在尋找真相的過程中更富有藝術性。機智和真相組合在一起便是真誠」。

當然，「一個人可以熱愛真相，也可以將其打入不受歡迎之列」，該說話的時候說話，該沉默的時候沉默，甚至一個人還可以在真相還沒有公布出來就隱藏真相。這些都是你的自由。然而，從來沒有一個人能像林肯一樣把誠實融入到品格裡面，也從來沒有一個美國人能在真相面前表現的那樣機敏。這就是我們與為人的重要區別之一。

在我們的頭腦裡有一種東西，因誠實而越來越旺盛，能抵制所有的錯誤和欺騙，沒有任何東西持續如此長久，除了純粹的真實，它不需要任何修飾，不用渲染。表達真相時，這種思想變得旺盛且膨脹。但是，當被迫表達虛假的事情的時候，就會變得軟弱。

健康和成功追隨誠實和坦率而來。而伴隨謊言活著，把生活變成了騙人的機器，這不只是意志的消沉，還代表了你是個弱者。真正強大、平衡的思想不需要耍花招，完全可以透明、公開，因為它足夠強大，無須任何隱藏。

真誠在英文中是由兩個詞根組成：sine 和 cere，sine 意為「沒有」，cere 意為「雜質」，合起來 sincerity 就是沒有雜質，純潔，透明。

贏的定律 25　誠實對待生活

誠實會產生強大的力量。美國內戰時期，當李司令與他的一個長官商討軍隊的行動目的地時，一個農村孩子聽到了他們的對話：李司令強調他想向蓋茲堡（Gettysburg）進軍，而不是哈里斯堡。這個反應敏捷的男孩立即把情況彙報給了科廷州長。州長說：我拿我的右手賭這個男孩告訴我的是真相。一個班長回答說：州長，我了解那男孩，他不會說謊的。他的血管裡沒有流淌任何一滴會說謊話的血。15 分鐘以後，北方聯軍果真進軍了蓋茲堡。世界知道了最後的結局。

如果仔細研究一些在大眾面前失寵的名人，會發現他們在早期的訓練中缺少一種東西，也就是沒有遵守道德的原則。他們由於缺少訓練，他們不具有這樣的意識：天才的成功都是建立在具有誠實的人格基礎之上。

試驗證明，有時候我們所謂的鋼鐵可能只是軟鐵或易折的金屬，當到達一定的拉力就會彎曲或者折斷。同樣，一些金屬不受各種酸的侵蝕，但是有一種酸除了金子之外別的金屬都不能抵抗。這就如同把誠實的探照燈射向一個人身上的，只有純金一般的人，人格完善的人才禁得起這樣的考驗。

當一個人意識到他在撒謊時，會盡量利用對別人不公正的優勢。當一個人意識到自己不是天才的時候，他在心裡承認自己是一個騙子，他會在誠實的掩護下做不誠實的勾當。當他意識到自己是一個騙子的時候，就失去了力量，就像辛普森一樣失去了鎖，也就失去了保護。

品格就是力量。一個人是否正確是客觀的事實，他的所言所為不涉及個人，涉及的只是真相。因為誠實本身就是一個真誠的人的自然表達。而且，我們還可以感覺得到，以這種方式做事的人的身上帶有一種不可改變的原則。

贏的定律 26

克服憂慮

憂慮是一個詛咒。可以擺脫憂慮和恐懼的人將比所有曾經在世的發明家和科學家們做出更大的貢獻。

你曾聽說過憂慮可以給人類帶來任何好處嗎？憂慮曾經幫助過人類改善不良的狀況嗎？憂慮難道不是經常透過糟蹋健康，使人筋疲力盡，降低效率的方式使事事適得其反嗎？

如果你有過不幸的經歷，如果你在工作中慘遭失敗，如果你被置於一個尷尬的境地，如果你因為失足跌倒而傷了自己，如果你曾經被誹謗和辱罵，忘掉這些吧！這些記憶沒有任何可留之處，他們造成的陰影會搶奪你很多快樂的時光。

—— 馬登

在一次非常嚴重的金融危機中，一名很有影響力的西方商人為這危機而困擾不已，他感到很恐懼，害怕自己多年經營的事業毀於一旦，害怕再也無法扭轉現狀。他的憂慮不僅影響了自己，還影響了事業失敗後那些與他一起承擔後果的人們。他的思想被恐懼的迷霧所包圍，重重憂慮使他很快失去了希望和決斷能力。

在他最失意的時候，他到紐約參加一個商業會議。有一次，他要打公用電話，站著等待的時候，他的眼睛被電話機旁卡片上的格言吸引住了：「當你覺得無路可走，一切都對你不利以至於你看起來再也挺不住的時候，一定不要放棄！你的乾坤即將在此時此地扭轉。」

這個人把格言又看了一遍，他被格言的內涵深深吸引了，沮喪立即一掃而光，如同一個咒語被擊碎了一般。他重新返回辦公室，開始繁瑣的工作。這次，他充滿力量和勇氣，他不再憂慮，重新振作制定新的計畫和工作，彌補曾經浪費掉的時間，最終挽回了敗局。

在電話旁得到啟蒙的那一刻究竟發生了什麼呢？外界的環境沒有任何改變，這個人面臨的問題依然和以前一樣不能解決，前景渺茫。但是，一場巨變已經在他自身內部發生了，憂慮消失了，恐懼被信念驅逐，內心態度的改變最終使其轉敗為勝。

但另外一個例子所導致的結果卻不同了。最近，一個紐約人因為擔心自己的薪資不能漲到 13,000 美元，因為如果有了這 13,000 美元他就能免於破產。但最終的結果是，由於他過於憂慮，自殺身亡了。報紙上幾乎天天報導各式各樣由於擔心經濟糾紛、擔心不能撫養珍愛的親人，擔心疾病或者死亡而導致自殺事件。因為擔心未來困難重重，許多人結束了自己的生命。由於陷於歐洲即將戰爭的憂慮，很多男女已經精神錯亂或者自殺。

自從競爭誕生以來，恐懼和憂慮對人們的生活造成的毀滅程度甚至比所有的戰爭帶來的毀滅程度還要嚴重。沒有人能夠估算出這些毀滅快樂的「殺手」所造成的損失有多少，因為這無法估算。而且，這些「效率的破壞者」——恐懼和憂慮仍在我們的生活中繼續橫行，它們令人心灰意冷，愁容滿面，霜染白髮；它們消弱活力，毀滅雄心，扼殺勇氣，打擊希望，摧毀原來的自己。

如果能俯瞰一個大城市，看那些所有由於憂慮和害怕不知明天會發生什麼事而失眠的人，你將會看到很多讓人覺得可憐的景象：

無論男女他們都在輾轉反側，他們的痛苦幾乎要超過了自己能忍耐的限度。他們在黑夜中擔心受怕的熬過漫漫長夜，同時又害怕面對新的一天。早上醒來時，他們看起來像剛從病床上起來似的，比退休年齡的人還疲倦，這根本不是他們本來應該的那樣 —— 活力無限，精力充沛地在繁忙的生活中尋求出路。

為此，許多人求助於興奮劑，或者試圖用雞尾酒、威士忌、吸菸和藥物來保證自己精神振作，產生足夠的「人造能源」以保證完成必須的工作。然而，他們所有的努力都沒有使自己真正的振作起來，並提升效率。他們的確做完了工作，但是他們做的是一天沒有意義的工作，因此，回家後仍然憂慮和煩惱，同時繼續失眠和重複前夜痛苦的經歷。

面對上述情況所表現出的種種行為，最直觀的結論是，這不是一個勇敢的靈魂的做事方式。人是為克服困難而生，而不是為退縮，為苦難擊倒而生。人不是作為憂慮的奴隸而生，不是命中注定作為恐懼的受害者而生。那些任由恐懼擺布的人，那些無法控制住憂慮的人，實際上已經退出了所能控制的生活，把控制這項權限交給了他「思想的敵人」。在生活這場戰鬥中，已經變成了一個懦夫。

勇氣和堅定的信念是恐懼和憂慮的剋星。事實上，只有那些小人物，那些沒自信的人才憂慮。當煩惱或者恐懼的時候，當要向憂慮妥協的時候，一定要捫心自問，林肯是怎麼處理那些你認為很大的小事的？如果足夠強大，強大到可以克服你遇到的麻煩，那麼你就沒有必要憂慮，否則憂慮會越來越重。就像主教派翠克說的：「揉眼睛不能將其中的灰塵弄出來，反而讓眼睛更疼。」

憂慮和恐懼是懦弱、無能、缺乏信心的表現，是精神的無能。一個聰明人很確切的將憂慮定義為「精神近視」：即用一種笨拙的方法看待小事物，無端放大了它的價值，這是一種神經幻想。聰明人同時說道：「縱觀全面，用正確的角度看待事物，洞悉內在的連繫，—— 沒有這樣經歷的人就沒有憂慮的資格。」

沒有任何東西能像憂慮和恐懼那樣如此快速地侵襲人的精神和身心。

在和諧的關係中，進行工作不會傷害我們。大腦和肌肉在充滿活力和快樂的氛圍中才能活躍。如果沒有糟糕的疲勞和眼淚；沒有因為憂慮、煩惱、焦慮、責備所造成的摩擦，那麼在夜晚我們將是精神飽滿，快樂悠閒，而不是像很多人那樣，當一天結束時，筋疲力盡，毫無生氣。

如果我們的生活因有信念而安穩，因有統一宇宙的力量而保持現狀；因有包圍我們的愛將恐懼驅逐，那麼憂慮就無法接近我們。但是，現實的清醒是，憂慮和恐懼卻成就了一堵光明與力量無法穿透的堅固的圍牆。

有人曾說過，消耗在毫無意義的憂慮裡的能量如果可以儲存並且轉化為能量，比如電能或者動能，那麼這些能量可以操作世界上所有的機器。

如果有足夠的分析能力和辨別能力，那麼就可以消除眾多男女怠倦的、疲憊的、憂慮的臉孔，尤其是那些瑣碎的、煩擾了他們一天的令人焦躁的擔心。然後，繼續消除那些完全沒有必要的日程 —— 十分之九的憂慮源於此。

在一個地方煩躁不安，無所適從，只會一事無成。

憂慮來源於一個古語，意思是窒息或者扼殺。每一次憂慮都將扼殺完成某事的能力。有時，你會認為對事情的憂慮會使結果富有成效，以至於你向憂慮投降。當然，事實恰好相反，高效、清晰地思維一點點形成，達成共識，製作計畫，完成任務。

有習慣性的憂慮者像是一個愚蠢的磨工，在自己的水閘上鑽孔，讓所有在春汛時儲存的水在乾旱時流掉。憂慮者比愚蠢的磨工受到更多的折磨，因為儘管磨坊沒有足夠的水，不能促使輪子轉動，然而磨工毫髮未損。但是，當你憂慮時，你傷害並且欺騙了自己。

許多冷靜的人對自己的生意瞭若指掌，知道身體健康，環境平和，生意才能興旺。他們意識到員工必須保持身體健康，不然會帶來麻煩。奇怪的是，當員工們的財產，換言之，他們的精力、體力因為憂慮和恐懼而消失殆盡的時候，這些生意人還期待自己可以成功。

我們會經常遇到大危機，這就需要保存力量，積蓄力氣，否則必將失去美好的日子。如果能力卓著的華盛頓是一個習慣性的憂慮者，如果他將所有的精力都用在憂慮戰爭的瑣事上，那麼歷史上就不會載有他的英名。

那些置身於商業的朋友們，在一天的工作中，有多少次當你的精力和體力達到最高峰時，你發現自己已筋疲力盡？多少不眠之夜讓毫無理由的憂慮所折磨？當你最需要一個清醒的大腦解決嚴峻問題時，你卻因為憂慮而難以抉擇，因為，你的憂慮使你處理不了外面的工作，而只能使其擱置。為此，我們應該做的是拋棄憂慮，高高興興地回家，享受睡眠。

當一個人處於商業危機之中，不能集資並且產品在貨架上賣不出去的時候，如果他每天幾次去銀行申請貸款，但是這對於扭轉即將到來的金融危機於事無補，是不是就該暫時放一放呢？你會怎樣看待這個人呢？

也許你要說「神經病！」是的，他真是個神經病。但是，你呢，與他並無分別。你將工作中的麻煩帶回家，讓別人和你一起憂慮。當你將這個麻煩帶上床，輾轉半宿去思索這個問題時，情況就更嚴重了。你沒有像聖人，聰明的男女一樣解決嚴峻的問題，除了失望，浪費體力，大腦混沌，你從憂慮和煩躁中得到什麼了嗎？一夜無眠，陷於憂慮之中是不能解決問題的。

是的，除了消耗生理和心理上的力量，浪費寶貴的精力，危害事業之外，憂慮、恐懼、煩躁和發怒從來不能幫助任何人解決任何問題。

我們小時候就知道不接觸火，不接觸沸水，給車讓路。總之，避開所有傷害我們身體的東西。但是在一生中，我們卻讓憂慮和恐懼毒害我們的思想，傷害我們的精神，讓我們感受到比普通身體上的傷害更嚴重的傷害。如果人們意識到憂慮和恐懼是劇毒，傷害健康，阻礙成功，那麼他們會像遠離毒藥一樣拒絕這樣的思想。

贏的定律 26　克服憂慮

一個著名的倫敦醫生曾經指出：如果一個神經進入到某組特定的肌肉群或者一個神經中心去管理這組肌肉群，就會擾亂他們的順序，使肌肉失去緊張感，逐漸失去知覺，進而就會廢掉。這是缺少必須的營養所造成的結果。所以，如果一個人想保持健康和活力，他就必須要攝取足夠的營養。自然界中每個事物都有可能透過系統毀滅供養物質（透過阻止食物消化的方式），任何可以影響大腦細胞、身體供養中心的東西都可以危害健康和生命。憂慮和恐懼會傷害大腦的細胞，而且無法修復。這主要是由於它切斷了神經營養物質的供應所致，因此，大腦也就無法正常運行整個身體系統的所有程序。

要想有高效的身體行動，思想必須有充分的自由。沒有任何天才可以補償由於憂慮而造成的疲倦，缺乏活力和喪失雄心的損失。任何勤奮都不能補償可怕的思想枯竭、身體萎縮。

我想，是不是一個人越是憂慮貧窮就越可能賺不到錢呢？恐懼會讓他們的思想在財富面前退縮，恐懼關閉了通向了財富的道路。他們非常憂慮明天的不可預測，非常害怕明天沒有錢，害怕沒有哪怕是基本的花費。這種沒有理由的、毫無根據的憂慮是獲得成功和快樂的敵人。它是自人類有競爭以來最有危害的傳統之一。

我們生來的環境本來就令人恐懼：我們來到這個世界上，貼著憂慮的標籤，帶著未知的恐懼。因此，自然力被認為是決定人類命運的偉大力量。生活在自然力之下的原始人已經向自然屈服並與之成為朋友。比如：幾千年以來，人們認為雷電、龍捲風是人類的大敵。一個發怒的上帝，將它的雷電扔向大地，只有犧牲人類才能平復雷公的憤怒和減少龍捲風的光臨。再比如：大海上可怕的景象：毀滅船隻的龍捲風，被認為是海王星（海王星被認為是偉大的海神）發怒了。太陽和月亮的光輝變暗淡代表神不高興了，許多人不得不以各種不同的方式死掉。

在人類的發展過程中，憂慮以殘酷的形式逐漸消失是最有趣的事情之一。知識已經將對未知的恐懼一掃而光，當我們有足夠的知識能認知到上帝其實只是愛的上帝，愛是法則，是秩序，是和諧，恐懼的血液便會消失的無影無蹤。

然而，不幸的是現在仍有許多人被一些原始遺留的東西所控制，並持續存在的憂慮阻礙了他們的成長，阻礙了他們的發展。憂慮從一出生就緊緊跟隨他們，有多少無知的母親總是透過恐嚇的方式迫使孩子入睡，告訴孩子：如果不盡早入睡，會有一隻大熊過來將他吃掉。一個小孩子在媽媽描述的情景下，又怎能睡得著呢？可是，大多數父母居然繼續讓黑夜充滿各式各樣殘忍的怪獸，以這種方式以迫使孩子順從他們。

許多孩子，尤其是敏感的孩子，他們的生活就這樣被毀滅了。一個偉大的醫學權威人士說，至少百分之八十的病態孩子可以透過實施科學的心理保健學 —— 主要是勇氣的暗示，得到挽救。誰能計算有多少因為憂慮而短命的人？誰能計算出由於地獄之火說的舊觀念，早期清教徒和他們的後裔所遭受的損失？誰能計算出迷信和恐懼究竟傷害了多少人？如果知道這種殘酷的方法會對孩子的生理和心理造成多大的影響，那麼他們的父母過去不會，現在不會，將來也不會以這樣殘酷的方式去對待自己的孩子。

我認識的許多人告訴我他們的各種擔憂。他們擔憂即將來臨的不幸，擔憂會有意外事故，擔憂別人對自己的看法，擔憂不能完成手中的工作，擔憂疾病，所有各式各樣的憂慮使我們活著不快樂，使我們大多數人的生活變得暗淡。那一絲恐懼，一種預兆，一些認為可能要發生的事情無情的摧毀了自己思想的平靜，一直暗示並糾纏在我們思想意識的左右。

想想，這多讓人痛心啊！真正能享受現在的人是多麼少啊！一般來說，這些人不是擔憂現在，而是擔憂充滿重負的明天。這樣的擔憂壓得他們喘不過氣來。他們不知道，既然今天已經給出了相對的力量，那麼對於明天，明智的選擇信任才是我們應該去做的。

明天還不屬於我們，我們憂慮和抱怨的事情也是明天的，這樣的思想魔鬼全是你的假想。何況，大多數使我們沮喪或者縮短生命的事情並沒有發生。但是我們依然要這樣去想像，所以你的思想意識裡就會因為想著這些可能發生的事情：比如悲傷，損失，失敗，擔憂他們可能會降臨。而正是這些憂慮嚇唬了我們，襲擊了我們。

如果能減少生活中那些事實上從來沒有發生的事件的那些陰影，我們的臉上可以減少多少皺紋？失去的活力會重新回來，思想也會重新煥發出靈感，但是，我們總是憂慮可能會發生。

對於這樣的狀況，你不妨回顧一下逝去的生命，我們想像中的魔鬼有多少變為了現實呢？生活中雖然有許多威脅，但是不管怎樣，一條沒有想像到的路向我們敞開了。我們以前憂慮的只是浪費精力，使自己提前變老，皺紋爬上臉，腰也彎了下去。想像的麻煩，憂慮的災難，一個都沒有來。在一個作家的生活中，有許多次，當一件事看起來已無力扭轉乾坤，毫無生機時，卻又「柳暗花明又一村」。一些超乎人們所能控制的東西解決了麻煩，解決了看起來不能解決的難題。威脅船隻的風暴沒有了，太陽比以前照的更亮了。生活中的每件事都變得平靜了。

如果那些經常憂慮和恐懼的人停下來想想，所有的憂慮和恐懼並沒有意義，他們將會為這樣的愚蠢而感到恥辱。你曾經問過自己這樣的問題嗎：將全部精力都放在憂慮和恐懼上是否值得呢？放在一些有意義的事情上是不是更好呢？除了努力工作，用清醒的大腦和最敏銳的判斷力去補救之外，我們無力挽救局面時，是否值得我們筋疲力盡去憂慮這件事呢？當面臨的局勢亟待我們用判斷力，積極性和熱情去挽救時，我們卻被痛苦纏繞，降低了自己的判斷能力，扼殺了自己的積極性，打擊了自己的熱情，這些是否值得呢？

如果你在一天中盡力而為，那麼，不要再為你所做的以及你沒有做的過度憂慮，過度自責。

當你憂慮時，把工作做的反而很好，因為你前天的憂慮，第二天卻把事情盡早並且輕鬆的處理完了，有過這樣的事情嗎？相反，憂慮會消耗你的力量，挫敗你的活力，而且當你需要力量和活動的時候，發現自己已經處於崩潰的邊緣。

所以，獲得力量和快樂的祕密是將我們的意識與神聖的自然力合為一體。當開始意識到偉大、創新、持續的力量時，生活會向我們展現它的另一面：沒有時間憂慮，沒有理由害怕。這種意識建立了生活的安全感，確定感，使我們懂得自己並不受機遇的擺布，也不是事故或命運的玩偶。當我們意識到自己與世界的創造者同為一體時，生活將變得更加高效、和諧、安寧、快樂！

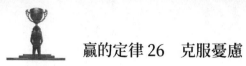

贏的定律 27

調整良好的心態

當遭遇苦難和悲傷時，當面臨時光的流逝、擔心前途暗淡時，一定要保持一顆堅強的心，不要擔心腳步緩慢，這其實就是一種快速的前進。

——馬登

一位曾經在拿破崙部隊服過役的著名外科醫生講述過他看到的情形：經過三天三夜的惡戰而最終取得勝利後，法國士兵的士氣高漲，勝利的決心更為強烈，士兵們沸騰，根本感受不到疼痛、飢餓、疲憊、甚至感受不到致命的創傷。

由此可見，凡是能夠增強信心的東西都可以讓能力得到成長，凡是能夠毀滅信心的東西也可以削弱能力。成功猶如一劑具有強大功效的興奮劑。成功的次數越多，「興奮劑」的功效越強。我們的能力、長處都是由成功疊加而成。反之，這種功效也會因為屢次失敗而消失殆盡。

既然成功是已知的最強效的興奮劑。因此在人們的心目中，他們普遍的認為成功帶來的效應是更能調整良好心態的。成功使我們的長處倍增，立志攀越更高峰，並激勵我們發展能力和資源。在這裡，需要加以說明的是，到目前為止，我們很可能已經擁有了這些夢寐以求的資源，但是我們卻不知道。

一個人如果被選為高階主管可以激發他的勇氣，鞏固他內在的創造力，促使其付諸行動，鼓起勇氣、發揮創造力，把事情做得更好，證明自己名副其實。可見，每一次成功都可以使我們更加自信，恢復勇氣，同時增強能力。每一次成功，都可以讓我們感覺到自身更加強大。自身強大，在世界上具有影響力，在領域內舉足輕重，為同胞爭氣，還有什麼能比這種感覺更令人滿意的事情呢？

對此，湯瑪斯．伍德羅．威爾遜（Thomas Woodrow Wilson）因為成功競選為美國總統而發生的巨大的變化就是一個很好的例子。從普林斯頓大學退休不久後，他便競選成為紐澤西州的州長。很明顯，威爾遜先生因對未來的不可預測而心情波動，他當時還懷疑自己是否有能力為自己的家庭提供更多的東西，於是申請了卡內基財團的「教授退休金」。然而，突然並且非常意外的晉升為美國總統使他之前的憂慮和恐慌一掃而光。對於未來的自信和確定，持續勝利的信心迅速取代了懷疑與擔憂。

毫無疑問，相比成為總統之前，湯瑪斯．伍德羅．威爾遜的能力確實大大提升了。當然，這都是他持續的進步造就的。如果不是成功的激勵，他或許會一直默默無聞 —— 成為普林斯頓大學的校長使他強大起來，激勵他進步；競選為紐澤西州州長進一步使他強大，而且激發了他的新的能力；晉升為總統，入主白宮激發了他所有潛在的長處，在世界歷史發展的關鍵時刻，這個人完全具有總統這個偉大的職責所要求的一切能力。

晉升為總統提升了威爾遜先生的自信，成長了他的能力。他意識到，世界上所有的目光都聚焦在他身上。人們期待在他身上發生奇蹟。這些都是巨大的動力，是調動他能力的刺激物。自從升任總統以後，他或許上千次的對自己這樣說：「湯瑪斯．伍德羅．威爾遜，全世界的眼光都聚焦在你身上，你必須好好表現。任何情況都不能表現膽怯，縮手縮腳，愚昧無知。你必須時時像個聖人一樣保持冷靜的頭腦。你的判斷必須安全可靠。你必須自我感覺良好。標準必須時時執行，雄心必須刻刻具備。你必須珍惜愛護自己的職位。在任何場合下，當外物誘使你改變原則，變得懦弱，逃避責任時，必須牢記自己的職責，從現在開始，夥計，你必須前進，前進，再前進。」

軍事戰略家非常了解失敗和勝利對士兵產生的巨大心理作用。他們明白，慘烈的失敗會讓他們失去鬥志；另一方面，即使是一支疲憊至極、氣餒絕望的軍隊，勝利也可以注入他們新的生命、力量和勇氣。戰略家們認為這種振奮的作用猶如提供眾多支援部隊一樣有效。

在將德國士兵趕到法國的「大門」、以及接下來從馬恩發生的進攻和撤退的艱苦卓絕的奮鬥中，以上事實得到了充分的驗證。勝利時，士兵士氣高漲，體力耐力大大增強；在即將成功的推進行動中，即使供給缺乏，睡眠不足，他們依然表現英勇；相反，在撤退時，即使供給充足，睡眠充裕，士兵依然士氣低落。換句話說，勝利對精神的影響及促進成功的振奮作用是不可估量的。

戰敗部隊中，受傷的士兵比勝利部隊中受傷的士兵的死亡率要高很多。對此，軍醫的解釋是這樣的：希望、快樂、期待的感覺增強了身體的抵抗能力和忍耐力。而失敗的部隊則向痛苦低頭，在疾病的侵擾、傷寒的肆虐、痢疾或其他症狀面前不堪一擊。因為，身體和思想會產生交感。失敗的想法讓人心情沮喪，精神萎靡。

我們來看拿破崙。拿破崙在戰場上的出現曾被形容為軍隊增加了百萬雄師，他那無可匹敵的熱情點燃了軍隊的熱情。德軍的凱澤·威廉（Gustav Heinrich Eberlein）知道，自己在前線的出現將會給軍隊勝利帶來巨大動力。革命戰爭時期，有很多次，華盛頓的出現使戰況轉敗為勝。士兵們對他們將領的信任使其產生勇氣和熱情，讓他們感覺到自己就是勝利者！

在聲勢浩大的歐戰中，君王曾經不止一次收回戰敗將軍的指揮權，多數情況下，不是因為這些將軍們的能力不如接替他們的人，而是因為他們的失敗對軍隊造成的惡劣影響。遭遇多次的失敗後，再偉大的將軍也會士氣大跌。毫無疑問，士兵們會對「常敗將軍」失去信心。一個新繼任的將軍，即使能力不如前任，但在被打敗之前，也會對軍隊產生強大的影響力。

由此可見，無論是戰爭年代還是和平年代，成功更易產生人們處理事務的動力。我們都知道，成功的完成一個任務——哪怕只是一個小小的勝利，都能讓我們感動振奮、激動，更加相信自己的能力。一個能力相對稍差，但是有幸持續進步，一直不敗的人，比那些能力不如他們，但是膽小，因多次失敗而變得氣餒的人更能擔當大任。

同樣的道理，工作、生活中的每一次勝利都會增強我們的能力，挖掘新的潛力。因為成功給了我們更多的自信，它激勵我們完成下一個更艱巨的任務。如果沒有之前的勝利，這看起來似乎不太可能。加利福尼亞「幸運的鮑德溫」之後的成功都是由於他最初取得成功所帶來的自信。自己天生就是個幸運兒的這種念頭使他勇氣大增，最終取得了一個又一個勝利。

所以說，成功的效力和興奮劑一樣，可以使人產生令人驚奇的創造力。根據精神磁性的法則，一個成功會帶動另一個成功的出現。成功越多，越能成功。當所有的事情看似都對我們有利的時候，我們便很願意堅持，願意為之努力。於是我們不費吹灰之力就可以獲得快樂、希望和勇氣。我們可以勇敢地做事，精神振奮且充滿熱情。當處於成功的巔峰時，進步的意識，成功地欲望會激發人的自然天性。那時我們可以化繁瑣的事情變為愉快的事情，使能力發揮到極致。

當處於沮喪與失敗的氛圍；當周圍的環境抑制成長，貧窮不堪，看似處處都不利於成功；當前方如此黑暗看不清道路；當最基本的希望都已失去，這時，需要的就是最優秀的男女用他們最純粹的素養，然後保持勇氣，奮力向前。

當遭遇苦難和悲傷時，當面臨時光的流逝、擔心前途暗淡時，一定要保持一顆堅強的心，不要擔心腳步緩慢，這其實就是一種快速的前進。

有許多忠誠、高貴的人，在諸事都對他不利之前，在大多數人都在為之奮鬥的東西被剝奪之前，並沒發現自己巨大的潛力。

失敗的人，如果能在情況發生逆轉後重新鼓起勇氣，他們最終會能站起來的。

很多人都多多少少懷疑自己的能力，除非透過成功展示過自己的能力。第一次獲勝往往能成長、給與及隱藏能量，激發出更多的能力。第二次獲勝會帶來更多，直到一個人認知到自己原來有無限的潛力。勝利一次，勇氣增加一次，潛力展示一次，於是便有勇氣做更艱巨的事情，能力也由此扶搖直上。

這些情況都在考驗我們的忍耐力、毅力和勇氣。在失敗面前，我們真正的所作所為才是品格的試金石。事實上，成功曾經多次讓人們清醒的了解到自己更大的潛力 —— 這些潛力讓他們感到出乎意料。無論經歷多少次失敗，都應該鼓勵自己繼續前行。如果我們自我鼓勵，堅持前進，我們必將勝利。

成功帶來的刺激作用在西奧多·羅斯福的事業中得到了充分的展現。羅斯福的每一次進步：從哈佛大學畢業，到進入紐約立法機關，從坐上紐約的警察局委員的寶座，到紐約的州長，海軍副祕書長，副總統，以至美國的總統，都展示了其能力的壯大，力量的增強。每一次進步都為以後的強大奠定了基礎。他的勇氣、熱情、謹慎都在進步，督促他勇敢地前進。

此外，成功還有驅動作用，適用於生活的各行各業。以一個女孩為例，她認為自己很有音樂天賦，多年來不顧父母和朋友的反對，即使在困惑的情況下依然奮鬥不息。當因為屢次受挫幾乎要放棄時，卻在當地的音樂會上一舉成名！這種振奮效果是瞬間產生的，當掌聲向她擁來的時候，她信心倍增，心靈猶如被重新清洗。她充滿鬥志，最終獲得了成功。在通往音樂殿堂的道路上，每一次微不足道的勝利都帶給了她勇氣，鼓勵她繼續前進。

再舉一例，據了解，亨利·福特史無前例的為員工漲薪資的行為激發起每一位員工的雄心、熱情和熱情。每一位平凡的、從未展示過自己非同尋常的雄心和能力的工人，在新的希望面前，在生活可能誕生奇蹟面前，精神都為之大振。

歷盡多年失敗的負面影響，一個人依然勇氣十足，是否真的能這樣很值得懷疑。但是，真的有很多人做到了。暫時性的氣餒不算什麼，但是如果放棄奮鬥，問題將變得更嚴重。一個人只要不放下武器，就永遠不會被打倒。無論男人還是女人，在情況發生逆轉時依然奮鬥不止，就永遠也不會被打倒。

我認識一個出版社，多年來一直運氣不佳。他創辦的幾個公司都破產了。這個人能力很強，但是總是由於諸多原因，事業不順。他下定決定，這是最後一次冒險。他全力以赴投入到報紙營運中去——用盡所有的勇氣和力氣。當然，結果他成功了！事實上，它的成功是如此完美，如此之快，以至於他相信在那條道路上還可以完成很多事情。資金有了，膽量也變大了！他接著開始從事別的出版品，現在他成功的擁有很多報紙和雜誌。

每個人生來就是為了與偉大的創造者合作，為偉大的目的服務，還有比這更讓人的興奮的事嗎？還有比一個人生來就是為了光輝的事業，為了完成偉大的任務更令人振奮，令人心潮澎湃的事情嗎？愛默生告訴我們：「真正的英雄是始終不變的中心人物。」被偉大動機支撐的人才是「始終不變的中心人物」。這種動機的效力比成功的效力甚至還要大。為一個目標努力就是成功，是最神聖的成功。即使在孤立的團體中，偉大動機的振奮作用，以及缺少這樣振奮作用所引起的「爆炸效應」每天都在上演。

在美國的廢奴運動中，許多原本熱情洋溢的宣導者，抱持著崇高理想的男女，在經歷了一段時間可怕的挫折後，開始氣餒並選擇了放棄。他們無法再忍受嘲笑、反對、汙辱、恐嚇和身體上的暴力、監禁與威脅。但是，也湧現出溫德爾·菲力浦斯（Wendell Philips）和威廉·勞埃德··加里森（William Lloyd Garrison）這樣的人，他們站出來反抗敵人殘酷的侮辱，用身體抵擋騷亂和擲來的雞蛋，抵禦關押和凶器的傷害。

當時，這位來自英格蘭的亨利·伍德·比徹（Henry Ward Beecher）勇敢的站起來支持廢除奴隸制，堅決支持狂熱反對奴隸制的群眾。要知道，在內戰早期，能夠獲得一個在大眾面前表達自己心聲的機會如同一個人的生命一樣寶貴。比徹並不把瘋狂的反對者看在眼裡，他怎會在乎那些暴徒的嘲笑、噓聲、狂亂和憤怒的人群呢？他毫不妥協的站在他們前面，暴徒們無法使他閉嘴，也打不倒他，整整三個小時，他站在滿是支持奴隸制者的大廳裡，面對著瘋狂的人群。他們阻止他說話，想將他趕下講臺。然而，他依然堅定地站在那裡，表情剛毅，無所畏懼，像真理一樣無法摧毀，直至那些施刑者被迫聽他演講。比徹離開講臺之前，企圖奮力阻止演講的人不得不為那些身體受到傷害的奴隸而離開了大廳。

如果想戰勝生活，證明你身為一個人的價值，如果意識到自尊的重要，你必須保持高貴的思想，必須意識到自己出身和遺傳的偉大。這會幫助你擊敗失敗與氣餒，增添繼續戰鬥的力量和勇氣，即使與超人對決也毫不畏懼，直至達到目標。

「你可以更強大，更偉大！」每個人內心深處都有一個比人類進化至今更巨大、更強壯的東西，有一個比你完成所有事情更宏大的可能性。只有引爆你的潛力，發揮你內部所有的長處，你才知道自己能做什麼。

贏的定律 28

抓住教育機會為你所用

教育就是切割、打磨一顆粗糙鑽石的過程。能調動一個人的熱情，帶給人振奮的成長過程，給人無法言語的滿足感。

—— 馬登

每年都有男生女生以各種方式提出這個問題：我該不該去上大學？大學值得念嗎？我負擔得起學費嗎？

年輕人經常會詢問我的建議，讓我回答他們提出的上述問題。最近我收到兩封具有代表性的信，這兩封信代表了即將讀大學的兩個男孩的類型：一個是父母為他付學費，另一個是必須靠打工賺錢的方式為自己付學費。

第一封信是來自紐約的一個男孩。在信中他這樣寫道：「父母希望我上大學，但是我希望可以去找一份工作，想高中畢業就進入商業界，成為一個商人而不是律師、醫生或類似的任何職業，我看不出有什麼好的學校教育是我想要的。關於這個問題，我的家人讓我寫信給您。」

另一封信是來自鄉村的一個男孩。他說：「我是一個農夫的兒子，我想成為一名律師。我很健壯，但是父母負擔不起上大學的費用。我讀過許多關於男孩用打工的方式來完成學業的故事。但是父母認為，這多數都是編出來的故事而已。他們認為像我這樣的人以故事裡的方式進行學習幾乎不可能。希望您可以告訴我您的看法。」

當我還是一個可憐的窮孩子的時候，我用自己的方式完成了高中和大學學業，畢業後有了各式各樣的經歷。以我個人的觀點，我可以毫不猶豫的說，那些經歷可以使一個男孩或者女孩得到他們想要的東西。生活中沒有什麼比學業和教育更值得支付，就算必須努力和付出犧牲也在所不惜。但是，是否每個男孩和女孩都必須去學校，這個問題就很難說了。

數以千計的高校畢業生也正在學校裡斟酌這個偉大的生存問題。但是不管怎樣，他們會繼續完成大學教育。對於高等教育流行很多種看法，因此，各式各樣的勸告也就出現在尋找答案的人們面前。在這些答案裡，你會發現，一些人正輕蔑的姿態談論著關於「學校的失敗」和「書本知識的愚昧」。而另一些人則在誇耀那些在高等學府裡保持最高分數紀錄的成功人士。

另一方面，你會發現一些人誇大了學校教育的價值和重要性。例如：有人聲稱除非花費四年或更多的時間在學院或大學裡，否則沒有人可以擁有增值的生命。還有人引用統計數字來說明受過教育的人具有更多成功的機會。

其實這些說的都很好。因此，我們要小心的衡量和看待這些問題：要從多方面去看待，既不小看也不誇大教育的重要性。

事實上，有人真的被他們的大學課程所傷害。他們成了學院裡不切實際的理論家，他們學到的書本知識已經成為一種阻礙，而不是競爭激烈的生存環境中的幫手。

另一方面，成千上萬的人，甚至成功人士也在哀嘆缺少大學教育，這也是事實。無論在何處你都會遇到這樣的人：他們在青春的時候，由於這樣或那樣的原因無法念完大學，所以他們感到缺乏教育對他們的一生來說是一種缺陷。

林肯是一個自學成才的人，但他終生遺憾的是自己沒有任何機會去念大學。他覺得自己缺乏只有大學課程才能帶給他的那種廣博的文化知識。

他在第一次就職典禮去華盛頓的路上，當他經過羅格斯大學時，林肯指著它大聲喊道：「啊！這就是我一直遺憾的事 —— 對大學教育的渴望，那些擁有它的人真應該感謝上帝。」

肖托夸湖畔的發現者約翰·文森特主教，對自己缺少的大學教育這樣說道：「這一直是我的眼中釘肉中刺。我透過演講、寫文章、言傳身教教育我的兒子，對於肖托夸村的服務，多年來我一直投入精力到高等教育事業。」

昌西·迪皮尤先生說：「我很幸運，這麼多年來在很多企業中擔任律師、法律顧問和生意合夥人，使我有幸與數百個不同的人有過私下的接觸。這些人沒有受過任何培訓和教育，卻已累積了數百萬美元資產。但是他們中沒有任何一個人不悲嘆或是由於父母的忽視，或是由於自己可憐的命運以至於不能接受教育；沒有任何一個人在有教養的人面前不感覺到羞辱，因為他們知道知識是無法用金錢買到的。他們全都時刻準備犧牲自己的命運，為的是不讓自己的孩子因得不到教育而感到遺憾。」

最讓人痛心的是許多少年為了蠅頭小利，在剛剛獲得一個教育機會時，便離開了學校，走進商場或辦公室。這樣的行為嚴重地影響到他今後成為一個充實的人的機會。

最近，一座大城市裡舉行的一個盛大活動中，我與一個商人有過交流。這個商人穿著得體，生活富裕，但就是這樣一個人，每次開口說話便露了餡。除了他的生意以外，幾乎說的每件事都證明他過度的無知。他的資訊非常有限，就算與他交談現今流行的一些話題也是非常痛苦的一件事。一個人能在大城市做生意，但卻對自己狹窄範圍外的事情一無所知，這看起來似乎是一件不可能的事。

因此，在考慮是否接受大學教育的問題時，記住，無論在物質上多麼富有，無論累積了多少金錢，只有真正、唯一、最大的財富永遠跟隨你。

它不在財產裡，不是土地或房產，不在房子、家具和衣服裡。它在你自己的精神裡。這是你最大的財富，最寶貴的財產 —— 知識。

前些時候，有人在南非發現了一顆重達 271 克拉的鑽石原石。據說，加工以後這個鑽石將價值幾百萬美元。但是，是誰賦予了這個未經加工的鑽石的價值？假設鑽石從來沒有被切割過，或鑽石的主人僅僅堅持打磨出一到兩個面，僅讓它足夠露出光亮石頭的品質，卻不足以散發出豐富的色澤，露出它美麗的外表，那麼還會有人願意為它去支付巨額金錢嗎？還會有人願意去關心這塊石頭嗎？

我們的教育就是一個切割和打磨一顆鑽石的過程。你目前所受到的教育正在打磨你思想的各個方面，透過打磨讓你擁有更高的亮度，獲得更大的價值。這一打磨過程中，你走的越遠，受教育的層面越廣，釋放出的價值就越大。

對於是否願意支付大學費用這個問題，很大程度上取決於諮詢者的抱負。你是想像許多人那樣盡可能獲得更多，還是只想獲得更多的金錢而已？如果你的欲望僅僅是增加物質上的東西，透過採取陰謀方法等方法從競爭對手那裡去獲得更多金錢的話，我不建議你去接受教育，因為一個未受過教育的人才有可能是最壞的惡棍。

身為一個運動員，鍛鍊肌肉是為了使動作更迅速更準確，更自然地做出反應。同樣，四年的大學課程也訓練一個人的心智和思維，加快推理過程，提升並強化人各方面能力，使他可以更好地做出反應。

由此可見，接受教育的目的是多重性的。簡而言之，是為了生命的塑造和生活的改善。而最終的目的是讓一個人能夠塑造自己的生命，能夠過上富足而充裕的精神生活。

接受大學教育也是為年輕人謀生提供鍛鍊的機會。已故的偉大的耶魯大學校長蒂莫西 · 德懷特（Timothy Dwight）說過：「一所大學不可缺少的一項工作就是提升學生思想的力量。」在談到這點時，他做了這樣一個分析：學生們的思想從開發到成熟的過程 —— 正如他從少年時期進入到成年時代，從一個懵懂少年成長為一個思維縝密，思想豐富的教育家的過程。四年的大學教育使蒂莫西‧德懷特在這方面突飛猛進，將他思維放大的無限寬廣。

由於年少時期是培養思維最好的階段，這時智力也在幫助他培養出一個廣闊的思維。因此，無論何時蒂莫西‧德懷特都可以輕易地將思想轉向另一個工作。可見，思維的培養是大學裡應該完成的功課，學校的目標就是鼓勵年輕人在課程結束時充分表達自己的觀點。要知道，一個人只有在剛剛成年時才能接受到這樣的教育，在這之後的若干年裡將沒有機會再接受這樣的訓練。大學教育就是一個為你前程鋪路的過程。

法蘭西斯‧巴頓醫生也說過：「毫無疑問，在其他條件相同的情況下，學校培訓一個人為生活中的大事所做準備的經驗要比任何家庭和企業更多。學校帶給他們廣闊的視野，讓他們看到事情相互之間的連繫，讓他們懂得沒有任何一件事可以單獨存在。」受過良好教育的人就是比沒有受過教育的人更知道如何去聚集自己的能力。這主要源自於他們得到如何集中精力的訓練。透過這樣的訓練，他們的思想時刻保持嚴謹，當遇到困難時就會更加堅持不懈的努力直到問題被解決。

有人曾經說過，一個真正受過教育的人的心智就像蒸汽或電力一樣，儘管不適合管理某個機器，卻可以適應所有的機器。人們所認可的心智慧力是透過大學教育獲得的。是否每個高等教育都適合每個人的情況，也許高等教育正在不斷地去適應所有的人。但不管怎樣，教育會加倍償還接受教育者所付出的時間和勞動。

教育使你懂得遵守規則，讓你了解勇氣和決策的特質，幫助你養成勤奮、規律、守時、堅持、耐心，自我反省的好習慣，塑造你良好的品德和一個健康、自重的心理。

也許，「最有價值的結果是教育」，赫胥黎（Aldous Huxley）說：「不管你喜不喜歡這種說法，只有具備能力的人才可以做自己應該去做並且必須完成的事。這是人生第一課就該學會的東西。如果一個人很早就開始接受教育，或許到了最後就會自己學透。」

年輕人經常問：「如果接受教育就會成為商人，藥師，或農場主等等嗎？」關於這個問題這裡有一些這類問題的相關答案：

當今的文明變得如此複雜，世界從沒像今天這樣宣導普及教育。那些知識有限、狹隘、愚昧無知的人比起學識廣博、胸懷寬大、多才多藝的人的機會簡直少的可憐。

銀行家哈威·菲斯克在一篇題為「大學教育對一個商人的價值」的文章裡說：「如果一個人想成為一名小職員或是小商販的話，他的父母便可以給予他最好的初等教育。」

「一個年輕人在他早期的職業生涯中不會清楚地認知到錯過的受教育的機會帶給他的損失。假如他 17 歲時就進入了辦公室或商場的話，21 歲的時候，他會覺得自己擁有的業務能力比同儕更強。但是五到十年以後，就像他的朋友在四年前開始時一樣，受過大學教育的人會更容易找到工作，對自己更加充滿信心，會獲得更多的成功。擁有大學教育的經歷會增強你的能力，能夠使你正確地使用它們，伴隨你度過一生。」

耶魯大學校長哈德利曾經說過：「當今，各行各業對大學畢業生都有不同的需求，要求如此之多以至於我們的大學生已經不能滿足它們。在近幾年的商業擴充中，這種事時常發生。如果對比商業的繁榮時期和蕭條時期，便會發現原始投資的價值要遠遠大於當前產品的價值。接受一次大學教育，需要投資兩千到一萬美元不等，其價值幾乎跟遊艇或煉鋼熔爐的價值一樣。當有需求的時候，人們便覺得自己獲得了最大價值。當沒有特別的需要，人人都在購買現有的商品，他便會覺得投資在這上面的金錢沒起什麼作用。

「我認為商務專業和政治專業大學畢業生的增多，提升了公共服務和公共生活的標準。我想，可以認為這是政治改革的結果，而不是其他的什麼原因。新的政治問題在國內和國外是一樣需要人們的觀察及改善，需要正在接受教育的下一代官員們去解決。」

知識是一把神祕的鑰匙，它可以開啟一個人成功的大門。你應該抓住更多、更完整的教育機會為你所用。康乃爾大學校長舒爾曼說：「現在，對於受過高等教育的學生的需求呈成長的趨勢。」然而，在受過教育的商業人士中，只有一小部分人在商場中占據重要的地位，而這個比率也在逐漸成長，這表示更多的人準備在自己的職業生涯中接受教育。同樣，值得注意的是學校裡正在越來越多的設置實踐考試，引入商業課程到教學中。

不管你當一個鞋匠、農夫、國會譯員還是商業人士，這一生你想做什麼並不是最重要的。無論在任何領域，都應該敞開對教育關閉著的大門。

一個人因為選擇了農學專業，就應該排斥科學、文學和藝術嗎？城市生活對他而言也許不重要，那麼就這點而論，他就不應該去接受文化教育嗎？難道他唯一應該談論的事情就是牲畜、耕作和收割嗎？

難道解開植物生長的祕密，了解土壤的神奇化學魔力，熟悉農作物在大自然的發展規律對農夫來說難道沒有意義嗎？解決繁榮生長的雜草，閱讀農作物知識手冊對他來說不重要嗎？對一個農夫來說，不值得知道原來彩虹不是上帝創造的祕密嗎？了解農場的另一面原來是美麗的風景，這不是很好嗎？懂得了風也會影響作物的生長及分辨雲雀和夜鶯的歌聲不是很美的事情嗎？

開放教育，即使對一個農夫而言，也會給他單調的生活帶來樂趣。不僅這樣，開放教育使許多農夫從他十分之一的土壤中獲得更好的收成，相比那些無知的農夫更容易獲得肥沃的土壤。同樣的道理，一個孩子透過大學教育學到了農業和化學知識，透過研究氣候條件對農作物所產生的影響而精心研發出非凡的種植方法。受過教育的人可以透過他們出眾的專業知識帶來更完美的水果、蔬菜和穀類食物，可以使農業走向更專業的領域。

對此，我並沒有不誠實和謙遜的說法。比如：機械工程師看鐵或鋼的設計圖就比一個不懂得鋼鐵化學合成的人看到的價值大得多。工程師們的思想價值在條形分子學上，他知道鋼鐵的分子運動，而沒有學過的人則只是看到了自己並不感興趣的一個鐵塊。前者了解金屬的力學規則、吸引力、相互作用力和性能，這也是他們感興趣的來源。而後者不了解它的化學性質，分子自然規律，所以顯得茫然，而正是因為茫然促進了他的求知欲，所以興趣自然勃然而升。

在每個職業或專業中，男男女女實際上都真真正正地存在於農業或機械中。就算教育是生活中的苦差事，但是它讓我們從中看到榮耀，使我們從辛苦的奴役成長為一個工匠藝術家，讓我們從中獲得優勢而不至於變得平庸，使我們擁有不平凡的人生，帶給我們更豐厚的碩果。對此，斯賓塞先生就說過：「完整的生活都是教育的功勞。」

大學是人生的轉捩點，如果真的要寫成書的話，它讀起來就是一本浪漫的故事。很多低級庸俗的目標讓位於高品味的抱負。用自己的能力賺到一點點報酬的時候，你才能體會到大學教育的價值。

許多人走進大學時的抱負就是致富，但是經過四年或更長時間的學習，精神視野變寬，能力得到拓展，便萌生出新的希望。這些希望會給一個人帶來更多的東西。此外，美好的憧憬幫助他面對生活的壓力。接受教育之前，思想得不到擴充，夢想很難實現。如果你認為大學達不到什麼作用，認為大學只能讓年輕人展示青春，追求金錢利益以及一些愚昧的目標，教育會證明它的價值超過你認為的一千倍。

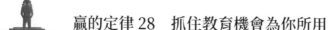

一些偉大的法官、律師、醫生，甚至最傑出的作家在接受教育之前並沒有什麼特殊的才能，他們都是後來才變得出名。「四年的大學教育」，布朗大學的校長方斯說，「具有跟隨一個人 40 年的價值，一個人可以隨時享受並享用它。」因此，大學教育，如果年輕的你忠誠地去追求它，便會有無限可能，得到充分的發展空間。有的人在接受教育的時候，可能做夢也不會想到它的價值有如此之大。原因很簡單，那就是他之前從來沒有經歷過任何教育。

馬丁·布倫博教授說：「對比教育來說，沒有什麼犧牲是昂貴的。教育會給年輕的男女一次完整的生活經歷。在鄉下，遺憾的是人們的生活因沒有受到教育而得不到任何改善。生活中最歡樂的事就是有條不紊地成長」。

的確，布倫博教授的這個說法是正確的。因為教育並不僅僅是為了謀生，還為了更好的生活。只因為不喜歡某一個專業而放棄整個具有價值的大學教育，這是沒有道理的，就如和人們不會放棄一塊有豐富礦藏且尚未開發的大陸一樣。

那麼，哪些事情是生活中最有價值的？金錢或者一個人帶給家庭的物質？氣概、良好的心緒，廣泛開放的文化？還是寬闊的胸襟，廣博的知識與寬容、忍耐？倘若一個人透過某方面的教育提升了自己的能力，他還需要在同種職業中絞盡腦汁嗎？這個世上難道還有什麼比在教育、文化和男女成長中更重要的投資嗎？

身為一個女孩或者農夫的妻子，對她們來說教育就一文不值了嗎？教育若是一文不值，那麼她可能會帶給家庭和孩子文化培養嗎？教育的價值還能夠進入到家庭和社區裡面嗎？

你認為對孩子的思維、閱讀能力和溝通能力的培養與你留給他們那些少許的美元具有一樣的價值嗎？

一個僅接受過少許教育的人就如同一段不和諧的音樂，他的可開發價值屈指可數。有什麼物質財富比世界上都是有教養的男女與寬廣、深邃的靈魂更有價值？金錢不是最高的價值衡量，開放、進步的思想是不能在金錢和教育之間做選擇的。許多沒有受過教育的男女連一千美元都不值，因為他們不能使國家或自己的家鄉變得更好。這些的人即便是百萬富翁，表現出的也僅僅是庸俗的富裕。

沒有什麼比發展教育更有利於整個社會了。發展是人類偉大的生存規律。發展是一種責任，深深刻在人類的神經纖維中。無論做什麼，我們沒有理由埋葬自己的天賦，我們都要朝著發展的方向培養自己的能力。

教育對一個人的事業、大腦的培養、靈魂的淨化和生命的路程達到領航的作用。無論走到哪裡，不需要給人看你的銀行帳戶或財產清單，因為他們所能看到的就是你這個人，你的性格魅力。他們能在你的眼睛裡讀到你的財產清單，你的每一次勝利證明了你所在的高度。你的毛孔都折射出你的自信與信念，這才是真正教育的力量。

也正是基於此，本章不會全面去談論兩個篇首提出的問題——我該選擇大學嗎？我可以負擔得起大學的費用嗎？但我可以給出建設性的意見。

第一個問題，大學遍及美國數百個地方，很難抉擇選哪所高校，選擇城市學院、高等學院還是附近城市的學院呢？偉大的人物會從小型學院開始，而小人物則會從大型教育開始。

這基本是私人喜好和品味的問題。所以我們能做的應該是去了解某些城市、國家教育和大學的優勢與不利之處。比如：鄉村大學往往少了許多城市方面的誘惑，這有利於健康的發展。在小城市的學院中，教授和講師是難以找到的，他們在大學和更高一級的學院裡。在較小的學院和團體中，往往更有利於人與人之間友情的持久發展，學生的關係會更友好。不過，從另一方面來講，城市級別的學院和大學也有很多優勢，特別是對於一個鄉下長大的孩子而言。畢竟教授的聲譽，學校的傳統、歷史，在某些情況下，數百年來培育的團隊和提供的鼓勵是無價的。

參加講座，自我培養，自我鍛鍊，這些機會在大城市中可以獲得。去圖書館，參觀博物館，遊覽名勝古蹟，感覺生命與人類的偉大成就，這些都是在塑造學生的未來。一個城市有許多有力條件可以讓學生在娛樂之中享受教育。

通常一個學生在一所城市學院會有更多的自由，可以去做禮拜或消遣。較小的學院個人自主權非常少。當然，較大的自由度也需要更大的責任感，有時候對於年輕人來說很危險，因為他們還沒有學會自我控制。另一方面，自力更生、獨立自主的個性會得到更大的發展空間，學生擁有眾多的資源當中，這也是一個巨大的優勢。再者來說，在無限的資源中學會自我監督，這也是一個有利條件。在他們的生命中，盡早鍛鍊獨立的個性比不斷受到約束和監督更好一些。

上述這些都可以平衡許多事物對學生的誘惑，給予他們堅強的意志力和成熟的素養。城市生活的充實為男男女女的所見與感知有著不可估量的價值，也許這是它最大的魅力。然而，純粹的學術和獎學金只有在較小的學院裡才有。

第二個問題：「我可以負擔得起大學的費用嗎？」我可以回答的比第一個問題更明確。是的，你可以。不僅因為我完成了，而且因為我知道數百個學生在畢業後賺夠了念大學的全部費用。

一個年輕人如果打算用打工的方式支付學費就必須確定自己的勇氣和決心，必須要忍受一些苦難和放棄一些不太重要、但很愉快的大學生活。然而，毫無疑問，對一個健康、有毅力的男孩來說，他是可以賺到學費的，就像他可以念完大學的孩子一樣。

如果對自己的整個教育階段做一個規劃，在假期而不是學習期間去賺取收入，會得到更多。許多學生浪費大部分的課餘時間去工作，沒有時間參加俱樂部、辯論賽、實驗和兄弟會，這不僅失去了戶外的消遣，也失去了與同學們相處的愉快的時光。

值得注意的是那些規模較大的大學會提供很多的工作機會給學生。舉個例子，哈佛大學的 5,000 名學生裡，超過 500 名的貧困學生幾乎完全依賴於他們自己的收入。那些有能力做新聞採訪工作或家教的學生每年可以賺到 700 ～ 1,000 美元，這筆錢對他們來說無疑是一筆額外的收入，有特殊才能的學生則可以賺得更多。

亞伯特．貝弗里奇進入大學的時候帶著向朋友借來的不到 5,000 美元，還有他在俱樂部打工賺到的 50 美元和論文獎學金 25 美元一起作為原始資金。夏天來了，他去收割農作物，還打破了小麥收割紀錄。他全天帶著書堅持學習。當回到學校的時候，已被公認為是有特殊經歷了的人。還形成了自己的一套實踐理論。

現史丹佛大學學生會主席大衛．斯達．喬丹以前在康乃爾大學就讀的時候，透過當服務生，做家教，修理草坪及各種途徑賺取學費。他認為一個年輕人不是透過自己的勞動賺取學費就不配接受教育。

康乃爾大學另外一位學生主席雅各．古爾德．舒爾曼也是透過打工賺錢來完成學業的。

在哥倫比亞大學至少有一千名學生可以賺得每年的全部或大部分開銷。紐約這座城市提供了大量的就業機會，與這裡的其他名校相比，哥倫比亞大學給予學生更多的支援。不過，也有許多年輕人透過打各種工來支付波士頓大學的花費。比如做調查員，夏季時候當貨車司機，在夜校做助教，夜間為各式各樣的公司記帳，在飯店當服務生，在農場工作等等。許多女孩，也是自己獨立工作，幾乎無須任何幫助。我讀大學的時候，就有一個與我膚色不同的窮孩子透過自己的努力完成了法律學業。他當時窮得連一個房間也租不起，只能睡在法律圖書館前的長凳上。

美國大學的校長代表最近表示：「我認為，完成大學教育的另外一個好處就是讓學生透過自己工作賺到的錢來完成學業。學習本身也可以給人以工作時的活力，讓他認清現實。這和一個人透過真正的工作所獲得的經驗不太一樣。」

偉人在學習上很少有偏愛。一個低的起點不會是一項偉大事業的障礙。大學裡打工的人可以贏得尊重，他將會學到如何經營自己的一生，無論在學校與否他都會比一個百萬富翁的兒子更有地位。農夫、修理工、技師以及國家中產階級家庭的所有孩子與有錢人的孩子比起來，並不比他們缺少資金和機會，共和政體的明天需要的是好市民與智慧。

最後強調一點，大多數的男孩都希望獲得自由的教育，希望獲得一個比丹尼爾·韋伯斯特（Daniel Webster）或詹姆士·艾布拉姆·加菲爾（James Abram Garfield）好百倍的機會。但是記住，在生命中健康是最寶貴的財產，身體是革命的本錢，擁有健康的體魄才能做你認為行的事情。如果因為缺少食物，必要的休息或娛樂消遣使身體垮掉了，在這世界上不是所有的教育或金錢都能彌補你的損失。健康永遠放在第一位。任何名副其實的教育都意味著一個健全的心智寓於健康的身體。另一方面，意志決定行為，世界從來沒有像今天，像在此時此刻這樣有如此多的方法可以建立堅定的意志和頑強的決心。

贏的定律 29

學會如何簡潔地表達

所有的人都應該學習開門見山，所有的繞彎、不坦誠和贅言以及沒有必要的囉唆通通刪除，不迂迴曲折或模稜兩可。

——馬登

霍雷肖．赫伯特．基秦拿（Horatio Herbert Kitchener）將軍是個身經百戰的英雄。但他不苟言笑，沉默並固執。在他身現出的是那種令人難以捉摸的全神貫注和直率。個性獨特的他無須任何人協助就能獨立制定出作戰計畫。當他執行計畫時，總是精神抖擻，精力充沛。

在波耳戰爭期間。有一天，他開始計劃一個重要的遠征，他的司令是唯一知道行動的人。在這個計畫裡，他只訂購了一個火車頭、一輛敞篷車以及一輛載士兵的卡車。然後，他下令清理路障。另外，他命令不准提前發電報通知，到達現場從不提前通知，軍隊裡任何一個將軍都不知道他會在何時何地出現。總之，所有的事情都要為他服務。

南非戰爭時發生的一件事情，更是充分顯露了這個人的這些特點。一天早上六點左右，他突然出現在開普敦的納爾遜山旅館。他瀏覽了登記名單，找出了當時應該執勤卻沒有出現的長官的名字，然後沒有和任何人說一句話，徑直走進了這個犯錯的人的房間，留下了這樣的字條：「上午10：00，一輛專車將開往前線；運兵車則將於下午4：00前往倫敦。先生，你可以有自己的選擇。」他從不聽任何藉口，也沒有任何商量的餘地，更不會接受道歉。所有的軍官都明白，他留下的通知就是最後通牒。這是因為，他的自信及自制力使他可以坦然面對任何緊急情況。因此，對手下具有絕對的權威。他做的所有事情都暗示了他的強大。他遠離虛榮、諂媚和想獲得讚揚的欲望，藐視所有的社會榮譽和輕浮的舉止。他的個性具有偉大的自然力量。他做事有簡單明確的目的：無聲、高效、準確。同樣，基秦拿將軍也擁有自信、果斷、專一、迅速及冷靜等優良素養，能瞬間抓住形勢，獲得成功。

在任何領域中，對成功最有幫助的東西就是學習簡潔的思考及行動迅速和坦誠直率。

「要簡潔！」賽勒斯·韋斯特·菲爾德再一次這樣建議他的朋友，「時間是寶貴的。守時、誠實、簡潔是人生的箴言。千萬不要寫很長的信，因為生意人沒有時間看。如果你想表達一件事情，一定要注意簡潔。沒有一個生意重要到用一張紙都表達不完。」幾年前，當鋪設大西洋海底電纜時，我有機會發送一封很重要的信件到英國政府。我知道這封信將被英國女王和首相閱讀，所以我用了好幾張紙來寫我要說的話，然後我讀了 20 遍，縮減用詞，使句子讀起來更簡潔，直到最後我將想說的話都濃縮到一張紙上寄了出去。在預期的時間裡，我收到了回覆，當然，回覆令我非常滿意。如果信寫了 6 頁，你認為我會進展的如此之快嗎？不，那是不可能的。因為「簡潔是最難得的禮物！」

想像你要寫一封電報，每個字要花去 25 美分，因此要以最少的字表達最多的內容不失為一個好辦法。當寫完了一封信或者一篇文章，認為已經很簡潔的時候，請再讀一遍，刪除每一個多餘的字，使句子更完善。透過學習如何簡潔的表達，一個人會立即克服粗心的毛病。

在一張紙上寫滿句子，展現的卻是雜亂無章的內容和沒有邏輯的思維。這樣的實踐會改進一個人的思考素養。同理，簡潔也應該應用於談話之中，應該努力用最少的語言表達最豐富的思想。

書架上有幾千冊布滿灰塵的書，卻從來無人問津。如果刪除書中一半或者四分之三的詞彙，它們可能會成為暢銷書 —— 而事實上，這樣做並不會妨礙思想的表達，可以輕而易舉的做到。

有誰可以從林肯的演講或朗費羅的《生命頌》(*A Psalm of Life*) 或莎翁的作品中刪除任何一句話呢？無論經過多少歲月的輪迴，又怎能消除《聖經》故事裡野百合的故事、登山寶訓或者英國詩人格雷的《墓園輓歌》(*Elegy Written in a Country Churchyard*) 呢？這是因為，那些讓人們永遠銘記的作家們用最簡潔的語言表達了他們的思想。他們去除了冗繁的表達，選擇最能傳達思想的文字。他們的文字經過漫長的歲月卻從未受過任何影響與腐蝕，所以永遠活在人們的心中。

在上班時間打電話給人時，要盡量討論與工作相關的事情，並且用簡短的詞語，說完後迅速掛斷。對方的每一分鐘都是寶貴的，他可沒有時間和你閒聊。斯圖爾特將時間比喻為金錢。他在將事務陳述給門外的哨兵及辦公室附近的另一個哨兵之前，是絕對不允許任何人進入他的辦公室的。如果有訪客請求私人事務，哨兵會說：斯圖爾特先生沒有私人事務。當允許進入之後，這個人需要簡潔地表達來意。斯圖爾特對公司的事務往往能系統且迅速的完成，這常常令對手震驚。沒有懶散、空談或者愚蠢，這就是斯圖爾特。在公務時間裡，他拒絕友好的交談。他沒有時間可以浪費。

如果說有什麼事情可以激怒一個商人，那就是嘗試與沒有任何成績、從來不表明觀點、說很多廢話介紹自己、拐彎抹角的人做生意。他們就像一隻徘徊了很多次的狗，最後又躺回到他開始起步的地方。沒有意義的解釋，介紹和道歉使人感到筋疲力盡。他們除了不談生意什麼都談。

由於申請職位時的廢話太多，許多年輕人找不到工作。要知道，大多數生意人的時間都很寶貴，因此喜歡簡潔，簡潔的表達會給一個優秀的生意人留下美好的印象。

有些人永遠無法使他們把話說到要點上。他們總是就一件事周而復始，卻從來沒有深入到問題的實質，他們思考問題不直率，像在「毒藥」這個遊戲中的孩子一樣，試圖躲避與指定事物的接觸。許多人之所以失敗了，因為他們缺少快速捕捉結論的能力。當他們深思熟慮、平衡觀點或拐彎抹角時，已經錯失了挽救自己的機會。

經常在會議或者公共集會上見到這樣的人，他站出來告訴觀眾只有幾句話想說，然後一下子就高談闊論了半個小時。簡潔是最寶貴的一種素養。它代表了縝密、簡單和平衡的思想。幾乎沒有人會去學習怎樣將自己的想法簡單扼要地表達出來。人們的談話總是漫無目的，本來一句話就可以說清楚的事非要用十句話去說，無法將自己的思想融匯在簡短的語言裡。

當一些孩子或者年輕人問我如何取得生意的成功時，我試圖尋找他們是否具有直率、簡潔的表達能力，我會看他們是否能夠心口如一、不清晰明瞭地表達事情。如果缺少這些素養，雖然也有成功的可能，但是這種希望很渺茫。因為這些特徵都是成功人士所必備的。

不坦率的人經常會工作不順，雖然他們可能工作努力，但是從來沒有取得什麼成就。只有那些坦率的人，有說服力的人，以及能深入問題的本質提煉出精髓的人，才能成就大事。他們知道自己想要什麼，從不持觀望態度，從不把時間浪費在猶豫、尋求建議、平衡觀點以及鑽牛角尖上，根據事情一步步的進展做決定，然後義無反顧地付諸行動。

直率是一個成功人士最需要具備的特點。成功人士不會擱置一件事情，總是設法去完成。如果給你打電話說有生意上的事情想談談，他們不會花 15 分鐘去介紹自己的目的。他們直截了當，不在準備和討論問題上浪費時間，而是將身邊的生意盡快打點完。

直率是所有偉大的領導者所具備的素養。他們珍惜時間，從來不想把時間浪費在沒有意義的談話上。這是所有大企業中的主管或經理人必不可缺的特點。

不直率的人就像將麵粉放在平底鍋裡沒有點火一樣，是烤不成餅的。不直率摧毀了許多事業正處於上升時期的律師。美國最高法院的金牌律師說：這是他們碰到的最多的事情。許多年輕律師太重視自己在最高法院的地位，長篇累牘的介紹自己，拖延陳詞的時間，自圓其說，直到觸怒了法庭，自此也輸掉了案子。

因此，無論有多大的能力，有多高的教育程度，如果不能簡潔、果斷、直率，那麼你永遠也不會成功。許多帶著大學光環的年輕人經常給我們留下這樣的印象：擁有巨大的潛力和希望。然而，他們卻不專一，總是想談到要點上，但卻總也做不到。那些家境富裕、受教育程度良好並且富有才幹的人經常令他們的親人朋友以及自己失望。他們不直率，缺少集中精力做事的能力。

簡潔而清晰的表達往往具有很高的價值，能給人留下美好的印象。面對眾多應聘者的履歷，一個智慧的雇主會選中那些開門見山，用最少的語言陳述職位職責，並且表明喜歡或不喜歡的人。而不是那些告訴老闆自己曾經做了些什麼，以及他能做多少，這只會讓對方反感。

軍事會議上，格蘭特將軍的手下們往往花費大量的時間討論形勢，作戰成功的機率以及行動失敗的可能。但是格蘭特往往在軍營裡來回踱步，背著手或抽著菸，既不開口也不提議，他只是思考。將軍們正在討論的時候，他往往從口袋裡掏出一張紙條，遞給他們，上面寫著：先生們，明天拂曉行動，按照以下命令執行。

如果一個人的話很多，卻沒有要表達的思想，他要麼沒腦子，要麼就是太囉嗦——原來，他已經養成了只說不思考的習慣。

思想應該先於語言，但是有一些人總是不思考就脫口而出，然後便一直結結巴巴重複自己的話，沒有任何邏輯可言。比如：在演講時總是冗長而不嚴密，這樣的人很可能是小時候沒有被教會如何去思考，所以他們表達的意思總是含糊不清。反之，直率、睿智和思路清晰的語言則表明一個人具有清晰、訓練有素的大腦。喧嘩、冗繁的語言則表明這個人的大腦缺少邏輯的訓練。

物極必反，這種簡潔的想法有時也不可以太絕對，如果太絕對就有可能讓我們達到一種愚蠢至極的程度。比如為生活做準備縮短我們的求學生涯；對工作怠忽職守，匆匆地完成那些需要精確操作的工作，最終導致失敗；為了節省時間，吃飯時狼吞虎嚥，不進行足夠的體能鍛鍊，不休息，以至於最終毀滅了自己的健康。值得一提的是，美國人在這方面展現的最明顯。

這是一個簡潔且直率的年代，簡潔將無處不在。在時間和能源都要節省的年代，簡潔是普遍的目標。所有的複雜都要化為簡單。人們將不再忍受古代曲折的旅行路線以及做生意的方式。通往每個目的地的路線都要盡量的縮短，鐵路花費鉅資以縮短彎路和隧道海底路線，就是為了節省時間。

我們用在生意中的簡潔證明了效率時代的到來。所有的人都應該學習開門見山，不迂迴曲折或模稜兩可。所有的繞彎子、不坦誠和贅言以及沒有必要的囉嗦正在從文學作品中剔除，就像從生意中去除沒有必要的建議或者流程一樣。

贏的定律 30

建立良好的信譽

如果你總是令人失望，使自己信譽的天秤傾斜，你將會發現要想挽救在別人心中每況愈下的印象必須下大功夫、付出額外的努力才行。

—— 馬登

當有人問盧·華萊士（Lew Wallace）創作《賓漢》（*Ben-Hur*）時的靈感從何而來，他這樣回答道，「我渴望在我生活的時代表達我的觀點。」

明尼蘇達州的一名州長曾經說過，他的志向是「為了自己和這裡的百姓們，將自己出生的地方建設好。」

還有比渴望在自己的團隊中一言九鼎，得到當地人的信任以及得到同儕的尊敬更遠大的志向和更高貴的動機嗎？

一位紳士向一名女士詢問一個人，問這個人是在當地有名還是在國家更有名望。這位女士回答說：「他只在國家享有聲譽而已。」

許多人與並不十分了解自己的人相處的很好。因此，一個真正的好人能跟鄰居相處融洽，贏得真正了解他的人的尊重，這很大程度上依賴於他在當地享有的好名聲。相比之下，從陌生人那裡獲得好名聲要困難的多。如果你只能擁有一種名聲，那麼要時刻保證在當地享有好名聲。

每個商務人士都知道必須小心行事，以免對自己的信用造成不良影響。儘管這樣，這些對財務狀況非常小心、經常產生嫉妒心裡的人卻對道德名聲、個人品德不太在意，顯得漠不關心。

贏的定律 30　建立良好的信譽

大多數青少年並不認為他們的未來取決於別人如何看待他們。他們不知道給他人留下壞的印象要經過很多年才能改觀，即使這個年輕人已經徹底地改變了自己，走上了生活的正道，壞男孩的形象要持續很多年才能被好男孩取代。

一件小醜聞，即使只是無傷大雅的小事，也能摧毀無辜之人的幸福。年輕女孩不該對別人的看法漠不關心。我經常聽年輕女孩們說，只要她們認為自己沒有做錯事，就不會理會他人的流言蜚語。但是有多少女孩的未來不被這些不經意和魯莽的行為，還有別人對她錯誤的印象而毀掉，致使以往的過失永遠不能遺忘？又有多少女孩因此錯失了一個原本可以屬於自己的幸福家庭？

我認識一名年輕的女士，她總是行事輕率，無意識地做一些毀壞自己名聲的蠢事，將自己置身在風口浪尖上。結果是，她身上的特質，她的美麗以及很多令人欽佩的素養反而因此得不到人們的認可。

許多年輕朋友在一些瑣碎的小事上，總是表現的不老實、不誠懇，給人留下了不好的印象。雖然這多數是無心為之，但是卻會嚴重損害他們的名聲。所以，如果有一件事是一個人應該多加注意的，就是加倍地維護好自己的名聲。名聲對每個人來說太珍貴了，不可視同兒戲，對一個人來說好名聲是他未來的一切。可以失去錢財、居所、職位和朋友，這些都可以重新找回，但是一旦失去好名聲，就永遠難以完全恢復。

年輕人常常認為將來有足夠的時間去建立自己的良好聲譽。但是，讓我來告訴你吧，在你的一生中，沒有任何一件事比盡早的建立起好名聲更重要，坦白的說，這很公平。你不能低估一個好名聲的價值，對你來說它意味著一切。是否擁有好名聲決定你是成功還是失敗，偉大還是平庸，你是想盡早建立起良好、正直、廉潔、誠信和可靠的聲譽，還是讓人覺得你是一個不可信賴、狡猾和不忠誠的人？對此，或許我可以用莎士比亞的話來形容你的威望：

「他的言語是箴言，他的誓言是聖言；
他的愛忠誠，他的思想聖潔；
他的眼淚，是發自心靈純淨的聖訊；
他的心距離欺騙像天堂距離塵世那樣遙遠。」

由此，可以看出：好名聲是不容受到侵害的東西，同時更要讓你認識的人從心底裡對你懷有好感並支持你，這是能否成功的決定性因素。事實上，一個好名聲是走向成功最好的資本。所有的聲譽都基於自信。當自信心減弱，聲譽就會降低。

在一次委員會的會議上，委員們審查一項被稱作「金錢信任」的決議，有人問摩根先生：「是否能獲得商業貸款難道不是主要取決於資金或財產嗎？」

「不，先生，」摩根回答，「最主要的是取決於他是否擁有一個好信譽。一個熟人來到辦公室，當我知道他在這世界上已經身無分文的時候，我為他開了一張一百萬美元的支票。」

是否有個好名聲會有完全不同的結果。你的所作所為是否正如你承諾的那樣，你說的話是否都是一言九鼎，絕不反悔呢？商界人士不喜歡與那些總是在遠處觀望的人做生意，因為他們害怕遇到騙子，那種人在自己得不到很大利益的時候，就會試圖推翻之前所承諾的一切。

每件事的成功都依靠自信。別人對我們的信任是一種支持，使我們越來越強大。反之，別人對我們信心的缺乏會讓我們變得虛弱，猶豫不決。

如果擁有雄心，要大展宏圖，就要珍惜自己的顏面，尊重自己的言行，不要削弱自己的地位。不要總是說些蠢話來干擾別人對你的評價，不要做蠢事和尷尬的事。

我們都是連著一條繩子上的，無論承認與否，別人對我們的看法都深深地影響著我們。別人對我們的印象很好，這種意識對自己會達到支援和刺激的作用，我們的自信心會隨著別人對我們的信任和尊重而增加。這也就是說，當你有一個壞名聲，這個壞名聲讓人們對你產生了不好的看法，而這樣的看法就像壓在背上的一個重擔，使你無法抬頭挺胸。於是，你就會不顧一切的想壯大自己，試著扭轉人們的看法。

其實。建立一個好名聲並不是一件難事，只要一點一滴地累積人們對你的好評。但是如果你總是令人失望，使自己信譽的天秤傾斜，你將會發現要想挽救在別人心中每況愈下的印象必須下大工夫，付出額外的努力才行。這好比多年的工作成果在短短的幾分鐘就會垮掉。一個人一個小時跌落的距離，需要幾天甚至幾年才能爬上去。所謂下山容易，上山難。

生活和工作中，我們隨處可以見到利用名字的交易，因為這些名字有極大的價值。在一個社會圈子中，一個偉大的名字就是誠實、正直的代名詞，它可以代表很多東西，值得你去擁有。比如：我們經常地，特別是在西方國家，可以看到懸掛這樣標誌的商店：紐約的 X 先生，或蒂凡尼（奧特曼，或派克，或蒂爾福德），前房屋持有者。經營者知道他們名字的價值，知道大眾更信任這些人，這些店鋪因與這些偉大的名字連繫在一起而更加令人信賴。

有些事情非常微妙，可以鼓舞或者消弱人的氣勢。公司的特質使雇員們爭光添彩或者暗淡無光，這種特質會滲入到雇員們的生活中。一些年輕人在退出低等級的公司，建立自己的事業後，也會按照原來的模式行事。

我們都知道有些時候，僅僅小小的差錯也會嚴重損害一個人或一個公司的信譽。外界對一個公司的種種猜疑，就會使它陷入財政緊張，所有的投資者都會蜂擁而至要求結算 —— 銀行機構對它償付能力的一個質疑，馬上就會傳遍所有銀行。

因此，你所任職的公司的聲譽和素養對你未來的發展至關重要。因為聲譽可以傳播。舉個例子，從紐約一些公司的雇員裡挑選出品行正直、名譽清白的人，與那些來自低等的、虛有其表的公司雇員混在一起，對於一個有洞察力的人來說，區分它們並不是難事。因為公司的素養，經理人和老闆的思想觀念都是可以感染人的。這個公司的規範制度管理和感染這些雇員，讓他們能夠迅速地擁有公司的特質。

無論願意與否，我們都被別人用他們的意願衡量著，評價著。不言而喻，任何人都願意接受別人的好評；但同時，一個正常的人也不會漠視別人對他的看法。在沒有受到傷害或者明確的意圖的時候，一個人不會公然抨擊他人，因為，人人都很重視同胞們的好評。

對一個有責任感的年輕人來說，他唯一值得表揚的地方就是能夠仰望自己的理想，有心目中崇拜的英雄；他必須保證自己的理想是有價值的，對他的名譽不會造成損害。

建立一個好名聲，其中重要的一步就是讓他人接受自己，為自己的親善形象打下基礎。這將幫助你建立良好的信譽，在團體中站穩腳跟。一旦輕視團體中其他人的意見，很快你就會發現自己不再有信譽，也不再擁有他人的善意支持。

沒有一個人能隱藏他的真性情。無論走到哪裡，都會像展覽會上的展品一樣被人盯著看。就像公告欄上發布的消息，供其他人閱讀，往往我們不能成為自己想成為的那個樣子，而是別人認為的我們的樣子。一千雙眼睛和一千個評價在細讀我們，衡量我們，評論我們。這些評論跟隨著我們，不會輕易走開。

在我們的身上有些東西是會說出真相的，而且這些東西永遠不可能學會欺騙或說謊。比如：犯罪的人之所以心虛，躲避人們的目光，是因為害怕有人能從他的眼睛裡讀出恐懼，害怕與人對視的那一瞥會暴露自己的罪行。這樣的人不能完全掩蓋住自己的祕密，因為在他的身上有上千件事在試圖揭露事情的真相，他不可能將所有這些都隱藏好。他可以叫嘴巴撒謊，但是眼神和行為永遠不能，因為這兩樣東西是真相的表達者，就算要上主人的性命，它們也永遠不會背叛自己。

我們的身上充滿了可以表現素養的記號。我們自發和習慣做的事是對自己的一個整體展現。阿加西斯教授可以透過一塊化石還原生活在百萬年以前的動物的原貌，也就是在人類來到地球以前便存在的已經滅絕的動物；他可以說出這種動物曾經居住在哪裡，生活習性以及以什麼維生等等。

人們觀察你每天的小動作，就能說出你是一個什麼樣的人。這好比不用吃掉整頭牛我們就可以品嘗出牠的肉質。你是否自私，是否喜歡炫耀，或是小氣，貪心，善耍手段。一個善於觀察的人能透過這些動作重塑並且展現真正的你；他會了解到真正的你並不是一個偉大、誠實的人。他會知道真實的你其實很可憐，很渺小，很狹隘，真實的你並不是一個值得信賴的人。

如果在小事上斤斤計較，你自己都可以確信自己不能成為別人心目中優秀的人。

性格既是力量，一種強大的力量。這世界上沒有什麼比性格更有影響力了。缺乏這點的人很難勝利，很難在團隊中獲得愛戴。可見一個好名聲是多麼的值得你去擁有。

贏的定律 31

保持你的嘴角上揚

一個年輕人遭受多次失敗後並不氣餒，仍舊堅持不懈地努力，而是以加倍的勇氣一次又一次地參加比賽，這種精神強大而令人鼓舞。

—— 馬登

普蘭特斯 · 馬福德（Prentice Mulford）曾經說過：「培養自己的思想，將獲得無窮的力量。這種力量可以使人們遠離各種悲傷，如失去財產，失去朋友，遭遇生活的逆境。堅強的內心可以幫助人們擺脫各種累贅，焦慮和煩惱。忘記這些，追尋愉快的事情。無畏的人可以控制自己的心態。」

如果不訓練自己遠離低迷的狀態，沮喪的想法和感覺，生活就充滿了不確定，未來就沒有勝利的保證。那樣的話，只能像漂浮於水面的浮木，成為自己內心激流湧動的犧牲品。

儘管如此，大部分人似乎想當然地認為應該成為憂鬱心情的犧牲品。這主要是因為他們從沒認知到，治療陰鬱心態的解藥其實就是自己。日復一日，拖著疲倦的步伐做著重複的工作，好像自己的命運就是做這些枯燥沉悶的苦差事。再加上他們對生活沒有期待，沒有美好的願望。因此，即使某天有機會提升自己，有機會減輕負累，驅除工作中的枯燥感，他們也將失去最佳的「治療時期」。因為這些人已經沒有足夠的熱情來承擔工作以外的勞動。他們疲倦的度過數載，僅僅是工作和生存環境中的奴隸而已。換句話說，是生活的勞累與環境的左右讓他們沒有了熱情。

贏的定律31　保持你的嘴角上揚

很多人終日生活在鬱鬱寡歡的狀態中，穿著懶散破舊的衣服，拖著沉重的步伐，沒有任何值得驕傲的事情，對別人的看法漠不關心。這些人讓沮喪、懶惰、多疑、沒自信的狀態時刻影響著他們。他們屈服於成功和快樂的敵人，成為煩惱的犧牲品。他們沒有更多的期望，沒有遠大的理想，沒有為自己的未來制定計畫，沒有前進的方向。他們因不知如何克服憂鬱而陷在失敗的沼澤裡。

此外，有些人會週期性的情緒低落，而且這種低落的情緒來得非常突然。大多數情況下，是因為腦子裡常常存在低落、灰心的情緒所致。這些人和他們腦裡低迷沮喪的洪流建立起了穩固的連繫，一旦這種連繫建立起來，大腦就會時常被各種陰暗、洩氣的畫面占據。因而，這些陰鬱和沮喪很容易打敗他。我認識一個人，他就被這種情緒折磨得痛苦萬分，現在幾乎成了一個慢性病，就像癲癇一樣時而發作。我曾親眼見到他受這種憂鬱魔咒的影響，面容大變，我幾乎認不出他來。但是，一旦有一個開朗樂觀的朋友在叫他，並試圖讓他變得積極、樂觀時，他那種陰鬱的心態消失的速度幾乎和到來的時候一樣快。

其實，心情憂鬱是一種懦弱的疾病，只是這一點有些人不願意承認而已。但是，它不是一種不能輕鬆就克服的懦弱疾病，又是什麼呢？舉個例子來說，如果別人說我們膽小，無能，那麼我們就會有想把他打倒的心理，但是，我們又經常毫不抵抗地被一個這樣的情緒小瞧，讓自己變得懦弱。我們像孩子一樣屈服於消極的情緒，直到無助的被思想的惡魔控制。如同四面高牆，難以突圍。

因此，沒有什麼比放縱自己，任由自己沉淪在陰鬱沮喪，自我憐憫和自我懷疑的情緒中更影響效率，毀滅人格的事情了。如果允許這種懦弱成為習慣，最強大的人也會失去氣概，失去活力，逐漸被腐蝕。

試想一下，如果軍校的學生不想參加集訓或學習，教官們會允許他們待在房間裡嗎？如果他們討厭規章制度，散漫無組織無紀律，他們會成為怎樣的軍人？要知道，軍校裡的生活就是無論願意與否都要參加點名。不僅如此，他們還必須通過教官一項項最嚴格的檢驗。比如：制服的扣子有沒有扣，鞋子有沒有刷，頭髮有沒有梳，步伐或姿勢是否拖沓等等。此外，任何違反紀律的行為在教官眼裡，在軍校規章制度裡都是不可原諒的。這些要求軍校的學生們都是知道必須要去達到標準的，並且他們也期望自己能夠做到。

在精神方面的訓練也是如此。如果不嚴格控制自己的情緒和感情，那麼我們只能為自己笨拙和無效的生活付出沉重的代價。當你覺得一切似乎都是未知時，你一定要與此種感覺抗爭，不要任由自己陷入情緒的低谷，整夜地擔心與焦躁，白天又胡思亂想壞事即將到來。這樣只會讓事情變得更糟。不要讓你生活變得混亂不堪，懷疑將自己正一步步推進沮喪的沼澤。你要做的就是拒絕任何打擾平靜心態的事情，用自我激勵的療法抑制壞情緒進入大腦，保持快樂。你需要鼓勵自己，對美好事物的產生嚮往。要擺脫悲觀的念頭，以及陰暗、醜陋的畫面和令人沮喪、令人洩氣的事情。你需要與朋友和鼓舞人心的事物建立連繫，然後用它們來滋養你精神的王國。因為，他們會幫你撬起偏於憂慮的槓桿，將害怕、沮喪壓倒在地。

痛苦、沮喪和焦慮均來自於負面的心態。我們必須改善這種心態，反覆肯定自己，用神聖的快樂力量去積極地面對一切。另外，克服由於沮喪而引起的懦弱，最好方法就是找一個你能獨處並與自己溝通的好地方。然後，我們不妨對自己說：「我是神的孩子，上帝創造我不是讓我整日痛苦、沮喪的活著。他要我向前，勇敢、激昂、快樂地活，我生來就具有這種權利。上帝與我同在，我是自己的主人，是自己思想和情緒的主人，我很快樂。相信一切美好的事物。沒有任何事情可以持久地傷害我，因為上帝時刻保護著我，我與他同在並將永遠如此。我要快樂、開心，不能讓憂鬱占據我的大腦，上帝在我心中，我也在上帝的心中。絕不讓影響健康和快樂的事物停留在心中。我絕不會斷開與所有美好事物的創造者 —— 萬能的造物主之間的連繫。」

眾所周知，當孩子或朋友身處於沮喪的泥淖裡，因哀愁而飽受折磨時，你會去開導他們，那麼，現在用同樣的方式開導你自己吧！擺脫那些籠罩在你腦海中陰暗、醜陋的畫面。洗刷掉所有沮喪的念頭和建議。讓不開心的事，錯誤的事，所有擾人的過去都隨風而去吧。舉起拳頭對抗打擾你快樂平靜生活的敵人吧！然後鼓起勇氣把他們趕走。你還在猶豫什麼呢？要知道，如果你和自己哪怕只有一次交心的談話，你都會覺得向憂鬱屈服，放棄希望的懦弱行為是可恥的。

憂鬱是一種精神病態的前兆，它不僅使生活倒退，還會摧毀自信和別人的信心。這好比任何事都是平等的，人們對於我們的信任與我們能提供給他們的幫助成正比。病態的思想通常會扭曲事實，這會影響人的各種能力，隨之製造出陰鬱的氛圍，沒有人願意處於這種環境中。我們都會避免與內心憂鬱的人接觸，就像避開那些可怕的留給人不快印象的畫面一樣。我們本能地喜歡開朗、樂觀、充滿陽光的人，願意與微笑面對任何困難的人成為朋友。

向陰暗、背叛自己的情緒屈服純粹是懦夫的表現。只要我們願意，就可以克服。但是，我們經常聽到受憂鬱情緒影響的人表達他們的悲哀傾向，他們不知道如何面對這種情緒，完全屈服於這種狀態，無法與之抗爭。甚至有人灰心喪氣地說：「我們對撒謊有依賴性，喜歡道歉，甚至有謀殺的傾向，但是，任何想與之抗爭的念頭或意念都是無效的。」

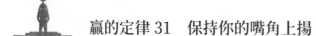

很多人靠閱讀有趣、立志或者激發靈感的書籍來驅趕憂鬱的情緒。我認識一些人，他們透過閱讀聖詩或參加救助活動來獲得解脫。這些有創見的讀物裡，它們有著神奇的鼓舞和治療功效。書中的內容強而有力，積極而有建設性，將思想的敵人驅散。一個是光，一個是黑暗，光總比火柴對黑暗來得有效。黑暗不是現實，也不會永遠存在，它只是暫時的無光的狀態而已。光明才是真正有創造性的力量。如果能夠學會將積極的想法裝滿腦袋抵抗低落消極的念頭，擺脫煩惱便是一件輕鬆容易的事情。

一個總需要別人顧及他的感受，情緒易波動的人不是天生的領導者，他不會建設好自己的團隊。所以，能夠做自己的主人，控制自己不幸心情的人才會取得成功。

「他是自己情緒的犧牲品，」這句話可以用來描述數以千計的失敗案例，那些沒有學會控制自己思想和心情的人，那些隨著情緒波動而內心起伏的人，就像是溫度計裡隨氣溫變化而波動的水銀一樣。雇主們總是擔心遇到心裡不健康的人。擔心他們有不同於正常人的怪癖行為，怕他們失衡與懦弱的表現會給公司帶來麻煩。我認識一些有能力的年輕人，他們就是因受到消極的心理影響而阻礙自身的發展。

如果你想擺脫消極、憂鬱的情緒，不想做心情的犧牲品，那麼不要將自己和家庭成員們分離，也不要將自己與外界隔離。無論怎樣，不要做一個置身事外的避世者。積極地參與到任何事情中，發揮自己的能力與特長，真正投入精力到你感興趣的事情當中。要盡可能多與朋友連繫，分享彼此的快樂，使自己開心地笑起來。要遠離你原來的思想，不要捧著書本孤單地躲在角落裡，不要將自己反鎖在陰暗的房間裡。要充滿熱情地投身於家庭計畫、公司娛樂計畫和好友的派對中，你會發現擺脫憂鬱其實很簡單。

不要徘徊在沮喪與不幸的環境中，不要讓不好的畫面停留在腦海裡，這些只會加劇你的煩惱。不要沉迷於特立獨行的事情。堅定地相信，造物主按照他自己的形象創造了你，你是健康、快樂、充滿智慧的人。

贏的定律 31　保持你的嘴角上揚

下次，當你覺得自己是個失敗者，當你覺得工作沒有意義，不妨把目光轉個方向，不再回頭，朝另一條路堅定走下去。如果你每次都認為自己是個失敗者，這個念頭便逐漸使你成為失敗者，因為你的想法就是你的生活模式。你若不能擺脫自己的理想，你的理想中自己就是個失敗者。如果在心裡承認自己失敗，便不會做任何有意義的事情去爭取成功，好運氣自然不會來到你身邊。得不到別人所擁有的機會，是你自己消極的念頭造成了失敗的結果。

當你透過語言表達煩惱時，談論自己的麻煩、心病或者不幸時，當將這些不悅一次又一次地說給他人，這些你不斷描述的畫面和腦中不停想著的煩惱就會慢慢地實現。因為，你正在將這些沮喪的畫面越來越深地銘刻在大腦中，越來越難以抹去。

人們由於不懂得使用什麼解藥，而飽受精神憂鬱、情緒低落的折磨，這些症狀是完全可以治癒的。從精神憂鬱的人的臉上可以看出他的靈魂被偷走，敵人正在占據主導地位。

當意識到這種低落的情緒會給精密的大腦和神經組織帶來損害時，就會想盡辦法將它扼殺在最初階段。如果人們過著正常的生活，保持自己思維的正確方向，就如同沒有必要犯罪的罪犯一樣，任何人都沒有必要憂鬱或者沮喪，陰暗或者消極。

如果只想找到悲傷的原因，而不是與之抗爭的話，思想的大門會對所有的憂鬱敞開。對麻煩耿耿於懷，對不幸喋喋不休，滋養了憂鬱的念頭。憂鬱就是因為有了這些滋養才會存活。如果採取積極果斷的態度，堅定地關閉憂鬱思想的大門，所有憂鬱的大軍都將被你打敗。他們不會反抗而會立即投降。所以，對於影響我們快樂和成功的敵人，只有一件事情可做，那就是扼殺它們。對於那些不快、沮喪、灰心的念頭，只有一件事情可做，那就是擺脫他們，用積極的想法將他們驅出大腦。

我不相信這個世界上有人下了決心卻無法消除糟糕心態這回事。當你決定不屈服於一時的幻想，不成為壞心情的奴隸，當意識到必須依靠自己的力量才能處理糟糕的心情，而不是讓阻擋快樂的敵人來擊倒你時，那麼，所有的物質和精神都將與你的意願一致。

當你早上醒來，覺得周圍的一切看起來都很悶，什麼事情都不想做，覺得生活毫無意義，那麼機會也就隨著你的這些敵人一起溜走。此時，你唯一能做的就是要當場打敗它們，並對自己說：「無論怎樣，要看到事情好的一面。憂鬱的思想控制不了我，要讓這些弱小的敵人知道，我可以控制自己的思想。做自己的國王，今天能做到，以後也一定做得到。」

無論你的心情如何，試著讓嘴角上揚，看看感覺如何。將微笑的嘴畫出來，你會很樂意地說：「這真有效！」這是一個外科醫生說的話。面對病人，即使是在辦公室時他也時刻保持微笑。做出這個嘴角向上的曲線，好的感覺便會隨之而來。

這位外科醫生又說：「如果人們嘴角向下，再加上一定的力量，就可以擠出眼淚。相反，保持嘴角上揚，快樂便會擠走陰鬱。對付陰鬱思想的療法是他在家裡的經驗成果。」他的太太經常憂鬱，每當她感到沮喪時，他就會說服她稍微笑一笑，與她聊天，直到他們的談話成了一個普通的家庭玩笑，這帶來了很好的效果。所以，請支持自己的這種治療方法，無論一天當中任何時候感到憂鬱，都聽從這個婦孺皆知的名言吧！那就是：保持你的嘴角上揚。

我認識一個人，長久以來一直受沮喪情緒的困擾，整日烏雲密布。後來他依靠微笑療法治癒了自己。他對自己說：「我已經倒楣得夠久了。這種倒楣的習慣傷害我太久了，現在我要讓這一切停止。無論如何，我要笑，要讓嘴角上揚。」這種方法救了他。他堅持微笑直到徹底改變了心態，變得快樂而熱情。隨之，他的事業和健康也都有了巨大的改善。

一個經歷了失去至親痛苦的女人說：「除了我自己，再沒有什麼可以給與他人，所以我決定，再也不讓自己的痛苦影響他人。在本該痛哭的時候大笑，面對任何不悅，都面帶微笑。我要讓每個從我身邊離開的人都愉悅並且樂觀。讓快樂製造快樂，我要自己快樂，而不是坐下來感慨命運。」

一個曾經富有的人在經濟危機中變得落魄，只因為他花太多的精力去糾纏錯誤，太多的時間去沮喪。

為此，約翰·沃納梅克在新年到來的時候為人們提出了這樣的建議：「不要憂慮，如果只想著自己的錯誤，你永遠也不會快樂。」

沒有什麼事情比自己每天過得成功更富有意義了。在每一天，在你早晨出發時，請下決心不讓任何事情煩擾自己。長此以往，不快的小事將不會對你造成任何威脅。換句話說，早晨做的決定會給你巨大的幫助，幫助你戰勝所有憂鬱的心情，帶走所有可能影響你的煩惱，讓每天變得成功而有效。

贏的定律 32

把自己想像成自己想成為的人

你走了多遠並不是問題，真正的問題是你面對的是哪條路。因為，面對生活的正確態度、正確方式才能使你進步。

—— 馬登

你是否意識到這樣一個問題：當你認為自己是一個失敗者，一個無名小卒時，這種想法是能夠毀滅你所追求的事物的。因為，你的自我意識正在毒害、扭曲你的成功。

到達一個巔峰的人通常在很久之前就幻想過自己成功時的畫面。因此，可以這樣說，思想總是走在計畫的前面，而計畫總是走在行動和成就的前面。如果計畫受到阻礙，那麼整個生命也會相應地變化。舉個例子來說，當貧窮的氛圍時刻跟隨著你，你就只能生活在救濟院。腦海裡存著貧窮的思想會讓你和貧窮的場所形影不離。

你是否認為自己是一個欠缺某些天賦或是在某些方面不足的人呢？那麼不妨想像一下，把自己想像成為一個充滿男子氣概或者女性魅力的人吧！因為，在潛意識裡我們會向自己預想的狀態靠近。

如果你希望在生活中勝出，那麼你必須隨時保持勝利的想法。具體來說，就是你的態度必須是勝利的。你對生活持怎樣的態度，生活就被你建設成怎樣。要是你認為自己一事無成，那麼這個世界上就沒有什麼力量可以使你成功。任何事情都無法將你從對自己的譴責、宣判和自我否定中拯救出來。因此，唯有認為自己是最好的，為自己勾勒一幅完美的畫卷，想像自己健康快樂，有能力，很成功，絕不讓渺小、不完美的自己進入你的大腦。這才是我們應該具備的。

但是，生活中只有極少的一部分人能意識到我們在向自己的預想和信念靠近。我們的生活正沿自己腦海中的模式進行，我們對自己未來的幻想將成為思維的基點，隨著不斷地創造新模式，使自己向著期待的那樣日臻完善，或者讓恐懼和疑慮損壞它們。

一個偉大的藝術家曾經說過，他從不去看拙劣的作品，因為如果那樣做了，就會對那些錯誤的藝術理念越加熟悉，畫筆便會捕捉到那些瑕疵。因此，如果我們對那些卑劣的事物，低俗的理想，草率懶散的處事方式太過熟悉，就會自然而然地降低自己的理想。但是，現實的情況是，很多人往往在認知到這一點之前，就已經被這些不斷重複而形成的習慣所俘虜，無法釋放自己，理想也隨之粉碎了。

如果我們的想法或者動機自私，貪婪，利慾薰心，那麼此種模式會在生活中重複，變成本性。如果懷有仇恨和嫉妒的心理，思想便會像磁鐵一樣吸引更多的仇恨和嫉妒。這會導致這種仇恨和嫉妒的方式深深植入我們的生命裡，增強我們報復的能力。而陰鬱、沮喪和不健康的思維方式便會很快得織入生命之網。同時，失敗、疑慮和沮喪也會以同樣的方式融入我們的生活，這樣導致的最終惡果就是，映入腦海的場景會變為客觀的現實。比如：印度的苦行僧用意念將他們認為占據了自己身體的惡魔集中在身體的某個部分，如胳膊或腿。很快他的肢體就殘廢無用了。如果能利用這種莊嚴的意念將「惡魔」完全驅趕出體外，崇尚健康和完美，那該多好啊！

如果人們只知道實現願望的力量強大無比，那麼這個世界上的失敗就會少許多。

由此可見，訓練自己將思想集中於美好、完整的事物，並複製我們的希望到生活中，然後以這樣的方式來支援自己，這是一件很值得去做的事情。我們應該使自己的腦子充滿豐富、有益和美好的想法；繪製健康、繁榮、舒適、快樂的畫面來填滿整個思想世界。正是因為我們想像的不足，我們的思想才如此匱乏、枯竭、狹隘、吝嗇和悲觀。

如果想增加你的力量，絕對不要輕視自己，不要將卑微、低俗的想法和自己連繫在一起；要把自己看成是一個精力充沛、強壯能幹的人。換句話說，要假設自己已經最充實，最完美，把自己想像成自己想成為的人，想像成別人希望你成為的人。

對信念堅定的程度決定個人成就的大小。我經常聽到教徒們也感嘆《聖經》要求我們要像上帝一樣完美。《聖經》的旨意是讓你擁有完美的生活，讓你擁有完善的思想，但是如果故意留存有缺陷的理想，讓它們在生活中成真，那麼這就是你給自己生活規劃的模式。在生活中，你可以想像自己是上帝要求的完美的人，讓自己在理想中變得完美，而不是帶有邪惡和汙點的那種人。

如果你現在還在一個小公司任職，處在一個不顯眼的職位，不能做一些更重要的事情。那麼，你很可能是被自己狹隘的思想限制住了，你沒給自己一個做大事的機會。如果你想向上高升，如果你想生活更舒適，那麼要做的第一件事就是幻想你在更高的位置，構築自己的偉大抱負。因此，你要做的就是養成這樣的習慣，幻想自己在期待的位置，處於自己渴求的環境。如果幻想自己是一個侏儒，你不可能成為一個巨人。

生活中的每一個場景都是你塑造的。如果你的概念是對的，生活就不會錯。如果那些野心勃勃渴望成功的人花很多時間在失敗的生活方式上，在平凡的態度上，那麼，他們的成就就不可能高於他們的思想。

想像自己有缺陷，想像自己很弱小，這種習慣會嚴重損害自信心。自信，是對自己有力的信任，是一個巨大的財富，是塑造我們生活的極其重要的力量。我們之所以匱乏，脆弱，狹隘，我們的成績如此之低的原因就是我們對自己的能力和可能性太過苛刻，我們給自己的成就所設的限制太過狹隘。

如果環境將你置於一個不快樂的氛圍中，讓你的力量無法發揮到極致；如果你想欣賞美好的事物；如果你堅持自己的觀點，向著光明苦苦奮鬥，如果你正直誠懇，你就會找到出口。所有這些對你來說都是最重要的事情。渴望，向上，奮鬥這樣的詞彙便是最好的詮釋。

你走了多遠並不是問題，真正的問題是你面對的是哪條路。因為，面對生活的正確態度，正確方式才能使你進步。

我們每個人是一個各部分相關聯的整體，所以一個自然的表情就能反映出內心所想。因此，人們可以從你的臉上、你的行為、你的談吐中讀出你的想法和生活標準。透過這些可以讀出你的品行，你的理想 —— 你純粹的理想或是不純粹的理想都在會在這裡反映了出來。對此，最好的解決辦法就是：消滅本性中那些不幸傾向的方法就是切斷他們的營養，停止對他們的鼓勵和供給。

當想像一個模範人物，你會驚訝地發現，很快就便向你的理想、你的模範靠近了。所以無論現實多麼殘酷，堅持把自己想像為成功的人，生活在自己的理想中。不論你有什麼缺點、缺陷、或缺失，都要堅持自己的理想形象。把自己想像成造物主，堅持他所提出的完美人類的理念。把自己想像成完美，堅強，有活力，充滿男子氣概的形象。把自己想像成幸運的人。用理想將自己包圍，用你那渴望成真的堅定信念來充實自己，將它們充滿你的大腦，它們會借助吸引力，把相反的思想擠出你的大腦。

物以類聚，如果你的腦海裡堅持著愛的思想，那麼仇恨的想法就會離開。愛與恨不可以共存，光明與黑暗也不能同時出現。如果你的腦海中堅持那些快樂的，充滿希望的，積極的，鼓舞人心的，對美好事物充滿渴望的想法，那麼那些憂鬱的思想就不能在腦海中停留。一旦治療憂鬱惡魔的解藥進入大腦，惡魔就會立即被一掃而空。

如果所有的母親都把這個構建理想自己的習慣灌輸給她們的孩子，我們的文明就會發生大變革。我們渴望年輕人對於自己的學業、工作、未來、在群體中的定位有一個習慣性地高尚的理想，這種崇高的理想可以很好地抵禦那些阻擋他們道路的各種誘惑，保護他們免受不良夥伴的侵害，不讓他們做出低俗邪惡的行為。如果知道正確思考的魔力，那麼我們很快就能成為心中所想的聖人了。

我們在工作中的麻煩正是給自己設立低劣可鄙的模範。對自己的定位必須高於一般職員的標準，否則就只能做一個普通職員。因此，你必須構想你處在更高的職位，必須堅定決心達到這個目標，否則你永遠也做不到。絕不要讓懷疑逗留在腦海中，因為當你培養這種情緒的時候，它就會把你帶入那種狀態。如果把消極的情緒聚集到一起，例如懷疑，恐懼，懦弱，他們就會製造出一股逆流，將你的進取心磨滅。因而，最好的解決辦法是：必須勇於把自己想像成為領導者，勇於構想自己在更大的地方發展，有更大的成就和影響力。永遠構想自己在一個更高、更遠的位置，絕對不要害怕偏離理想，但是記住，你必須用堅定的信念和決心，以及堅持不懈，永不退縮、永不言敗的行動來支持你的理想。

每一個人可能都有過理想被挫敗的經歷，但當目標或與理想的現實接軌後，你就會覺得理想是如此美妙。當站在事業的入口處，雄心勃勃，反應靈敏，渴望各種美好的事物。我們不僅希望持續下去，而且希望有提升，希望成名，希望能夠代表一些人或一些事。這至少可以說明，你的內心還是有一顆渴望成功的心，有為理想而奮鬥的決心。當理想還在初級階段很難實現的時候，很多人由於看待事物還不成熟，就會產生選擇放棄的念頭，然後任憑自己隨波逐流，最終也只能成為一個無名小卒，理想自然就夭折了。

很多人都充滿幻想，因為它光鮮有人。當我們走如社會，那些學校裡學到的理論依舊在我們的腦中，這樣的後果是，當走進現實生活中，面對艱難的生活的時候，多數人就無法堅持自己的理想了。於是生活的壓力，每日枯燥繁重的工作將我們弄得疲憊不堪。而且，此時我們會驚訝地發現，曾經的理想正在逐漸遲鈍，隨之標準也下降了。具體來說就是，一開始是無意識的下降，隨著時間流逝我們認知到這種變化，最終只能承認這種變化。

要想避免這種情況的發生，我們需要堅定、持續的努力去保持理想的清晰完整，保持雄心勃勃的進取心。在這期間，我們會遭遇一段艱難時期，因為通常思想傾向於物質化。換句話說，如果允許以自我為中心，那麼標準就會逐漸下降，理想也會越來越灰暗，因為我們被物質所迷惑。

由於對我們理想中的人和我們想做的事存有崇高的理想可以帶給你廣泛的、激動人心的影響。所以，我們要堅持相信自己的高尚生活，堅持認為自己抱負崇高的崇高性，對自己的性格、名譽、地位保持最理想的狀態，堅持執著地追求，沒有任何事情比這些給你帶來更多的滿足。

如果對自己可能達到的效率存有崇高的理想的話，那麼相比那些腦子什麼都不想，只知道勤奮埋頭苦幹的人，我們更可能努力地去獲取多的效益。如果擁有崇高的理想，高尚的情操，如果已經開始努力或正在努力，最終你會勝出。因為，目標總是和最強烈的願望和最辛勤的努力連繫在一起。畢竟，擁有理想才能提升努力的素養，才不會讓你的抱負因疲憊而退縮。

機會青睞那些意志堅定，有抱負的靈魂，那些有勇氣，有毅力，有恆心，絕不放棄的靈魂；它絕不會青睞那些懦弱、沮喪、目光狹小的人。如果已經盡自己最大的努力去實現理想，不論現實多麼黑暗，總有一天，在某一個地方，會有一條適合你的路出現。

如果一個人從不向前看，從不向上攀登，他永遠不會脫穎而出。一個人的心態必須延伸，不僅向前，更要向上。這種延伸會自然地把你從毀滅中拯救出來，阻止你的生命變得迂腐庸俗。如果沒有這種向上向前的理想，生活便沒有熱情，也沒有熱情，平凡而乏味。因為，低俗的理想會使你生活在枯燥與詛咒中。有這樣一個事例可以證明：「展翅高飛」是歐戰中同盟國經常對飛行員下的一道指令。這些「空中飛人」的任務是在偵查敵軍航線時必須保持飛機高度在危險區之上，這樣才可遠離敵軍飛機射過來的子彈。「展翅高飛」同樣適用於我們。它告誡我們要向上，急速上升，向上追逐理想，努力讓視野與理想平齊。因為距離太遙遠，就會越來越模糊。

處於團體的核心，生活在理想之中的人會變得越加自信，生活也會越加優雅。如果忽視這些，只是一味地生活在物質世界裡，就會越加卑微與墮落。我們本性中最細膩、敏感的情感，如情緒，它和理想息息相關。如果只生活在物質中，本性就變得死板，冷酷，沒有同情心；生活在理想中的人就純真得多，年輕得多，更富有同情心，因為本性與真善美的事物貼得更近。

越在乎上帝帶給我們的缺陷，我們就會越來越無能且不快樂。而想像自己強大，你就會強大。換句話說，至少比想像自己渺小的時候更強大一些。想像自己渺小，你就變得渺小，甚至不知去尊重自己。想像自己崇高，或者對自己的能力有崇高的信念；想像自己被萬能的主派遣來到這個世界成就豐功偉業；想像自己不僅是人類還具有神性，這些都會幫助我們了解生活更深刻的意義，做出更有價值的事情。如果有這種信念，就不需向平庸的人或邪惡的行為卑躬屈膝。崇高的理想和遠大的抱負是人具有良好素養的保證。

贏的定律 32　把自己想像成自己想成為的人

人類歷史上，世界從未像現在這樣要求人們變革理想，就算美國也從未有過像今天這樣的機會去影響世界的理想。一個對美好事物充滿熱情、充滿渴望、期待向上向前的人是幸運的，具有遠大抱負的人是幸運的，生活在理想中的人是幸運的「理想讓我們從平庸中脫穎而出。」因此，絕不允許自己沉溺在懦弱、失敗和不開心的環境中。要堅持自己對能力、上帝和信念的理想，相信自己生來就應該健康快樂，積極地去實現這個理想。克里斯特說過：「如果能實現理想，我會帶上所有的人。」

在這個世上最偉大的事就是將理想變為現實。那麼，讓我們都為理想積極、健康、堅持不懈的奮鬥吧！它將成就我們偉大的一生。

贏法，扭轉人生的 32 條金律：

訓練極簡表達、設定自我底線、克服過度敏感……成功學領袖的致勝心法

作　　者：[美] 奧里森 · 馬登（Orison Marden）
翻　　譯：王少凱，趙唱白
發 行 人：黃振庭
出 版 者：財經錢線文化事業有限公司
發 行 者：財經錢線文化事業有限公司
E-mail：sonbookservice@gmail.com
粉 絲 頁：https://www.facebook.com/sonbookss/
網　　址：https://sonbook.net/
地　　址：台北市中正區重慶南路一段六十一號八樓 815 室
Rm. 815, 8F., No.61, Sec. 1, Chongqing S. Rd., Zhongzheng Dist., Taipei City 100, Taiwan
電　　話：(02)2370-3310
傳　　真：(02)2388-1990
印　　刷：京峯彩色印刷有限公司（京峰數位）
律師顧問：廣華律師事務所 張珮琦律師

定　　價：375 元
發行日期：2023 年 05 月第一版
◎本書以 POD 印製

國家圖書館出版品預行編目資料

贏法，扭轉人生的 32 條金律：訓練極簡表達、設定自我底線、克服過度敏感……成功學領袖的致勝心法 / [美] 奧里森 · 馬登（Orison Marden）著，王少凱，趙唱白譯 . -- 第一版 . -- 臺北市：財經錢線文化事業有限公司 , 2023.05
面；　公分
POD 版
譯　自：Heading for victory : or Getting the most out of life
ISBN 978-957-680-638-4(平裝)
1.CST: 成功法 2.CST: 自我實現
177.2　　112005530

電子書購買

臉書